越文化研究丛书编委会

浙江省哲学社会科学规划课题成果

越文化研究丛书

王建华 主编

YUEWENHUA
JINGSHEN LUN

越文化精神论

朱志勇 著

人民出版社

责任编辑:陈来胜
装帧设计:吕　龙
版式设计:王　舒

图书在版编目(CIP)数据

越文化精神论/朱志勇 著. -北京:人民出版社,2010.6
(越文化通论)
ISBN 978 - 7 - 01 - 008765 - 8

Ⅰ. 越… Ⅱ.①朱… Ⅲ. 文化史-研究-浙江省 Ⅳ. K295.5

中国版本图书馆 CIP 数据核字(2010)第 040341 号

越文化精神论

YUEWENHUA JINGSHEN LUN

朱志勇　著

人 民 出 版 社 出版发行
(100706　北京朝阳门内大街 166 号)

北京龙之冉印务有限公司印刷　新华书店经销

2010 年 6 月第 1 版　2010 年 6 月北京第 1 次印刷
开本:710 毫米×1000 毫米 1/16　印张:16.25
字数:248 千字　印数:0,001－3,000 册

ISBN 978 - 7 - 01 - 008765 - 8　定价:33.00 元

邮购地址 100706　北京朝阳门内大街 166 号
人民东方图书销售中心　电话 (010)65250042　65289539

前　言

王建华

中国是一个幅员辽阔的国家。中华民族在其长期奋斗的过程中,既形成了大一统的中华文化,又形成了主要因地域差异所造成的地域文化。

谈地域文化,必须做三个区分:文化核心区、文化基本区、文化边界区。文化核心区是文化发源地,也是此文化最为集中的区域;文化基本区是此文化相对比较稳定的区域;文化边界区是此文化影响曾达到过但比较弱的区域。

文化核心区当然是最重要的,因此,首先要做的,是确定文化核心区。我们现在说的地域文化,其名多取自周代的诸侯国,这些诸侯国早在秦统一中国时就陆续消亡了,因此,这种国名实际上只是一个历史名词。显然,楚文化、越文化、吴文化都不等于楚国的文化、越国的文化、吴国的文化。不过,也毋庸置疑,以周代诸侯国取名的地域文化与原诸侯国有一种内在的联系。这种联系是十分重要的,从某种意义上讲,原诸侯国所创造的文化是该地域文化之源。因此,一般将古诸侯国的疆域划定为该地域文化的核心区。

问题是,古诸侯国的疆域是变化的,越国在灭吴称霸后,不仅据有现在的浙江全境,还拥有江苏、江西、安徽、山东之一部,其都城也一度北移至山东境内。显然,根据越国强盛时的疆域来划定越文化的核心区是不妥当的。

就越文化的实际来看,我们认为,将越文化的核心区划在以绍兴为中心的方圆一百公里左右的地区是比较妥当的。这块地区,亦称"越中"。绍兴,原名会稽,大禹时立的名,秦统一中国后,设会稽为郡,唐改会稽郡为越州,南宋绍兴元年,高宗南渡,驻跸龙山,命改州为府,冠以年号,即为绍兴。元、明、清三代均称绍兴(路、府)。关于绍兴府的范围,在清代,"属邑八:山阴、会稽、萧山、诸暨、余姚、上虞、嵊、新昌。东至宁波府慈溪县界,西至杭州府钱塘县界,南至金华府义乌县界,北至大海,东南至台州府天台县界,西南至杭州府富阳县界,西北至杭州府钱塘县界,东北至宁波府慈溪县界。濒海之邑凡五:山阴、会稽、萧山、余姚、上虞是也;濒浙江之邑一,萧山是也"①。

越文化的基本区是古越国领土比较稳定的区域,大致相当于今浙江省。浙江省因浙江(今名钱塘江)而得名。古越国的许多重要的历史事件都发生在浙江流域。《越绝书》载:"越王句践与吴战于浙江之上。"②又说,越王勾践兵败后与大夫文种、范蠡去吴宫为奴,"群臣皆送至浙江之上"③。又据《史记·越王句践世家》说:"楚威王兴后而伐之,大败越,杀王无彊,尽取故吴地至浙江。"

越文化的边界区是越文化基本区周围的地区,它曾属于古越国的版图,也曾属于其他诸侯国的版图。值得指出的是,文化中的区域概念与行政中的区域概念是不同的,前者只是大致上的,其边界是交融的,模糊的;而后者是明确的,其边界则是清楚的。因此,即使我们将越文化的核心区确定在今绍兴地区,越文化的基本区确定在今浙江省地区,也不能将两者等同起来。

越文化的历史可追溯到大禹。据《史记·夏本纪》:"禹会诸侯江南,计

---

① 吴悔堂:《越中杂识·越中图识》。
② 袁康、吴平:《越绝书·勾践入臣外传第七》。
③ 《越绝书·勾践入臣外传第七》。

功而崩,因葬焉,命曰会稽。"大禹死后传位子启,夏朝开始。据史载:"启使使以岁时春秋而祭禹于越,立宗庙于南山之上。"①此是越的开始。不过,此时的越,虽有了大禹的宗庙,尚只是地,不是国,据《吴越春秋》:"禹以下六世而得帝少康。少康恐禹祭之绝祀,乃封其庶子于越,号曰无余。"②少康封无余于越,意味着越有了自己的地方政权。无余是越国的第一位君主。无余传世十多代后,因"末君微劣,不能自立,转从众庶为编户之民,禹祀断绝"③。十几年后,有奇人出,自称是无余之后,指着天空,向着禹墓,说着鸟语,立志要"复禹墓之祀,为民请福于天,以通鬼神之道"④。顿时,凤凰翔集,万民喜悦。大禹之祭恢复,越国开始强大。

大禹是中国古代全民族共同尊崇的帝王,是中国第一个国家政权——夏朝的实际奠基人。越文化源于禹,说明越文化不只是组成中华民族文化的诸多地域文化之一支,而且是中华民族主流文化的直接继承者。

在地域文化中,越文化是有着鲜明特色的,比如名士辈出,清人吴悔堂《越中杂识·越中图识》用了八个字概括越文化的特点:"风景常新,英贤辈出。"关于"英贤",吴悔堂《越中杂识序》说:"守斯土者,皆辅相之才;生斯土者,多菁华之彦。"毛泽东有诗咏越,诗云:"鉴湖越台名士乡,忧忡为国痛断肠。剑南歌接秋风吟,一例氤氲入诗囊。"虽然中国大地到处都出人才,但人才出得多、档次高、历代不中断,形成一种名士文化现象的,大概只有越了。

又如文武兼融。从越文化源头古越国历史事迹看,它是尚武的,后人概括其精神为胆剑精神,胆剑精神之剑,意味着勇猛进击。这种尚武的精神,发展为革命的精神,在近代反清革命中表现得鲜明突出。虽然越文化中有尚武的一面,但是越文化更多地表现出来的却是重文,此地出的文人多,在儒学、佛学、玄学、文学、艺术等方面,创造出辉煌的业绩。

再比如道器并重。道学代表人物明有王阳明、刘宗周、黄宗羲承前启后,脉系分明;实学是道学之外别一种学术⑤,此派重经世致用,古越有范

---

① 赵晔:《吴越春秋·越王无余外传》。
② 同上。
③ 同上。
④ 同上。
⑤ 冯友兰先生在《中国哲学史新编》(人民出版社 1999 年版)中将陈亮与叶适说成是"道学外的思想家",见该书第 56 章。

蠡、文种、计倪,重农倡商,开其先河,南宋有陈亮、叶适开宗创派。从而充分见出越文化道器并重的特色。

研究越文化,最早始于东汉,代表性事件是袁康、吴平整理《越绝书》。《越绝书》是越人在越世系断绝以后虑越史之绝而撰写的一部地方史书,袁康、吴平整理此书,增加了当时流传的于越故事,补充了先秦以后的资料,所以他们的工作属于早期的越文化研究。从袁、吴的工作联系到东汉初期,这实在是越人流散以后越文化研究的发端时期,也是一个很有成就的时期。从现存的成果来看,除《越绝书》之外,还有《吴越春秋》和《论衡》两种。从保存越文化资料的价值来看,《越绝书》无疑是首要的,但《吴越春秋》和《论衡》的价值也都远远超过先秦人的著作。① 其后,这种研究没有间断过,但没有出现标志性的成果。

越文化研究的跃进是从上世纪二三十年代发轫的,当时出现了一批思想活跃、见识宽广、根底扎实、治学勤奋的史学家,他们既深入钻研古代有关越人的大量文献,又细致地鉴别分析这些文献,先后提出了不少前无古人的科学创见。如顾颉刚、罗香林、卫聚贤、蒙文通、杨向奎诸氏,都发表过关于越文化的不同于前人见解的论文。20 世纪 80 年代以来,越文化研究有了很大的发展,研究队伍空前扩大,研究成果,包括专著和论文,大量涌现。同时借助于考古的发现,多学科交叉综合的研究也大量出现,获得了大量的成果。

一如越文化是一条绵延不息的历史长河,有关越文化的研究也是个没有尽头的学术之路。

我们认为,今后越文化研究需注意以下三点:一、历史研究与现实问题研究的结合,越文化是历史形态,但其发展则为现实形态。对越文化,我们不能只做历史的研究,也应做现实问题的研究,并且将这两者很好地结合起来,要注重从越文化的历史形态中发掘出更多的对当代有价值的启示。二、单项研究与整体研究的结合。在单项研究上,我们过去做得比较地多,整体研究相对较弱。三、多角度地研究。文化,本就是人类物质文明精神文明的总和,涉及人类生活的方方面面。文化研究应是多角度的,目前我们的越文化研究,角度还不够丰富。

---

① 参见陈桥驿:《越文化研究的回顾和展望》,《杭州师范学院学报》2004 年第 2 期。

本丛书名为"越文化通论",就是试图在以上三个问题上做一些新的探索。

本通论将遵循马克思主义的历史与逻辑相结合的原则,以历史唯物主义和辩证唯物主义为根本方法,建立文化地理学和文化生态学的理论框架,综合利用考古学、人类学、民俗学、历史学、社会学等各种方法,从纵横两个角度全面揭示越文化的历史演变真相和丰富内涵,并从形而下走向形而上,分析越文化的基本精神,论述越文化和整个中国文化的关系,指明越文化精华对当代中国先进文化建设的特殊价值。

作为一项综合性的研究成果,这套论著要在各卷次的专题探讨上保持前沿性,体现独特性,拓展越文化的研究领域,争取在越文化研究的方法论问题、越文化的发展演变、越文化在中国文化中的地位、越地特有的经济思想和行为模式、越文化在意识形态领域的精神特征、越地学术思想与学术流派、越地文学艺术成就、越地方言和民俗等一系列方面有较大的收获,力图让此项研究成果成为越文化研究史上的一块基石,通过此次探索为今后越文化的研究找到新的起点。与此同时,本通论的研究成果也可以为其他地域文化的研究提供一种模式以及一些有益的经验,甚或进而为国家整体文化的发展提供某种启示。

由于选题的内容部分是有交叉的,难免有些重叠;又由于作者认识上的差异,每部书的观点和看法不一定全然一致。我想这样也许有它的好处,有兴趣的读者可以互相参校,生发出自己的看法。

越文化是一块沃土,我们希望,为了越文化研究的繁荣,为了学术事业的不断创新,有更多的朋友参与到我们的队伍中来。

目 录
CONTENTS

越文化通论

通论越文化

越文化通论

目录

导　论　基本范畴与建构原则

　　本书的宗旨,是将越文化精神的研究纳入学术轨道,从一般感悟、体验式等直观、经验的描述,尽可能转向严谨的学理分析。从这个意义上说,是一个新的尝试。

　　明确研究中使用的基本术语,建立一套能够满足研究需要的概念体系,是从事这项工作的前提和基础,尤其当这些概念充满争议,具有颇多不确定的内涵时,就显得非常必要。另外,本书遵循从群体人格出发建构文化精神的原则,力图为形而上的精神寻找一个形而下的坚实基础,使难以言说的精神获得一个相对确定的"边界"或"硬核"。所以,还必须为这一原则的合理性提供辩护。因此,导论部分的任务,是为从事越文化精神的科学研究提供相对自足的理论工具。

一、越文化精神研究的基本概念

从事越文化精神研究所涉及的基本概念,就其数量而言并不多,主要有文化精神、区域文化、区域文化精神和群体人格等,但每一个概念都存在若干不同甚或相反的解释,有不少亟待解答的问题。譬如,文化精神的内涵是指优秀、积极的精神品质,还是指所有精神品质的总和? 区域文化精神的特殊性,是指精神品质的独特性,还是共有的精神品质在存在或表现方式上的与众不同,抑或兼而有之? 在文化交往日益频繁的条件下,群体人格是否存在,如果存在,以何种方式存在和被认识? 显然,此类问题对于开展越文化精神的学术研究,是无法回避的,必须给予明确的解答。

(一)文化精神

任何民族都有自己的文化,任何文化都有自己的精神。一般而言,文化精神的主体是民族,它与民族精神是同一的。然而,对于许多民族来讲,由于其成员分布的地域差异性,以及彼此交往的有限性等原因,事实上内部都存在着有所区别的区域文化。所以,文化精神的主体也可以是同一民族中不同地域的人群共同体。在由多个民族融合而成的现代民族中,这种情况表现得比较明显。

无论文化精神的主体是一个民族或同一民族中不同地域的人群共同体,文化精神都是一种"形而上"的、弥散在人们生产生活的一切方面、一切过程和一切结果中的存在物。这种存在方式增加了它的不确定性,给人们的认识造成了巨大困难。因此,解读"文化精神",必须采取分析的态度。

首先要明确"文化"的含义。在各国语言中,经久不衰且使用频率最高的词语之一,就是"文化"。溯其语源,开始是出于意为"耕作"的拉丁文Cultura,指土地的开垦及植物的栽培。后来,文化主要被理解为对人的身体、精神,特别是艺术、道德能力和天赋的培养,是人为了完善自己的本性而增补的知识。18 世纪以后,文化一词演变为四种基本意义:个人素养,整个人类的知识,思想品质的修养,艺术、学术作品的汇集,并被引申用来指称社会生活的全部内容。1871 年,泰勒在他的《原始文化》一书中,首次从科学意义上界定了文化:"文化或者文明就是由作为社会成员的人所获得的,包括知识、信念、艺术、道德法则、法律、风俗以及其他能力和习惯的复杂整体。"①这个定义出现最早,流行颇为广泛,对后来的文化研究影响深远。泰勒在定义中列举了文化的基本构成部分,揭示了文化对人的后天性和非本能性,明确了文化的属人性质和社会属性,尤其是关于文化是一种"复杂整体"的思想,说明文化是由各种文化要素有机构成的综合体,是一个总体性概念。对此,日本当代哲学家岩崎允胤曾有过透彻的阐发,他说,一个一个的农具、衣服、住宅等个别的事物,就其作为孤立的个别事物而言,本身并不是文化;只有当它们被看做是某种文化的成分时,才表示文化。

美国学者马文·哈里斯在阐释文化时采用了"模式"一词,认为"文化是行为、思想和情感的模式,这种模式是习得的,并作为民族整体而不是个人的特征"②。哈里斯使用"模式"一词,意在说明任何一种文化的各种要素之间都有其内在的、协调一致的联系,是一种相对稳固的统一体,而不是各种文化要素的杂乱组合。此外,他在定义中还明确肯定了文化的民族性和超个体性。虽然哈里斯声称他的这个文化定义是对泰勒的"追随",但将行为、行为模式纳入文化之中,着实是对泰勒定义的拓展。不言而喻,由于行为被引入文化范畴,哈里斯已经将文化变成了具有二元结构的存在:一部分是可见的、形而下的,即行为及行为模式;另一部分则是不可见的、形而上的,即思想、情感及其模式。这种划分方法受到了另一位美国学者哈维兰的批评。他坚持将文化视为不可直观到的思想观念,而把物质的、行为的等可直观的东西驱逐出文化范畴。比较泰勒、哈里斯和哈维兰的文化定义,尽管彼此差异很大,但也不难发现共许程度最高的部分,是将思想、观念等精神性的东西视为文化的内核。

"精神"是什么?学术界习惯于对这个范畴作广义和狭义的区分。广义的"精神"与物质对应,是指除物质世界之外的东西,如意识、思维、知识、观念和心理状态等。狭义的"精神"则与客观知识相区别,是指人在对象性活动中形成并通过态度、情绪和价值观体现出来的东西。譬如,"守中致

---

① 转引自[美]马文·哈里斯:《文化·人·自然》,浙江人民出版社1992年版,第136页。

② [美]马文·哈里斯:《文化·人·自然》,浙江人民出版社1992年版,第136页。

和"就是一种狭义的精神。以中国人为例,这种精神表现在态度上,是讨厌极端的做法,不喜欢争强好胜;体现在情绪上,是对"中庸"的人或事情的自发亲近感,对旁门左道或肆意妄为的厌恶;若从价值观上讲,就是以追求个人身心和谐、人际和谐以及人与自然和谐为人生理想目标。显而易见,狭义的精神表达的只是人的价值意识,或者说是以价值为核心的意识,而广义的精神要宽泛得多,除了价值意识外,还包含关于自身的意识和对象的意识。本书在狭义上使用"精神"一词。

既然思想、观念是文化的内核,精神又是一种价值意识,我们据此认同这样一种表述:文化精神是该文化成员在态度、情绪以及价值观上所表现出来的精神品质。精神品质有优劣之别,文化精神是何种性质的精神品质呢? 关于这个问题,国内目前大致有两种观点:一种观点是从进步的、积极的角度来界定文化精神,认为文化精神体现民族的根本利益和社会发展方向,是一个民族得以维系和发展的精粹思想、进步观念和优秀文化,不包括落后消极的精神因素。换言之,文化精神是一个美名,只有优秀的精神品质才有资格被纳入其中。另一种观点是把文化精神理解成为中性概念,认为文化精神反映一个民族的文化的整体精神风貌,各种精神品质,无论其优劣与否,都隶属于文化精神这个总体概念。这种文化精神形成于过去,传承到现在,又延续到将来,在过程中受到不断变化的实践的影响,必然发生"实然应然化"的嬗变,在推陈出新、与时俱进的过程中,日趋完美和丰富。尽管这种变化在以往的历史中大多是不自觉的,但随着人的主体性的增强,它必将在更多的情况下和更大的范围内步入自觉的轨道。所以,从实然维度讲,文化精神既包含精华成分,又包含糟粕因素;从应然维度讲,它体现的是将来发展的理想状态,而不是当下的实际情况。本书旨在对越文化精神作全面研究,从"实然"和"应然"的结合中揭示它的现状和未来发展的方向,所以采用后一种解读文化精神的立场,即把文化精神理解为它实际具有的各种精神品质的总和,而不只是优秀部分。

把文化精神视同于文化的优秀精神品质的观点,确有其合理性。它希望文化精神能够具有激发民族自豪感和自觉性,激活民族的生命力、创造力和凝聚力的功效。但劣性的精神品质的存在,对任何文化而言都是不争的事实。所以,这种观点不得不陷入区分诸如"民族精神"和"民族的精神"的窘境之中,也就是说,不得不采用"民族的精神"这类概念来把握一个民族的文化的整体精神风貌。事实上,大可不必把优秀精神品质称为"民族精神",而把所有的精神品质称之为"民族的精神"。从逻辑上讲,优秀品质只是一部分,而民族精神无论如何都是一个总体性概念,部分不能代表全体,把二者放在一起是悖理的。事实上,这种做法自觉不自觉地在把文化精神"应然化"的同时,也使它抽象化,使之与一个民族真实的精神状况产生了距离,从而危及文化精神的客观真实性。

当然,我们并不反对从应然的角度研究文化精神,只是不主张随意对文化精神进行肢解。文化精神是一个民族或地区的人民在长期的生产生活实践中逐渐形成的,随着实践的发展必然不断进步。进步就是克服劣性品质,弘扬优秀品质的过程。应然研究预示着文化精神的发展性和自我超越性,所以,它必须从现存的总体性的文化精神出发,以批判性思维为工具,面向未来,以确立理想目标和提出切实可行的实现途经为己任,本质上是创新的、变革的和富有建设性的工作。

当抛弃优劣区分,把文化精神看做是全部精神品质的总和之后,又必须面对另一个问题,即如何看待文化精神的特殊性。常识和经验表明,中华民族文化精神不同于日本大和民族文化精神,而日本大和民族文化精神又不同于德意志民族文化精神,也就是说,每一个民族的文化都有其精神特性。从学理上讲,文化精神是一个区别性概念,因为它的主体(民族或其他人群共同体)具有"唯一性",从事文化创造的活动具有独特性,因而形成的精神世界具有特殊性。但是,由于人与自身、人与人、人与自然的关系,人类实践活动的基本结构及其内容等都存在着共同性,不同民族的文化精神中必有相同或相似的品质。交往造成的不同文化之间的交流和融合,只会使不同民族的精神品质中含有越来越多的相同或者相似的成分,使各个民族文化的精神在发展中呈现出一种趋同性。譬如,勤劳作为一种优良品质,它根源于人类生存必须建立在与自然主动进行物质、能量和信息交换的基础上,几乎不可能被某种民族精神所独有,事实上,它是大多数民族精神中都具有的品质。可否把这些共同的精神品质从民族的文化精神中剔除出去,以此来维护它的独特性呢? 答案是否定的。如果采用这种简单化的方法,随着人类交流的日益发展和民族史日益成为世界史,相同或相似的精神品质必然不断增加,民族文化精神的内涵就会日益贫乏,最终必然走向虚无。与此伴随的将是文化多样性的消失,而这预示着人类的文明已经走到了尽头。

事实上,历史不可能上演这场悲剧。任何一般都是通过个别而存在的,而个别的存在是由存在本身的必然性决定的。所以,任何相同或相似的精神品质,在每一种文化中都有其特殊的实现方式,与其他精神品质有着特殊的关系。从这个意义上讲,相同的东西也就是不同的东西。再以勤劳为例,按照韦伯的解释,在新教教徒那里,它是上帝赋予人的美德,是死后升入天堂的资本;而传统的中国人则从世俗角度,把它看做是应对艰难生活的法宝,认为终日劳作的目的是为了出人头地或过富裕生活。前者的勤劳具有自律性,由于没有生理需要设定的界限,故而没有止境;后者的勤劳是他律性的,一旦世俗欲望得到了满足,成了显贵一族,就很容易走向淫逸。所以,一种文化的精神品质,无论是共性的还是独特的,都体现了该文化的特色,从这个意义上讲,文化精神是使一个群体不同于其他群体的那些精神特质的总和。

文化精神是该文化的人群共同体在文化创造过程中逐渐形成的,它属于这个共同体,而不属于共同体中的某一个体,具有超个体性。诚然,个体参与文化精神的创造,而每一个体都有自己的精神。但个体的精神只有被共同体认可和接纳,成为大多数成员的态度、情绪和观念,才能转化为共同体的文化精神。所以,个体只能分有而不能独占或确证它。时下流行的以某个或某些历史名人的个人品质来确证某种文化精神的存在,而不是从群体中概括出文化精神,再以个体为之佐证的做法,有违文化精神的群体性本性。任何文化精神一定是群体性的,否则就不是文化精神,而是个人的精神。所以,必须在文化精神与个人精神之间作适当的区分。

文化精神是一种形而上的东西,不可触摸。这种超感觉的特性,使其与物质文化相比失去了感性直观的优势。于是,文化精神的"存在"问题是否存在,如何认识这种存在,便显现出来。在文化精神研究中大量出现的主观随意的现象,使这个问题变得更加复杂起来。其实,解决这个问题并不难,因为文化精神之"在",同人类一切精神之"在"一样,遵循着同样的规律,只是表现方式有所差别。一般而言,精神性的东西以三种方式来确证自身的存在:一是对象性存在,即通过人的活动把观念的东西"物化"在外在对象上,使之成为体现精神的载体;二是对象性活动,即通过人的精神对活动的方式、内容、过程等的支配,显示出自身的存在;三是活动主体的人格,即精神转化为主体的人格,通过人在活动中的状态表现出来。概而言之,形而上的东西寓于形而下的东西之中,并借助形而下的东西获得可感知性,这是精神之"在"的一般规律。文化精神之"在"的特殊性,是它的超个体性,也就是说,它只有通过共同体的活动(含对象性存在)和群体人格才能表明自身的存在。所以,从群体人格入手研究文化精神,不失为一条便捷可靠的道路。

(二)区域文化

越文化,如今只是越地文化,属于中华民族文化中的区域文化。与民族文化不同,区域文化的主体可以是不同的民族,也可以是同一民族中不同地区的人群共同体。前一种情况是指原先的民族文化由于民族融合而成为区域文化,它们大多保留自己的语言、风俗习惯和宗教信仰;而后一种情况是指单一的民族由于地理环境和历史进程的不同,使得生活在不同地区的人群,在分有同一民族文化上出现了差异,具有了独特性。还有一种情况是,起初是一个独立的原生态的民族文化,由于自然灾害、饥荒、战争等原因,导致了该民族的迁徙,或者被强大的民族同化,原先的民族文化与新的民族文化交汇而形成一种区域文化。越文化就属于这种情况。

区域文化是由生活在某个区域的人群共同体创造和享有的文化,它既具有主流文化(民族文化)的特征,又具有某些独特的文化品质。所以,民族文化与它的区域文化的关系,不是整体与部分的关系,而是类与分子的关系。时常听到一种说法:某某文化(指区域文化)是中华民族文化的有机组成部分。这种说法的本意是强调区域文化对民族文化的依存性,以及在民族文化中的不可替代的地位和作用,殊不知事与愿违,因为"组成部分"这个概念,无论其"有机"与否,都表明它把民族文化看成整体,而把区域文化当成了部分。从逻辑上讲,部分不必然具有整体的属性,而不具有民族文化特性的区域文化,是不可思议的。我们认为,之所以出现这个误区,根本原因是把区域与民族疆域的空间关系,误用到了区域文化与民族文化的属种关系上,忽视了这两种关系的本质区别。民族文化是类概念,它的特质被各个区域文化以不同的方式分有着;各个区域文化亦有民族文化不具有的一些特质,唯其如此,它才有资格成为某一民族文化的区域文化,也才能把自身与其他区域文化区分开来。

在研究区域文化中,理所当然地要关注区域这个空间概念。假如对某个区域文化的疆域、政区的历史变迁都搞不清楚,研究很可能就会流于空疏。但是,区域文化并不是一个地理或空间概念。之所以要重视地理位置,是因为从中可以为区域文化的特质及其历史发展寻找到自然和历史的解释,也就是说,最终目的还在区域文化本身的研究方面。

我们注意到近年来在区域文化研究中,有一种不良倾向在滋长。一些人过分夸大了某种区域文化的独特性,以及它在民族文化中的地位和作用。好像只有这种区域文化才是最优秀的、最有价值的,其他区域文化都不值一提,或者至少不能与之相提并论。这种不尊重其他区域文化的态度是不足取的。我们主张在区域文化研究中,必须有条件地坚持文化相对论的原则。任何一种区域文化都有其存在的价值,每个地区的人都有自己的尊严。对任何一个社会或区域的习俗和观念,都应当客观地加以描述,而且必须和那个社会或区域的历史传统、当前的问题、未来的机遇联系起来加以理解。也就是说,要判断一个社会或地区的人们的行为和信仰,就必须按照这个社会或区域自己的传统与经验去解释。如果以特定的某一个人类群体自身的文化价值和传统来衡量与解释其他社会或地区的行为,势必会作出错误的判断。正如文化相对论的提出者博厄斯所指出的那样,对其他文化进行科学研究时,要求被研究者不受以我们的文化为基础的任何评价的束缚。只有在每种文化自身的基础上才能够深入每种文化,只有深入研究每个民族或地区的人的思想,并把人类各个部分发现的文化价值列入我们总的客观研究的范围,客观的、严格的研究才有可能。但是,不能由此走向拒斥对文化进行价值评判的歧途。事实上,基于人类的实践要求,任何文化都可以而且必须不断地进行价值反思,当然,评价的标准或尺度不应当是某种现存的文化,而是有效实践活动对文化的要求,这是由文化本身的工具性质所决定的。

(三)区域文化精神

近年来,受区域经济发展不平衡的影响,国内有不少学者开始关注区域文化精神的问题。他们在追问区域经济发展快或慢、先进或滞后的原因时,不约而同地都把区域文化精神纳入溯因思考的范围。然而,相对于民族文化精神的研究,这类研究的优秀成果并不多见。究其原因,主要是此类研究缺乏理论依托,加之受到功利性目的的驱使,科学严肃性不够。人们大多倾向于单纯依据区域经济发展水平来判定区域文化精神:凡是经济发展快的地区,其区域文化一定具有开拓进取的精神;凡是经济发展慢的地区,其区域文化一定具有因循守旧的精神。这种简单化的方法,使得人们对区域文化精神的存在都产生了怀疑。因此,区域文化精神研究的基本理论和方法亟待加强。

如同民族文化一样,区域文化也有自己的文化精神。一般说来,区域文化精神是该区域的文化成员在长期的社会实践中形成,通过"态度"、"情绪"及"价值观"表现出来的精神品质。它以地域性的群体人格为基本载体,见之于历史典籍、传说故事、风俗、礼仪、节庆等,并通过该地域的群体活动确证自身的存在。

在这个表述中,区域文化精神的主体是该区域的人群共同体,也就是说,它是这个共同体具有的精神品质。它必须被多数个体自觉或不自觉地具有,但不必被每一个体所具有。事实上,会有不少人具有相反的精神品质。即使在那些具有区域文化精神品质的个体中,其拥有的程度也是千差万别的:有的十分明显,有的比较隐晦;有的特质较多,十分典型,有的则相对较少,比较模糊。美国人类学家杜波依斯女士提出的"众趋人格"概念,为我们在这种复杂性中把握区域文化精神的存在方式,提供了有益的启示。对此我们将在"群体人格"部分详细阐述。

区域文化精神也以三种方式——对象性存在、对象性活动和群体人格——表现出来。对象性存在源于对象性活动,而对象性活动又是由具有一定人格的群体进行的,所以,区域性的群体人格是区域文化精神的载体。从这个意义上讲,某种区域文化的精神,其实就是这个区域的人的精神,二者是无法区分开来的。因此,不从区域群体人格的角度入手,是无法把握区域文化精神的。

区域文化精神是发展而来的,处在不断嬗变的过程中。当我们使用这个概念时,是指现今被多数人具有的精神品质,还是包含那些在历史上曾经存在而在现今已消逝的精神品质?换言之,从时间维度上应该如何把握区域文化精神呢?我们认为,文化精神在时间上可分为历史形态和现今形态。那些在历史上存在过但没有传承至今的精神品质,无论其优劣,都不能纳入文化精神的现今形态中,充其量,它们只是在考察区域文化精神的历史嬗变时被提及。本书着眼于越文化精神的当下状态，因此，研究的时间起点是现在而不是过去，采用的方法是由今溯古，而不是从古到今。

区域文化精神的成因分析，一般采用两个维度：一是自然地理环境，二是社会历史条件。区域文化精神与区域所处的自然地理环境有直接关系。在区域文化的早期发展阶段，自然地理环境的影响和作用是十分巨大的。俗语道："一方水土养一方人"，有怎样的自然环境，就有怎样的生存方式，而有怎样的生存方式就有怎样的文化精神。从这个意义讲，区域文化精神是自然地理环境在人的对象性活动中向着主体生成的产物。虽然在文明的进程中，自然环境对人的影响程度在一定意义上呈现递减趋势，但不可能消失，人毕竟是自然的存在物。但是，相对于自然地理环境，人自身的活动及其产物——社会和历史，对区域文化精神的形成有着更为直接的影响。因为自然地理环境对人的影响是以社会作为主要中介的，而社会无非是人们的结合方式，是人们从事生产生活的规则，是形成各种精神品质的直接基础，因而一定意义讲就是人本身。社会的变迁构成历史。在历史的长河中，一些东西产生了，一些东西消失了，也有一些东西被保留下来。在保留下来的东西中，有一部分就是文化精神。所以，区域文化精神是历史的积累，带着历史的厚重，充满着历史的睿智。

从事区域文化精神研究，首要的任务是事实认识，即客观地、不带偏见地再现它的本来面貌。任何区域文化精神都是"这一个"，也就是说，都有其独特性。正是这种独特性，使得每一种区域文化精神获得了存在的理由。诚然，我们可以从自然条件、社会制度、历史背景等方面去捕捉区域文化精神的独特性，但独特性只有在比较中才存在，而且只有在比较中才能彰显出来。所以，比较研究的方法是不可或缺的。

以事实认识为基础开展价值研究，是一项更加重要的任务。近年来，在区域文化精神的价值思考上，人们十分关注它对区域经济发展的作用，这是应当肯定的。为经济的发展寻找精神动力，这种努力在马克斯·韦伯的《新教伦理与资本主义精神》一书中已取得了举世公认的成就。事实上，经济发展水平的高或低，都存在着文化精神方面的原因。改革开放以来，浙江在资源匮乏、工业基础薄弱的条件下，取得了令世人瞩目的经济建设成就，其中一个重要原因就是得益于浙江精神。以经世致用、义利并举、能力本位和自强不息为特征的精神品质，为浙江人成为市场经济的弄潮儿奠定了根基。在一些经济欠发达地区，人们也开始检讨本区域文化精神，力求以市场经济为依据进行重构，为经济发展寻找精神支持。

文化精神对经济发展的作用，是通过人的活动实现的，所以，它对人的发展的作用，也是区域文化精神价值研究中不可缺少的一维。遗憾的是，这方面的研究并没有引起足够的重视。国学大师辜鸿铭早在1915年就指出，要估价一个文明，我们最终要问的问题，不在于物化的成果，如马路、城市、家具、仪器，甚至也不在科学技术发明。"要估计一个文明，我们必须要问的问题是，它能够生产什么样子的人（What hype of humanity），什么样的男人和女人。事实上，一种文明所生产的男人和女人——人的类型，正好显示出该文明的本质和个性，也即显示出该文明的灵魂。"①他把文化对人的意义看成是首要的，这不无道理，因为一切物化的成果，归根到底是由人创造出来的。他提出人的类型（其实是人格的类型）反映文化个性的观点，也是很有见地的。人与文化是一个"伟大的因果循环体系"。人创造文化，文化也创造人。抛开人与文化的原始发生不谈，对每一代人（或个人）而言，要成为文化的创造者，必须先成为文化的创造物。从这个意义上讲，文化实为"铸人"的模子，这模子是好是坏，是完整还是残缺，这一切均由不得他们，因为模子已先于他们而存在了。但是，铸出的人如何，却能真实反映出模子的特性，也能证明这模子的价值。

在区域间的交往中，各个区域文化精神中具有普适性的特质，通过文化传播的各种方式相互吸纳、交融，从而形成民族文化精神。所以，民族文化精神不是某个圣人铸就的，而是各个区域文化精神交互作用的产物。区域文化精神与民族文化精神的关系，也是一般与个别的关系。民族文化精神的特质，在区域文化精神中获得了独特的实现方式，而区域文化精神中独特的品质，又使民族文化精神获得了丰富生动的表现力。

（四）群体人格

本书的基本思路是通过群体人格解析文化精神，这是基于文化与人格的关系理论所作出的选择。上个世纪二三十年代，在弗洛伊德精神分析学说的影响下，人类学中出现了文化与人格学派，文化与人格的研究一度成

---

① 辜鸿铭：《中国人的精神》，海南出版社1996年版，第93页。

为显学,也取得了许多至今看来仍有价值的成果。一般说来,文化与人格研究包含三方面内容:一是文化与类人格的关系,二是文化与群体人格的关系,三是文化与个体人格的关系。本书研究的是越文化精神,故主要涉及的是第二方面即文化与群体人格的问题。

群体人格是人格的一种类型。人格范畴具有与文化范畴同等程度的复杂性。阿尔波特1973年就曾综述过当时心理学关于人格的50个定义,何况这并没有兼及其他学科对人格的界说。造成这种复杂性的根源在于人自身。人兼有生物属性和社会属性,这两种异质特性使人们放弃了对人格进行全息揭示的企图,并导致了从生物或社会对人的阐释,何者更为根本的永无休止的争论。其次,人的社会属性具有多样性,如道德属性、民族属性、阶级属性、法律地位等等,这为从任何一个角度出发讨论人格提供了合理的根据。再者,人的心理结构及其心理与环境和遗传的关系异常复杂,它自身也并没有规定应该对它进行怎样的研究才是唯一合理的,这也为各种理论范型的存在提供了可能。

美国学者赫根汉将人格理论概括为五种范型:精神分析学派范型,以弗洛伊德和荣格为代表,主张从无意识的冲突或非理性的意欲出发阐释人格;社会—文化学派范型,以阿德勒、霍妮和埃里克森等人为代表,强调文化因素决定人格的形成;特质论范型,以阿尔波特、卡特尔等人为代表,注重直接从个体本身行为的特点出发探讨人格问题;学习论范型,以斯金纳、尼尔·米勒等人为代表,关心与人格发展有关的学习过程的研究;存在—人本主义范型,以卡尔·罗杰斯、亚伯拉罕·马斯洛为代表,侧重人的生存问题的探讨。赫根汉认为:"在看待范型时没有必要认为哪种是正确的,哪种是错误的。……各种范型都是有用的。"①当然,如果这只是说每一种范型都以一种与众不同的方式"切开"人格蛋糕,得到的人格"剖面"都有其独特的视角,自然是一句真理。

然而,无论采用什么方式,从何种角度入手,人们面对的始终只能是同一个人格"蛋糕",它自身不会因切法不同而改变。因此,不仅在心理学领域中,而且在不同学科之间,人们面对的也只能是同一人格,尽管人们用来进行研究的术语几乎是不可通用的。问题在于,这"同一人格"究竟是什

---

① [美]赫根汉:《人格心理学导论》,海南人民出版社1986年版,第14页。

么呢?

首先,人格只与人相关。这句话的真实含义是说,人格与人的一切属性相关,尤其是不能将人格与人的遗传特质割裂开来。但是,遗传特质所决定的只是人获得何种人格的潜能,或获得某种人格之可能性的大小。人实际具有何种人格,这主要由后天文化和社会因素决定。从这个意义上说,人格是遗传和文化共同作用的结果。类似"文化人格"或"文化性格"之类的用语显然是不甚恰当的。

其次,人格是一种格式,是由各种人格要素构成的具有相当稳定性的有机整体。人格如果不是一种格式,它就没有意义。构成人格的要素,广义地讲,是人的一切属性;狭义地讲,主要指观念、情感和行为。观念主要包括世界观、社会历史观、人生观、价值观、道德品质、知识经验等。情感主要包括气质、意志等。行为则包括一般能力和特殊能力,以及行为品质(退缩与进取、勇敢与软弱、独立与依附等)。每一方面(即观念、情感和行为)的要素又有机组成一种相对稳定的模式。因此,人格是由观念模式、情感模式和行为模式构成的统一体。其中,观念和情感模式是内化了的行为模式;而行为模式则是外化了的观念和情感模式。观念模式在人格中占有举足轻重的位置。

诚然,这样的人格描述十分宽泛,但并不空疏。因为这种描述反映了人格的结构特征,凸显了各种要素的总和性质,为人的自我认识提供了方便的概念工具。所以,我们赞同哈维兰的观点:"人格并不适用于用正规概念来解释,但为方便起见,我们可以把它视为人的思想、感情和行为的特殊方式。"①

运用人格概念去认识个体,一切都比较简单,至少不存在理论上的困难。这种情况也同样适用于对人类的认识。但当面对各种群体时,人格问题就变得空前复杂起来。以下,结合西方国民性研究在 20 世纪里大起大落的过程,分析这种形而上的复杂性。

所谓国民性,亦称之为民族性,指一个国家或民族区别于其他国家或民族的具有持续性的人格特征或模式。在现代民族国家中,它作为民族文化的主体存在方式,是国情的一项基本内容。国民性研究数百年前就引起

① 〔美〕威廉·A.哈维兰:《当代人类学》,上海人民出版社 1987 年版,第 300 页。

了人们的广泛关注。进入 20 世纪后，西方一改过去经验直观、零散描述和缺乏理论支撑的素朴状态，以人类学为主要的学科依托，把心理学引入文化人类学，借助"文化心理"这一概念工具，使国民性研究步入了科学的殿堂。20 世纪上半叶，西方国民性研究十分繁荣，尤其在 40、50 年代，达到了鼎盛时期。50 年代以后，这项研究受到来自各方面的质疑和指责，遭受了严重挫折。进入 80 年代后，国民性研究又呈现复苏迹象。西方国民性研究跌宕起伏的百年历史，给后人留下了许多有待破解的理论谜团，其中颇具神秘色彩的就是国民性之"在"的问题。

作为国民性研究的前提——国民性的存在，对 20 世纪上半叶从事国民性研究的学者们是不言而喻的。他们把国民性研究的理论视界仅仅锁定在"是什么"和"为什么"上，丝毫不去追问它是否"在"。其实，凡涉及国民性"是什么"和"为什么"的各种理论建构，无一不隐匿着对其"在"的本体论承诺。这种承诺是使一切有关国民性的陈述成为知识的前提。由于缺乏对形而上前提的厘清，西方国民性研究在上个世纪呈现出一幅"沙滩上的大厦"的图景，走了一条迅速崛起又一落千丈的曲折道路。

1919 年，美国人类学家萨皮尔发表《文化、真实、虚伪》一文，认为法国人的办事风格与法国的美术、音乐、宗教及行政管理的风格存在一致性。这篇关于文化与人格的经典文章，深深影响着这个领域的后继研究。1927年，庇提里弗斯在他的《文化冲突与种族接触》一书中，将澳洲土著人和非洲土著人分成"内向"和"外向"，首次用心理特征描述去研究民族性的差异问题。1928 年，本尼迪克特发表《西南文化心理类型》一文，把心理学引入人类学，正式开辟了"文化与人格"的研究领域。同年，米德出版《萨摩亚人的青春期》一书，用实地调查资料证明，"青春期现象"不是由生理因素造成的，而是由文化决定的，对当时的生物决定论和文化决定论之争，做出了自己的回答。1934 年，本尼迪克特的成名作——《文化模式》问世。她在书中运用完形心理学的方法，对美洲夸扣特尔、祖尼和南太平洋的多布三个民族的文化与人格的相关性进行了深入的研究。作为这项研究的结论，她认为，每种文化都有其文化模式，每种文化模式都有其特殊性。不论是人的本性还是群体行为都是由文化模式塑造的，它通过奖罚机制，使得处在同一文化下的不同个人，形成行为、观念和情感的某种共同性，而这种共同性必然体现着该文化模式的特殊性。所以，文化决定人格，人格无非是文化的主体存在方式。此书的出版,是国民性研究从经验走向科学的标志。30年代末,卡丁纳尔和林顿合作,在美国哥伦比亚大学从事国民性研究,提出了"基本人格结构"概念。他们认为,即使在同一文化下,也存在不同的人格,而不是只存在一种人格。由于文化的共同性或共通性,不同人格之间必然存在性格特征、价值观、行为方式、情感模式的相似性。这一部分相同的人格既是不同人格的"基本人格结构"部分,又表征着国民性。1944年,杜波依斯出版了她的《阿罗人》一书。作者在概念的使用上,以"众趋人格"替代了"基本人格结构"。因为她在研究中发现,一个社会中个体的人格有着非常大的差异,但把这些不同人格通过统计方法加以集中排比时,有些人格特征会显示出具有一定的中心趋势,这些共同的中心趋势即为众趋人格。它是一种文化中最具有普遍性和代表性的人格类型。

众趋人格是运用统计方法对社会中人格特质进行客观测定而获得的,它标志着国民性研究在方法上更加实证化。许多人认为,借助这一概念工具,能使国民性研究成果的主观性减少到最低限度。正因为如此,众趋人格概念已被人们普遍接受,成为国民性研究的通用范畴。

第二次世界大战为国民性研究从理论走向实践提供了契机。以本尼迪克特《菊花与剑》一书为代表的一批成果,充分展示了这种研究的巨大实用价值。但是,大约从20世纪50年代开始,国民性研究受到了来自各方面的批评,在几乎没有"还手之力"的状态下,便迅速走向衰微。导致这种大起大落变化的根本原因,是国民性研究缺乏坚实的理性根基,它的理论前提、基础和方法尚未经过哲学理性的洗礼。

20世纪国民性研究受到的批评,主要集中在四个方面:

第一,研究对象的真实性。在常识范围内,说美国人比英国人随便,中国人比日本人更有家庭观念,一般不会引起太大争议。国民性研究者与常识保持一致,坚信国民性是真实存在的。但是,他们为之提供的证据却过于简单。在他们看来,一个国家或民族的大多数人之所以具有相同的人格特质,就在于他们享有共同的文化。从文化的整合性推论出国民性,这在原始的、规模较小且社会分工不发达,对外几乎处于封闭状态的"小"社会中易于得到确证。但面对现代社会却遇到了困难:首先,分工的发展和社会层化现象的加深,使得同一社会不同行业、阶层的人在人格上的共通性日趋减少,而同一行业或有相同社会地位且属不同民族和国家的人,其人格的共同性却与日剧增。其次,政治、经济和文化的国际交往的加强,势必导致民族特性淡化。这种不可逆转的文化"趋同"或"融合"趋势,必然会造就普泛的人格类型,而要从中捕捉体现差异的国民性,将变得日益困难。据此有人讥讽道,从事国民性研究的人是瞎子,他们在一间黑房子里努力寻找一只不在房子里的黑猫(指国民性)。

第二,研究资料的可靠性。二战前后,西方国民性研究主要凭借三类资料:一类是实地调查获得的第一手资料。本尼迪克特在《文化模式》中主要采用的就是这种资料。另一类是文献资料。本尼迪克特的《菊花与剑》主要是靠这种材料写成的。第三类资料是个案访谈所得。其中,文献资料的可靠性受到的非议最大。因为这类资料形成于过去,用历史资料得出的结论很难确保其符合现实情况。至于第一、三类资料,被怀疑其缺乏代表性,甚至有人认为是研究者依据主观好恶或围绕一定观点收集的,缺乏客观性。

第三,研究方法的科学性。20世纪前半叶西方国民性研究,主要集中在两大问题上,即国民性"是什么"和"为什么"。前者是事实陈述,后者是溯因分析。在国民性的事实陈述上,惯常采用模式化方法,先将某种文化概括为特定的模式,然后使之人格化(用人格术语解释文化模式),从而获得关于某种国民性的陈述,然后希望得到统计资料的证明。这种方法的使用依赖于一个预设,即被研究的文化对内具备高度的同质性,对外具备高度的唯一性。否则,研究结果的真实性就丧失了依托。从这个预设出发,合逻辑的推论必然是:一个国家的人格类型是单一的,且这种人格类型具有统计学意义上的普适性。由于在文化交流和碰撞的过程中,文化的同质性和唯一性不可避免地被"弱化"或消解,因此,这一预设同文化的实际存在之间的冲突无法调和。于是,在后来的研究中,"溯因"分析的重要性被凸显出来。但是,这种研究方法同样也遇到了困难,因为国民性的形成原因是多方面的,从中寻找出最具有决定性的、且能被普遍认可的原因,很难做到不带有研究者的选择性。另外,这种方法也诱导人们在溯因分析的过程中,步入追求"终极原因"的误区。戈若在分析俄国人的权威崇拜时提出的"襁褓假说",就是典型一例。

第四,研究成果的客观性。"众趋人格本身对整个社会来说,可能被认为是正常的,但可能不会有一半人共有这种人格。"①批评者正是基于一个社会人格类型的多样性,认为国民性研究者面对并存的若干人格类型时,往往是基于感性,先入为主,将国民性设定为某种人格类型,然后去寻找佐证材料,研究成果具有相当的主观性。

显然,国民性研究受到的批评,涉及对象、资料、方法和结果,是全方位的;同时它也触及该研究的前提和基础问题,具有极强的颠覆性。仔细分析这些批评不难发现,对国民性研究的资料、方法和结果的质疑,都是围绕着客观真实性展开的,其锋芒最终的指向则是国民性之"在"的问题。

国民性之"在"是一个本体论问题,它关注国民性的一般存在,而不是某种特殊的国民性之有无。它的基本内涵包括两个方面:其一,国民性是否存在? 如果存在,是否存在于人的意识之外? 其二,如何确证国民性的存在? 能否以它的统计学意义上的普遍性来加以判定?

国民性是一种群体人格。人格只与人相关。这即是说人格与人所具有的一切属性相关,而人所属有的属性,无非是自然的、生理的属性和社会的、文化的属性。我们虽然不能把人的自然的、生理的属性排除在人格之外,但决定人格性态的是社会和文化因素。

正如蓝德曼所说,人是文化的存在物。一方面,人创造文化。创造文化的人不是单个人,而是群体,确切地讲是民族这一特定的群体。任何一个民族都有自己的文化,文化是民族的表征,因而也是一个民族的本质规定。因此,如同民族的存在一样,民族文化的存在也是客观的,其真实性是无可置疑的。另一方面,文化也创造人。美国文化人类学家赫斯科维茨从人的文化生成角度,将个体从自然人向社会人的转化过程,称为文化濡化。文化濡化(Enculturation)亦译为文化熏陶、文化熏染,指个体为适应既定文化而学习的过程。这个过程分为"被动接受"和"主动接受"两个阶段。马克思在谈到人在历史过程中的受动性时指出:"人们不能自由选择自己的生产力——这是他们的全部历史的基础,因为任何生产力都是一种既得的力量,是以往的活动的产物。"②同理,人们也不能自由选择生产关系。人们在既定的生产方式基础上创造出的、包括观念、行为和情感体验模式在内

---

① [美]威廉·A.哈维兰:《当代人类学》,上海人民出版社1987年版,第320页。
② 马克思:《致帕·瓦·安年科夫》,《马克思恩格斯选集》第4卷,人民出版社1995年第2版,第532页。

· 17 ·

的全部既得的文化模式,作为以往人们活动的结果和新的一代人活动的基础和背景,则是每一代人一开始就必须面对的"第三种无法选择"。任何人在人生"一段长远的路程中完全不需要自主性,而只是重新实现生活的固有模式"①。这也就是说,任何人在成为文化的创造者之前,首先必须成为既定文化的创造物。

人创造文化,文化也创造人,这是一个因果循环体系。它表明民族文化实际上有两种存在方式:一种是对象性存在,如物质文化、制度文化或物化的观念文化产品等;另一种则是非对象性存在,亦即主体存在,即通过人格方式存在于文化创造者自身。因此,文化与人格是无法分割的,从一定意义上讲,人格是存在于人(个体、群体、类)身上的文化,文化是体现在人身上的人格。国民性就是民族文化的主体存在方式。

民族和民族文化的客观性,决定了国民性的客观真实性。诚然,国民性与人相关,但不能由此推断国民性不具有客观性。一般而言,人所具有的东西,并非都是主观的,譬如人的自然力、需要和实践能力等。国民性是人所具有的客观属性。首先,决定国民性的民族文化,作为人类世代活动的历史积淀,存在于人的意识之外,无论每一代人怎样去理解和解释,它都是客观存在。由既定的民族文化派生的国民性,其存在同样也是客观的,它连同既定的民族文化共同构成了每一代人无法选择的活动前提和基础。其次,国民性的客观性还表现在,它对民族的实践活动具有巨大的反作用。当它满足一个国家或民族的经济、政治和文化发展要求时,就会成为持久的、自发的和深厚的推动力量;而当它滞后于社会发展而成为阻力时,其消极影响是十分巨大和深远的。世界各国许多研究发展问题的专家都已经充分注意到了这一点,认为对处在现代化过程中的国家,最困难的是人格的现代化,而不是物的现代化;要实现社会的现代化,首先必须实现人格的现代转型。这就足以印证国民性对社会发展具有不容忽视的客观作用。

国民性是最能表征一个国家或民族的人格特征的群体人格。从这个意义上讲,普遍性是判定某种人格模式或类型是否有资格成为国民性的重要依据。国民性的普遍性,不是指一个国家或民族中"单个人所固有的抽象物",或者是"把许多个人纯粹自然地联系起来的普遍性",而是由一个民

---

① [德]蓝德曼:《哲学人类学》,工人出版社1988年版,第265页。

族的文化的特殊性所决定的。正是民族文化的特殊性的人格表征，赋予了国民性以普遍性的规定。

西方国民性研究的失误之一，是把国民性看成个人所具有的共同人格特质或倾向，理解成为把许多个人联系起来的"齐一性"。无论国民性研究者或批评者都基于这种理解，采用自然"齐一性"的标准来衡量国民性的普遍性。他们在方法论上重蹈了马克思之前的思想家在探求人的本质上的覆辙。事实上，一个民族的国民性（或民族性），是由这个民族的全体成员在共同创造民族文化中被一同创造出来的。它是这一民族共同体基于人类实践的内在要求而对其成员的文化规定，是这种规定的世代积淀和不断内化、传承的产物。因此，国民性不是类概念，而是集合概念。这即是说，它原本属于民族共同体，而不是属于某一个人、一些人或某一代人。我们不能用研究物理世界的方法，从事国民性研究。文化是无法计量的，由文化决定的国民性也不是仅凭数字就可以推导出来的。西方国民性研究深受实证主义影响，片面追求所谓的科学性，忽视了对国民性本体论的反思，其结果是让错误的方法把自己逼向了绝路。

诚然，我们并不否认个人对国民性的"分有"。个体不仅可能而且应当分有国民性，因为国民性既然是民族文化的造物，自然也是最受重视的人格类型，较之其他人格，在这个共同体内最具有普适性，是个体通行于其中的"人格货币"。但是问题在于，一方面，个体不仅是受动的，也是能动的。当个体的主体性达到一定程度时，他对自己拥有何种人格就具有了自主权，既可以自觉维护具有国民性特征的人格，亦有能力选择别的人格类型。另一方面，随着文化交流、社会层化和行业分工的加剧，文化多元化和多样性趋势必然导致人格的多样化。这样一来，可能如哈维兰所说，会有一半的国民人格与国民性相左。因此，"只有认识到在每个社会中的人格是相当宽广的，我们才能接受由文化决定的人格类型的概念"①。然而，即便如此，国民性依然具有普遍性，因为国民性原本就不是数量概念，尽管它通常总是与多数人联系在一起。决定一种人格是否代表国民性，从根本上讲，不取决于它被多少人拥有，而取决于这种人格能否满足既定文化对人的要求，取决于这种人格是否表征了该文化的特殊性。况且，个体人格与国民

① ［美］马文·哈里斯：《文化·人·自然》，浙江人民出版社 1992 年版，第 518 页。

性之间,也不是简单的同或异的关系,而是既同又异的模糊关系,存在着一个隶属度。所以,国民性是什么,这与多少人分有国民性,是两个不同层次的问题。仅仅以后者判定前者,是典型的理论错位。

澄明国民性之"在"就会发现,研究国民性的资料,原本同研究民族文化的资料无根本区别,大可不必囿于人格调查的统计资料。因为民族文化和国民性是"同源共生"的关系,"此"亦是"彼","彼"亦是"此"。在研究方法上,不能将实证方法作为研究国民性的唯一方法,否则意味着事先已经将国民性曲解成为"把许多个人纯粹自然地联系起来的普遍性"。至于国民性研究结果的客观性,从根本上讲,它并不取决于研究者使用何种类型的资料,也不取决于采用何种具体方法,更不取决于成果中是否含有研究者的选择(从纯粹的意义上讲,任何理论成果都不可能绝对排除它),而是取决于它能否体现民族文化的特殊性,取决于依据它所做出的推论能否经得起实践的检验。

二、越文化精神的建构原则和路径

一种文化精神的建构,除了遵循文化精神的存在规律之外,必须在充分考虑到该文化主体的多样性、生成和嬗变的复杂性以及它的特殊性的基础上,确立正确的研究原则和有效的研究路径。对越文化精神的研究,尤其显得必要。

(一)建构原则

1. 从主体出发的原则

必须以文化主体——文化的创造者和承载者,作为研究文化精神的出发点。人是文化的存在物,文化精神就是人的精神。这里的人不是指个体,而是群体,因为只有人群共同体才能创造、传承和发展文化。当然,我们不能也无须把群体与个体对立起来。事实上,离开了个体,群体也就无从谈起。在从事文化精神的研究中,个体不能代替群体,只能作为群体的一个佐证。也就是说,不能简单地把个体特征变为群体乃至于文化特征,除非这个特征被多数人认同、接纳和内化。

同样,也不能把从主体出发的原则,简单地理解为对典籍文献资料和精英文化的排斥。典籍记载着过去的人和事,记载着历史上人们的认识和思想,凝结着他们的生存智慧。这些东西通过文化濡化的各种途径,向下一代传递着某种精神的追求,影响着后人的精神世界。精英文化对文化精神的影响力也不容忽视,毕竟它处在高位,有完备的形态,有知识分子阶层作为传播者,有话语霸权,对民众有很强的影响力。况且它也来自于大众的生产生活,有普通百姓的态度、情感和价值观念作为基础。但是,典籍和精英文化与普通百姓的文化还是存在距离的,一则典籍和精英文化都具有"应然"色彩,教化民众"应当如此",而这与民众的"事实如此"是不尽一致的;二则典籍和精英文化主要体现统治阶级的意志和愿望,很难完全迎合普通百姓的利益和要求,会因为百姓的抵触而束之高阁,无法完全内化为百姓的精神追求。所以,在构建文化精神中,必须把立足点放在主体身上,而人民大众是这个主体的主体,唯有在他们身上才真实地蕴藏着文化精神,典籍和精英文化也正因为对他们的精神世界发生了作用,才被纳入到我们的视线之内。

对有七千年历史的越文化而言,在从越族文化到越地文化的发展历程中,文化主体经历了从越地越族人和越地汉族人的转变。越地越族人,上自河姆渡时期,下至秦灭越国,强行迁徙而流散。时间从七千年前至公元前222年,约五千年;若以少康封无余于越计算,大约也有二千年或三千年历史。越地汉族人,始于公元前222年秦强迁汉人中"有罪适吏民"于越地,后经东晋"永嘉之乱"、北宋"靖康之难"等造成的多次移民,逐渐成为越地居民的主体,距今大约有两千多年历史。所以,越地文化并不只是越族文化的传承和嬗变。越族文化是越地文化的一个源头,另一源头是中原文化,二者在秦灭越国后的第一次移民潮期间交汇,共同形成了越地文化。由于秦汉时期中原文化是"高位文化",而越族文化是"低位文化",根据文化学一般原理,决定越地文化形貌的主导力量是中原文化。这即是说,从秦开始,越地文化已经成为汉文化的一部分。由于越地自然地理环境和越族历史文化传统的共同影响,越地文化在其流变过程中形成了自身的特质,成为有其自身特色的一种地域文化。

自秦以来,作为区域文化,越文化也有几千年的发展史,其主体也不是一代人,而是许多代人。从哪一代出发呢?或许最好的选择,是生活在越地的世世代代人群共同体(含越族、越地汉人)的总和,越文化精神无疑是这个"总和"创造的。问题在于,这个"总和"是抽象的产物,选择它作为主体,面临的尴尬是在研究时无从着手,因为我们无法把"总和"作为切入点,只能从构成这个"总和"的某一代入手。其实,"总和"是一个世代更替的过程,每一代人都继承了前一代人创造的文化,在新的一代的身上,总是具有比前辈更丰富的文化精神内涵。本书认为,构建越文化精神,只能从当代绍兴人的群体人格出发,以他们共有的态度、情绪和观念作为构建越文化精神的基本依据。

当代绍兴人的群体人格是否有资格作为越文化精神的载体?回答是肯定的。首先,"当代绍兴人"指以绍兴市为中心区、秉承着越文化基因的人群共同体。绍兴是越文化的核心区,自建城以来2500年未移址,足见其文化积淀之深厚。生活在这个区域的绍兴人较之其他地方,具有更多的越文化精神的传承,更具代表性。其次,因为我们探寻的越文化精神是它的现今形态,关注的是生成于过去、存活于现在的精神品质,而不是在过去某个时间生成而后又消失的东西。越文化精神的现今形态就存在于当代绍兴人的群体人格中。严格地讲,文化精神是传统,传承是它的内在规定。不被传承的精神,很难纳入文化精神范畴。因此,我们有理由把当代的绍兴人视为越文化精神载体。诚然,如今的绍兴人不同于句践时代的越国人,他们分属越文化精神生成、流变的不同阶段,彼此之间会存在巨大差异。以如今的绍兴人来阐释越文化精神,是否犯了以个别取代一般或以偏概全的错误?回答也是否定的。如今的绍兴人并不是简单的"个别",而是带有发展的全部丰富性的总体。对此,黑格尔关于辩证发展的理论提供了充分的说明,不再赘述。

2. 事实认识和价值研究相结合原则

研究越文化精神,首先应当回答"是什么"的问题。这属于事实认识,必须持客观的态度。以往的研究者,只注重个别事实,如大禹治水、卧薪尝胆等,而不是事实的总体,这酷似盲人摸象一样,研究结果往往是以个别代替一般,主观随意性强,缺乏可信度。他们之所以把严肃的科学研究变成个人感觉的倾诉,是因为缺乏把握事实总体的理论工具。本书运用群体人格概念,从当下越地人的态度、情感和价值观中提炼越文化精神的内涵,并从历史嬗变和空间比较两个维度进行论证,较好地维护了事实认识的客观性。

价值研究也就是利弊、优劣分析。文化精神本身就是价值存在物。以往的研究者，由于把文化精神等同于文化的优秀精神，故而在文化精神的价值问题上，缺乏反思的态度，鲜有自我批判。本书认为，一种文化的精神，就是它实际具有的态度、情感和价值观的总和，而不是它"应当具有"的、理想化的或作为奋斗目标的东西。同世间一切事情一样，它不可能是单质的、无矛盾的，必然是既有精华又有糟粕。所以，对文化精神而言，价值分析就是从它的真实状态出发，发现它的精华而弘扬之，找到它的糟粕而克服之，唯其如此，才能使文化精神与时俱进，永葆活力。因此，事实认识和价值研究相结合，客观性与价值性相统一，对任何文化精神的科学研究都是不可或缺的。

3. 历史与现实相结合原则

文化精神由远古而来，绵延至今，作为一条钮带，把历史和现实联结在了一起。研究文化精神，若舍弃历史，就会把它变成无源之水；而离开现实，就会把它变成逝者的幽灵。这两种做法都是不足取的。本书认为，研究文化精神的目的必须是为当代实践服务，所以，必须以当今实践为基础，实现历史与现实的结合，从当下实践的需要出发，对文化精神进行科学的总结和正确的评析。要做到这一点，需要全面而不是片面、客观而不是主观、科学而不是体验地把握文化精神及其精髓，更需要深入了解当今实践的特点，了解进一步发展的方向和新的需求。只有这样，才能产生有价值的研究成果。

4. 存同求异原则

由于人类生存方式和实践方式有着共通性，不同民族的精神在最初的时候就存在着一些相同或相似的品质。这种情况在同一民族的不同区域文化中表现得尤为突出。因此，从事越文化精神研究，必须坚持存同求异原则。所谓"存同"，就是承认"同"的存在，但不把注意力放在这一方面；"求异"则是对"异"进行多重追问——是什么？为什么？有何意义？从事实和价值两个方面进行深入的研究。之所以要坚持这一原则，是因为"同"并不表征越文化的特性，也不提供越文化之"在"的证明，但它却是研究的前提。"异"则不然，越文化精神正是因为异于其他区域文化精神，才获得了存在资格，它的价值也因为"异"而彰显出来。所以，舍弃了"求异"，也就等于放弃了对越文化精神的研究。

越文化精神之"异",从特质角度分析,无非有两种类型:一种是"人无我有",另一种是"人有我特"。越文化是由一个独立的民族文化演变而来的,越往前追溯历史,如回到先秦时期,它的"异"更多地表现为"人无我有"。随着越族文化向越地文化的转变,地区之间的交往日益频繁,尤其是历史上发生的多次大规模的人口迁徙,必然给越地带来思想文化的碰撞和交汇,这使得越文化精神的特质在种类上必然出现趋同反应,其结果就是"异"更多地表现为"人有我特"。这个过程从来就没有停止过,以至于在当今越地人承载的越文化精神中,人们几乎不再能够找得到"人无我有"的特质了。有人据此认为:越文化没有精神,有的只是中华民族的精神。这种看法忽视了"人有我特"的存在,对文化精神之"异"作了简单化的理解。其实,在不同文化广泛交流的背景下,民族文化或区域文化之精神的"异",只是变换了自己的存在方式,即"异"主要表现为"人有我特"。这虽然有文化自觉的因素,但可以肯定地说,这种"特"在很大程度上是由文化精神的深层结构造成的。文化精神是一个系统,有其内在结构。即便特质相同,若结构不同,文化精神亦不相同。譬如"忠义",日本人以忠为核心,认为忠就是义;而中国人则以义为先,认为真正的忠必须符合义的要求。特质相同,结合方式不同,就形成了两种不同的忠义观。结构相对于特质(要素)而言,有着极高的稳定性,对特质具有约束作用。对此,系统论已有定论,只是人们对由结构造成的文化精神之"异"关注不够而已。所以,我们必须而且也能够坚持"求异"原则。

(二)路径

本书的研究路径由五个环节构成:

构建越地群体人格模式→提炼越文化精神基本内涵→从时间维度进行溯因分析和历史论证→从空间维度进行比较研究和个性论证→从价值维度进行历史与当代的意义分析。

本书的章节结构与研究路径是一致的。

显而易见,在路径的设计中,缺少对越文化精神的生态环境(自然地理环境和社会历史条件)的专门分析。这不是因为它不重要,或者对越文化精神研究可有可无,而是为了叙述的方便起见,将这方面的研究融入溯因分析和历史论证之中。事实上,研究任何一种文化精神,都必须高度关注这种文化精神的主体的生态环境,因为自然环境和历史遭遇,通过对主体活动的影响,直接制约着这个共同体的精神取向和特征。

构建越地群体人格模式,是研究越文化精神的基础性工作。依据文化人类学、社会学和行为科学的有关理论,我们把群体人格模式看做由各种人格要素构成的有机系统,它内含三个相互联系的子系统:行为模式、观念模式和情感模式。每一个子系统都包含许多人格特质,这些人格特质可分为核心特质、基本特质和非基本特质或次要特质三个层次,它们以核心特质为中心,形成一种稳定的有机的结构状态。为了从无限多样的人格特质中概括出基本特质,从而确定核心特质,必须确定观察的维度。我们以人们的生产生活为着眼点,以有效的实践活动对人的要求作为基准,设立七种考察维度:时间维度、空间维度、计划维度、变通维度、规范维度、效能维度和创意维度。这七种维度囊括了人格所有基本的方面,且适应于对每一个子系统的分析。因此,越地群体人格模式的建构分为两步:第一步,从七种维度出发,概括出行为模式、观念模式和情感模式各自的基本特质,并确定核心特质,完成对每一种模式的建构;第二步,探讨各种模式之间的内在联系,完成对越地群体人格的理性再现。然后,运用越地的传说故事、文献典籍、历史事件、历史人物、民间谚语和风俗习惯等对之进行佐证。

群体人格与文化精神的同构性,为从越地群体人格中提炼越文化精神的基本内涵提供了可能性。群体人格 = 行为 + 情感 + 观念,而文化精神 = 态度 + 情绪 + 观念,二者的唯一区别,是群体人格的"行为"与文化精神的"态度"的不同。人格中的"行为",指行为特质(品质)而不是具体行为。它实际反映的是行为者的品质,是由行为者的品质导致的行为倾向,是行为化了的人格品质。这种意义上的"行为",其实也就是一种"态度"。态度是人们在自身道德观和价值观基础上对事物的评价和行为倾向。它由对外界事物的内在感受(道德观和价值观)、情感(即"喜欢—厌恶"、"爱—恨"等)和意向(谋虑、企图等)三方面的要素构成。感受是指人们对事物存在的价值或必要性的认识,它包括道德观和价值观;情感是和人的社会性需要相联系的一种较复杂而又稳定的评价和体验,它包括道德感和价值感两个方面;意向是指人们对待或处理客观事物的活动,是人们的欲望、愿望、希望、意图等行为的反应倾向。当把态度、情绪和观念三者综合起来考虑时,态度主要用来反映意向,抑或行为倾向。可见,二者是相通的。诚然,就如同"行为"和"态度"也有差别一样,群体人格与文化精神也不是绝对等同的。群体人格只是文化精神的一种载体,尽管是最重要的载体,文化精神还通过文学、哲学和物化产物表现出来。群体人格相对来说较为具体,具有一定的可感性,而文化精神是理性提炼的结果,更为一般化,具有超感觉性。从这个意义上讲,群体人格是个别,文化精神是一般,二者是一般与个别、共性与个性的关系。

从现实状态追溯历史成因和过程,把越文化精神放置在广阔的历史长河中,从自然环境和社会历史因素的交错中,通过越地历代人的实践活动,努力再现各个时期文化精神的丰富多样的表现,探寻其中具有恒久性的精神品质,这是越文化精神研究所必需的环节。越文化精神由越地传统文化所孕育,是越文化传统历史积淀的结果。研究越文化精神时,不能只停留在现代,要从恒久性与现代性相统一的角度,努力挖掘传统精神资源,弘扬其中优秀的精神品质。

从空间维度进行比较研究和个性论证,旨在彰显越文化精神的独特性。我国区域文化众多,各有自己的特色。为了便于比较,我们选择了秦文化作为比较对象。因为另一方面,我们曾使用相同的概念系统和研究方法,对陕西群体人格做过系统研究,出版过有关专著,这使得两种区域文化精神的研究,具有相同的理论基础。

文化精神的研究不能只满足于事实认识,必须上升到价值分析的层面上。事实上,价值是文化精神的固有属性。一种精神品质,正因为它满足了人的需要,得到了大家的公认,才成为文化精神的组成部分。离开价值分析,文化精神的研究是不完备的。越文化精神上下几千年,一直绵延至今,这本身就证明了它的存在价值。改革开放三十多年,越地经济社会的发展,一方面表明了这种文化精神有强大的生命力,对推动绍兴经济、社会和人的发展具有积极作用,另一方面也暴露出存在的问题,需要在新的历史条件下进行不断地建构,使其与时俱进。所以,从时代要求出发,确立越文化精神重构的目标和实现路径,也是本书的任务之一。

第一章　越文化精神的载体

在本章里,我们将对越文化精神的载体——越地群体人格进行模式化研究,主要任务是从"实然"角度对这种人格做出整体描述。由于越地群体人格直接为越文化精神的建构提供依据,因而本章所做的是一项基础性工作。

"越地群体人格"不只是以地域作为特殊性标志,更重要的是以越文化作为其特质的根基,因为它本质上是越文化的主体存在方式。从理论上讲,研究群体人格,可以基于不同的目的,确立不同的视角、背景和路径,有比较大的选择空间。本书的宗旨是研究越文化精神的现今形态,而当下越地群体人格是被当做这种文化精神的主要载体,因此,对越地群体人格的研究,必须以越地人的当今生存境遇——社会主义市场经济作为背景,偏重从经济观念和行为方面去再现越地群体人格的状况。虽然这种描述有所侧重,但由于经济行为和观念在人格结构中居于基础地位,对其他人格因素起决定作用,因而此种描述仍然具有某种"整体观照"的意蕴。

由于现存人格理论并不能完全适应本项研究的需要,本书提出人格研究的七种维度理论作为必要的补充,并据此从时间、空间、计划、创意、变通、规范和效能入手,分析越地人行为、观念和情感的种种基本特质,从中概括出越地群体人格的三大构成要素:习惯模仿的行为模式、崇稳尚智的观念模式和恋家重土的情感模式。

与任何群体人格一样,越地群体人格也是一个具体的、历史的概念,在不同历史阶段具有不同的状态和特点。本章所描述的越地群体人格,是生活在当下、以绍兴为核心区的越地人群共同体实际具有的人格。这种人格有它的"原生态",也有它在不同历史时期的各种嬗变形态,从这个意义上说,它也是持续至今的传统人格。之所以如此,是因为这种人格具有深厚的历史根基,它的深层结构中大量储存的是传统特质,而不是现时代的品质。鉴于此,本章还将分析在越文化历史上有过较大影响的一些特殊群体的人格,既作为对现今越地群体人格的补充,也作为一种历史佐证。

一、一般群体人格

所谓"一般群体人格",并不是一个专门术语,只是相对"特殊群体人格"而言。当我们把越地人作为一个总体,试图揭示其人格特征时,得到的结果便是"一般群体人格";而当按照行业、社会阶层对这个总体中的特殊群体进行人格研究时,获得的则是"特殊群体人格"。这里所说的"总体",是由当下的越地人构成,而不是指从古至今所有的越地人。其实,从人格和文化的传承性分析,上述两种含义的"总体"具有某种意义上的等价性。

以下,我们分别从行为、观念和情感三方面,对越地"一般群体人格"展开模式化分析。

(一)行为模式

行为,因其具有感性直观性,历来受到人格理论家的重视,被视为解读人格的"入门书"。诚然,具体行为本身并不是人格的要素,但人格只有借助于具体行为才能表现出来,也只有通过对具体行为的影响才能确证自身的存在。因此,无论对于个体或群体,具体行为都表现着人格,或者说,具体行为是表现出来的人格。只有从具体行为入手,才能接近人格本身。

我们的基本任务,是从越地人这一地域性群体的具体行为中,概括出若干行为的基本特质,对它们逐一展开分析,找出隐含其中的核心特质,并以此作为结构核,揭示各个基本特质之间的内在联系,从而刻画出越地人的行为模式。

考虑到现有人格理论在行为研究上存在明显不足,加之行为在心理学、管理科学、行为科学、社会学和人类学等学科中有着各不相同的理论阐释,因此,在展开具体分析之前,委实有必要阐述刻画越地人行为模式所采用的基本理论。

1. 行为:人格的外部显现

从词义上说,"行为"是指一个人或群体的所作所为。在人格心理学不同流派中,它被赋予了多种解释。行为主义人格理论十分关注行为的成因,认为行为差别的原因是环境条件的变化,不承认思想、观念对行为具有决定作用。例如,行为主义心理学代表人物斯金纳认为,人的行为产生于先前的强化,曾经强化过什么,他的行为就是什么。个人的差别(也包括不同群体的差别)就是不同强化史的结果。这种观点否认观念对行为的作用,不懂得环境对行为的作用是必须以观念作为中介的,其偏颇之处是显而易见的。特质论人格理论则强调人的倾向(尤其是价值取向)是行为的决定因素,认为人格特质预先安排好了人们在不同的情境或环境中具有趋于一致、统一的反应方式,环境的差异对于行为的方式和性态不具有根本的意义。特质论强调观念对于行为的重要性,企图在多变的环境中维护人的行为方式的相对统一性和稳定性,这较之行为主义来讲,具有一定的理论优势。需要说明的是,从哲学的角度看,支配人的行为的观念,不仅不是主观自生的,而且会随着社会历史条件的变化而不断变化。所以,在注意到观念对行为起直接作用的同时,务必要看到观念对客观现实的绝对依赖性,不能把观念视为行为的最终原因。

以人类行为产生的原因和规律作为研究对象,以期提高对人类行为的预见性和控制能力的行为学科,侧重于对行为的动机、欲望和要求的研究,研究成果多集中在激发人的潜能,协调人际关系的准则方面,缺乏对行为本身的文化分析,不能直接作为研究越地人行为模式的理论依据。社会学致力于研究各项行为规范的形成、功能等,也研究社会互动的性质、形式和规律,并涉及异常行为(如犯罪行为)的问题,尽管对行为的文化特质关注不多,但它关于行为规范以及社会互动的理论,无疑对于研究越地人的行为有指导意义。相比之下,文化人类学的行为理论,更适合作为本项研究的理论基础。它把行为置于文化中加以考察,从文化与人格的关系视角剖析行为,特别关注行为中的文化底蕴和人格意义,这恰好满足了我们刻画越地人行为模式的需要。

在本节中,我们以文化人类学的行为理论作为基本依据,同时吸收特质论人格心理学关于特质划分的思想,将越地人的行为特质划分为次要特质、基本特质和核心特质三个层次,以核心特质为依托建构越地人的行为模式。

本书建构越地群体人格行为模式的基本理论和方法如下:

第一,我们的研究不涉及越地人的个体行为,只关注它的群体行为。与个体行为相比,群体行为具有三个显著特征:其一,它是由许多个体行为交互作用形成的整体行为。每一个个体行为都以其独特方式加入其中,但由于交互作用,其间没有一种个体行为可以真正地决定整体行为。从这个意义上讲,群体行为只属于群体而不属于个体。其二,在通常情况下,群体行为是一种集体无意识的产物。只有当群体中绝大多数成员对行为的目的达到高度自觉和一致,而且在实现目的的方式上也达到如此程度时,才有可能出现例外。显然,这种"例外"在目前的历史条件下是很难具备的。因此,相对于个体行为,群体行为最真实地映现出深层文化积淀对人的影响及其作用和意义。其三,集体行为的性态最真实地表征着该群体的态度、情绪和占主导地位的价值观念。

第二,即使聚焦于群体的行为,也没有必要研究它的全部。因为有许多群体行为与我们关注的群体人格并没有关系。我们赞同马斯洛的观点,主张把"有用行为"与"无用行为"区别开来,并将后者从研究的视野中抹去。马斯洛提出的"应对行为"和"表现行为"的区分理论,对于区分"有用行为"与"无用行为"是富有启发性的。他总共列举出这两类行为的八点差异,其中最主要之点是:"应对行为"总有目的和动机,它更多地是由文化的因素决定的,是后天习得的结果,而且它本身表现为本原;"表现行为"是没有动机的,它主要取决于机体的状况,几乎总是非习得的,而且它往往就是目的本身。① 尽管马斯洛是针对个体行为来做上述区分的,但它也同样适

---

① 参见[美]马斯洛:《动机与人格》,华夏出版社1987年版,第152页。

用于群体行为。群体行为中也存在"表现行为",如"从众行为"(尤其是缺乏判断力的从众行为),对于研究群体共许的价值观和行为规范就显得无关紧要。所以,当研究的目的确定以后,必须运用"奥康剃刀"将无关的行为删去。在本节中,凡与越地经济社会发展无关的行为,甚至无直接关系的行为,在刻画越地人行为模式时都将不予考虑。

第三,当把目光集中在"有用行为"或如马斯洛所说的"应对行为"时,必须将它看做是一个复杂系统。这个系统由若干子系统构成,经济行为、政治行为、社会行为(狭义的)、教育行为等就是这样一些子系统。马克思有一句名言:人们是什么样的,"这同他们的生产是一致的——既和他们生产什么一致,又和他们怎样生产一致"①。据此我们认为,在行为系统中,经济行为是更有力得多的、最原始的、最有决定性的子系统,它蕴涵着整个行为模式的本质。

第四,进一步分析表明,无论经济行为、政治行为抑或社会行为,它们自身作为系统,也是由许多行为特质组成的。"特质"(Trait),从最宽泛的意义上理解,是指具有意义的最小分类单位或最有效的分析单元。按照特质论人格学说的观点,当一个人与别人一起工作时,盛气凌人,专横跋扈;当参加体育比赛时,竞争性强,对输赢看得很重;当面对比自己弱小的人时,总是施行权术制服弱者;当未达到预期目的时,挫折会使他愤怒并对他人采取敌对行动……那么就有理由断定,此人的人格具有强烈的攻击性特质。此例说明,特质自身不具有可感知性,它是概括的和持久的。一个完整的人格就是由若干人格特质组成的。阿尔波特曾归纳了人格特质的八种特点:(1)它是人的真实的重要的部分;(2)它是对多种特殊习惯进行整合的结果,比习惯更具有一般性;(3)特质是行为的基础和原因,也是行为的动力和指向;(4)特质的存在可以从实际存在的大量重复的行动中加以概括和证明;(5)特质不是孤岛,各个特质既相互区别,又彼此联系,构成一种网状的结构;(6)特质与对它的道德或社会评价是不同的,它本身是对象性存在,尽管有不少特质与传统的社会意义相联系;(7)特质可以作为个体的人格来对待,也可以作为它在大量人群中的分配来对待。换言之,群体

① 马克思恩格斯:《德意志意识形态》,《马克思恩格斯选集》第 1 卷,人民出版社 1995年第 2 版,第 68 页。

人格亦有特质可言;(8)当行为、习惯与特质不一致时,并不能证明特质不存在。在上述八个特点中,(3)、(4)两个特点表明,人格特质必然体现在行为中,从而使行为具有表征人格的意义。因此,行为特质就是体现在行为中的人格特质,或者说是表现出来的人格特质。

第五,行为特质与具体行为是一般与个别的关系。同一种行为特质,譬如独立性,可在许多行为中以不同的形式表现出来,如不盲从,遇事有主见,办事很少求助于人,不在乎与别人做的不同,不习惯于模仿,对自我有自信心,讲究以实力取胜,等等。从这个意义上讲,某一具体行为,只有当它表现某种行为特质时,对于人格的研究才有意义。事实上,有用行为或应对行为,绝大多数都是与不同的行为特质相联系而存在的。因此,如果说行为是一个网,那么行为特质就是网上的纽结,它使得行为在纷繁复杂中呈现出相对的有序性和稳定性。

既然行为特质并不就是行为本身,可否说它就是观念呢? 换言之,行为特质与人格中的观念特质是什么关系呢? 我们认为,行为特质是行为化了的人格特质,是人格特质与具体行为之间的中介。作为中介物,一方面,行为特质具有观念的色彩,因而与人格中的观念特质有着错综复杂并且十分微妙的关系。这主要表现为:行为特质受到观念特质的制约、影响,但它本身又不是纯粹的观念特质,因为它受到“外在化”和“行为化”的影响,带有“对象化”和某种程度的直接现实性的烙印。另一方面,它直接地蕴涵在各种具体行为之中,是行为的指南和导向,但它又与具体行为有着明显的差别。简言之,行为特质本身不是观念或观念特质,但它体现并且受到观念或观念特质的制约。这就如同事物的属性不是事物的本质,但它又体现着本质一样。不言而喻,当我们将行为特质视为中介物时,是将观念特质作为人格特质的“核心”来对待的,也就是说,行为特质被看做是人格特质的“外围”部分。

第六,行为特质在数量上不是“一”而是“多”。我们赞同这种观点——不是全部行为特质在行为模式中都具有同等重要的地位和作用,其间必有差别。承认这种差别是重要的,因为正是由于差别的存在,各种行为特质之间才建立起一种具有层次性的结构,从而被组织成为有机的系统。我们借用阿尔波特关于特质的“三级区分法”,将行为特质分成三级:第一级是核心特质,第二级是基本特质,第三级是非基本特质或次要特质。

核心特质(阿尔波特称之为“枢纽特质”或“基本特质”),具有极强的统摄功能和极其弥漫和渗透的性质,绝大部分行为都受到这种特质的影响,而且其他的行为特质都在它的统摄之下。显然,与其他行为特质相比,核心特质具有将其他行为特质乃至人的全部有用行为整合成为一体的功能。正因为如此,从一定意义上讲,核心特质就是一种行为模式的本质特征;把握住了核心特质,就意味着从根本上把握住了该行为模式。

核心特质属于基本特质,但并非所有的基本特质都有资格成为核心特质。二者相比,最显著的区别是数量不同:核心特质通常只有一个,而基本特质往往有多种。严格地讲,基本特质是行为模式的构件,它的弥漫和渗透性较之核心行为特质要差一点。它不制约核心行为特质,相反,却要受到它的制约。毋庸赘述,从一个群体的众多具体行为中概括、归纳出它的基本行为特质,是揭示其行为模式的必要条件。

非基本特质或次要特质,通常只与一些特殊情境相联系,在决定行为模式的性态上不起多大作用,也不是构成行为模式的必备要件,在通常情况下,这部分特质可以忽略不计。

第七,本节建构越地群体人格的维度,是"实然"而不是"应然"。在这里,我们试图回答的问题是:越地群体人格"是什么",而不是"应当是什么"。确定这个维度是基于如下判断:越地群体人格的真实状态,承载着真实的而不是虚构的越文化精神。我们坚信真实的越文化精神,存在于越地大多数人的生产生活中,存在于他们实际奉行的行为方式里。至于"应然"意义上的越地群体人格,属于研究的另一个论域,在本书关于越地群体人格价值分析部分将有所涉及。

2. 越地人基本行为特质

作为一个地处沿海的区域性人群共同体,越地人在行为的种类以及涉猎的领域方面,与相邻地域的人并无明显差异,同样具有"全息"的性质。从无限多样的具体行为中概括出具有越地人特征的基本行为特质,从操作性讲,必须先确立观察的若干维度,将纷繁复杂、无所不包的具体行为纳入有限的框架中加以分类和概括。

国外曾有人提出过人格研究的维度(如吉尔和齐格娄 1981 年提出了人格研究的九大维度)①,但它不能满足我们所从事的研究工作的需要。因

---

① 参见陈钟庚、张雨新编著:《人格心理学》,辽宁人民出版社 1986 年版,第19—27 页。

此，必须在借鉴别人的基础上，通过分析各种学科关于行为的理论和方法，建立起自己的行为研究维度。

我们的基本设想是，以经济行为作为着眼点，以现代社会有效实践活动对人的要求为基准，设立七种研究人格的维度：

1. 时间维度：考察效率、活动节奏、时间的精确性、守时、对时间价值的珍视程度等。

2. 空间维度：研究活动的广度、活动者的流动性、与外部交往的程度等。

3. 计划维度：分析行为的目的性、行为者的目标意识、预见性、决策水平以及战略眼光等。

4. 变通维度：审视行为者的信息占有量、对信息的利用水平、对外部变化的灵敏度以及自我调适的应变能力等。

5. 规范维度：涉及行为的规范性、开拓创新性等问题。

6. 效能维度：主要研究行为者的自信心、自立的勇气和自强的行为品质。

7. 创意维度：探究行为者是否敢为天下先、有无个性、习惯模仿还是乐于创新等。

上述七种维度囊括了行为的所有基本的方面，为从大量具体行为中把握内含于其中的基本行为特质提供了便捷的思维工具。从这七种维度出发，依据市场经济对人格的基本要求，我们认为越地人的行为方式在现代社会中具有七个方面的基本特质：时间维度上的跟进、空间维度上的狭窄、计划维度上的精细、变通维度上的柔韧、规范维度上的因循、创意维度上的模仿、效能维度上的自立。诚然，这些基本特质中有一些带有"贬意"，但这决不是人为附加的结果，而是生成于自然经济社会的人格在现代社会中必然具有的规定。因此，并非只有越地人的行为方式中存在某些不适应现代社会要求的品质，其他地域的人群共同体同样存在此类问题，只是表现方式不同而已。

以下，我们对上述七种基本行为特质展开具体分析。

其一，时间维度：跟进。

我们在调查中发现，大多数绍兴人都自认为行动是迅速的。在汉语中，"迅速"一词指动作开始的早而且节奏快，意味着做事总是率先而行、走在前列,故而多有创新之举。在三十多年的改革开放中,越地人在整个浙江甚或全国范围内,取得了许多骄人的成绩:获得了 9 项国家级荣誉称号;在 2006 年全国 500 强民营企业中,绍兴占了 51 家;在中国最具品牌竞争潜力 100 强民营企业中,绍兴占了 10 家;在全省百强民营企业中,绍兴占了 37 家。此类数字还有许多,但仔细分析可知,绍兴做出的"创举"并不很多,干事情做到全省或全国前头的记录也不很多。在多数情况下,总是处于不快不慢的状态。以制度创新为例,绍兴是一个比较活跃的地区,近几年实行的户籍制度改革、社会保障制度改革、设立人才引进的绿色通道、工业园区建设等,都较早地走在全国前列,产生了一定的影响。但是,客观地说,绍兴这些制度创新大多是在其他城市已经先行并且有了一定的成效后加以学习借鉴的结果,绍兴自己独创并在全国范围有广泛影响的并不多见。绍兴的特点是比别人做得更完善、更精细、更有实效。绍兴在制度创新上的适度超前又不盲目冒进的特点,反映出绍兴人善于学习和接受新的东西为己所用,也反映绍兴人不敢也不善于标新立异。所以,做事情既不落后,也不冒进,而是审时度势,适时"跟进",这才是切合绍兴群体人格的一种行为品质。

越地是人才渊薮,素有"名士之乡"之称。这里的人具有很高的智商,在现代大众传播媒介的作用下,他们对当代中国社会政治、经济和文化的走向还是看得清楚的,对机遇也是敏感的。也就是说,适时"跟进"而不是"争喝头口水"的原因,并不在认知方面。绍兴人之所以首创的东西不太多,原因在于追求独创、抢占先机、做前人从未做过的事情,是要承担风险的,而这与绍兴人做事求稳的行事风格是不相吻合的。

越地人崇尚实干,不把时间花在闲聊上。在"时间就是金钱"的口号提出之前,他们的祖辈们早就身体力行了。在传统农业社会中,对时间的珍惜一般不表现为提高效率,而表现在终日辛勤劳作上。越地自古就有勤劳务实的传统,《余阙均役记》说,越地府民"土瘠民贫,小人动身而食力,其君子检析而敦诗书";《会稽县志》说:"民有耕耨,而诵其业,丝布其服,鱼盐与稻果瓜而赢蛤其实也";《陈敬宗萧山科甲提名记》说,萧山"男女有别而耕织惟勤,诵相闻而文风益振";《诸暨县志》说诸暨民"力稼不事浮费";《余姚县志》讲余姚"士以读书为本业,小人以技艺为耕作";《上虞县志》讲"君子好文学,邱民理樯事"。这些记载都说明了勤劳务实是越地人的传统特点。

越地有许多谚语也反映了这种行为品质。如"多话不如少话,少话不如实做","不学麻雀油滑嘴,要学蚂蚁勤劳腿","空想一百年,不值一个钿"等。越地人不仅勤奋,还赋予勤劳以道德和谋生的内涵:如"做做吃吃,勿鳂勿噎。"(意指通过正当劳动得到的享受是心安理得的)"手脚勿停,饿勿剥人。"他们相信,只有通过自己的辛勤劳动,才能满足家庭温饱之需。对勤劳谋生的重视,使越地人养成不误农时的生产观念。所谓"节气勿饶人。""人误地一时,地误人一年。""吃过清明饭,天晴落雨要出坂。"不然,"春勿劳动秋勿收,夏勿劳动冬要愁"。对于越地劳动大众而言,春种秋收,辛勤劳作,是他们的生存之道,自食其力是他们的本性。

越地人做事讲究效率,他们擅长于动脑筋、想办法,总想着在一定的时间内做更多的事情。所谓"效率",从最一般意义上讲,就是在单位时间内尽可能做更多的事情。人们通常采取的提高效率的方式,就是尽可能加快工作的节奏。一天可以完成的工作,不能拖到第二天;上午可以完成的工作,绝不拖到午饭以后。但在相当一部分越地人看来,这多少有点蛮干的味道。当然,这不是说越地人懒散,而是他们主张从巧干中要效益。搞房屋装修的木工师傅,如有可能,通常会同时揽几家的活,而且会与电工师傅、泥瓦工师傅等相互合计好,很少出现因工序的原因停工闲居的情况。大凡合伙做事,绍兴人一般会把过程设计得环环相扣,使分工显得精当、经济,不太会出现浪费时间和人力的现象。所以,越地人对效率的追求是充满智慧的。

其二,空间维度:狭窄。

在调查中发现,近70%的越地人认为,如今越地人的活动范围相对狭小,对外联系不够广泛。改革开放以来,越地经济长期存在"市场化程度高,国际化程度低"的现象,即是一个佐证。诚然,"十五"期间全市实际利用外资年均增长50.7%,年利用外资连续五年居全省第四位。2006年,绍兴市外贸自营出口达108亿美元,连续四年位居全省第三;全市外贸依存度由2000年的18.5%提高到2006年的62.7%。2007年进出口贸易总额192.9亿美元,是1988年的2455倍,年均增长50.8%;实际利用外商直接投资11.1亿美元,比1990年增长219倍,年均增长37.3%。然而,如果以杭州、宁波或温州作为参照,这些数据就显得逊色了。这里,我们发现了一个有趣的现象:在传统社会中,越地人并没有固守在家乡,而是开拓进取,寻求新的生存发展空间;而在广泛流动、普遍联系的现代社会中,他们反而退守在会稽山下,"就地闹革命"了。

马克思在分析人的生存境遇在古代社会与现代社会的差别时指出,在自然经济的社会形式(即最初的社会形态)中,人的生产能力只是在狭窄的范围内和孤立地点上发展着。因为自然经济是自给性的经济,各个经济单位在分散、孤立的情况下进行生产,同外界联系极为有限,只是在满足自己需要之外的产品尚有剩余,或者需要用别人的产品来满足自己某种需要的条件下才互通有无,对外发生经济交往。马克思指出:由于农民家庭不依赖于市场和它以外那部分社会的生产运动和历史运动,而形成几乎完全自给自足的生活,总之,由于一般自然经济的性质,所以,这种形式完全适合为静止的社会状态提供基础,如像我们在亚洲看到的那样。马克思所揭示的自然经济条件下的人的封闭性,在地处中国东南沿海地区的古代越地人的行为中,表现得并不明显。

早期的越地人,一直处于流动迁徙状态中。早在开国之君无余时期,古越人就"随陵陆而耕种,或逐禽鹿而给食"①,过着半农耕、半狩猎的生活。公元前468年,句践徙都琅琊,迁三万户于琅琊观台之下。至秦汉时期,又有三次对于越族大规模的北迁。除了北迁,还有南徙。《吴越春秋》载:"余善返,越国空灭。"②真正造成"越国空灭"的是南徙。南徙与北迁不同,它是分散的、自发的,而且延续时间更长。南迁的越人,有的漂洋过海,到达台湾及东亚和南亚各地。越族的北迁和南徙,或是被迫,或是自发,但共同之处是越人都有开拓进取的精神。明清至近代,越人的足迹仍旧遍布四方。绍兴商帮是明代中后期崛起的一支重要的浙江商人群体。嘉靖时人陆楫说,宁波、绍兴之民,一半游食于四方,可见人数之多。游食于四方,未必全系经商,但商人人数必已相当可观。明万历时王士性说,宁波、绍兴人"竞贾贩锥刀之利,人大半食于外",又说"宁、绍人什七在外",绍兴府山阴、会稽、余姚三县室庐田土,半不足供,聪巧敏捷者为京衙胥吏,"次者兴贩为商贾,故都门西南一隅,三邑人盖栉而比矣"。③ 除经商之外,外出当师

---

① 赵晔:《吴越春秋》,《越王无余外传》。
② 赵晔:《吴越春秋》,《勾践入臣外传》。
③ 王士性:《广志绎》卷四《江南诸省》。

爷也很能说明越地人的流动性。"无绍不成衙"即是佐证。近代以降,《浙绍永锡堂征信录》中提到,上海开埠后,"巨舰星驰,众商云集,实都会之胜,而财利之薮,郡之人竞走焉"。又说:"沪地自辟洋场,实为利薮,番舶商轮,星驰云集,而吾绍之人,于斯为盛。"范寅《越谚》有"钻天龙游遍地徽州,绍兴人还在前头"一说,表明当时的越地人是以四方为家的。此外,越地还流传"麻雀、豆腐、绍兴人"的说法,意指绍兴人如同麻雀、豆腐一样,不论走到哪里都可以遇到;"杭州萝卜绍兴种",是说生活在长江三角洲的人当中,祖籍是绍兴者相当之多。总之,从历史上看,越地人安土重迁的观念比较淡薄,不是居家过安稳日子的主,甚至偏远山区的老百姓也愿意外出闯荡。"游过三江六码头,呷过爨桶热老酒"(爨桶:旧时酒肆温黄酒用的金属器皿),这是绍兴乡下人自我炫耀常讲的一句话,他们以去过城里、见过世面为荣。

为何如今的越地人不像祖辈那样闯荡世界呢?个中原因复杂,但最主要的是环境的改变。东汉马臻修鉴湖之后,越地成了鱼米之乡,加之远离中原,偏居一隅,成了中原人士避难场所,由此导致人多地少,出现了"半不足供",故而"一半游食于四方"。改革开放之后,随着工业化和市场化程度的不断提高,人们对土地的依赖性减弱,工业企业成为支柱产业,人多地少引发的张力,不再迫使越地人外出谋生。此外,绍兴城市日趋美化,生态环境不断改善,成为中国最适人居的城市之一,大大强化了越地人对家乡的依恋。较能说明这一点的是绍籍大学生在就业时的地域取向。在绍兴的高校中,本地学生占多数,他们当中很少有人为了实现人生价值而奔走异乡,绝大多数人以在绍兴工作为目标,即便从事的工作不理想,他们也在所不惜。

绍兴人行为较为封闭的特质,也表现在市场的开拓方面。改革开放以来,他们在一无资金、二无政策扶持、三无资源优势的条件下,发愤图强,建立了亚洲最大的轻纺贸易城,形成了大大小小的块状经济中心,如大唐袜业、淡水珍珠市场等,使绍兴区域经济在浙江排第四的地位。然而,绍兴人在外地如江苏、广东或东北、西北等地办厂开公司的并不多,即使有也没有成"大气候"。

绍兴人与人合作,坚守着自己的目的,尽可能通过合作使自身的利益最大化,但也善解人意,在不损害自己利益的前提下,顾及他人的利益。越谚"前半夜想想自己,后半夜想想别人",很能反映绍兴人的这种行事特质。当然,也有"三三四四杀头牛,勿如独自杀只狗"的谚语,说明绍兴人有与人合作的能力,但并不刻意追求这种合作。大凡能单打独斗的事情,绍兴人是不情愿合作的。前辈的智慧告诉他们,这种合作非但没有效益,还会生出许多事情。他们常说:"天兵天将,不管闲账",较少关心别人的是非痛痒,很少与人沟通交谊,而是天马行空,独往独来,一天到晚,只是劳于本职,勤于心思。绍兴人有求于人时,十分谦恭,等事情解决后,急忙还清"人情债",然后一切恢复原状。笔者曾听说过这样一件事:某单位有位领导是外地引进人才,单位里有一绍兴籍的人因晋职而求他帮忙,事成之后,设宴答谢。后来,因工作两人发生争执,领导说:我帮助过你,做人不能忘恩负义! 那人回答道:我已经请你吃过饭了,不欠你的情! 领导无语。

绍兴人比较注重人际关系,轻易不愿意得罪人,把关系搞僵。与人打交道,他们的显著特点是"隐忍以成事"。处理人际关系的方法以圆通为主,力求避免正面冲撞,总是委曲求全,通过委婉的方式来保护自己的利益。在亲朋好友的交往中,理性冷静,不为情所动,不露声色地保护自己。在彼此交恶的状态下,一般也不会拍案而起,而是怒不形于色。

其三,计划维度:精细。

作为行为主体,人不仅应该有目的,而且必须有计划。如果说目的性是人之为主体的先决条件,那么计划性就是对人的主体地位的印证。计划性与人的现代性也有密切联系。"无论是在公共事务还是私人生活中都倾向于制定长期计划的人,我们就认为他更加现代。"①这是因为现代社会的变迁很快,社会生活中的守恒因素较之传统社会日趋减少,而变动因素日益增多,客观上要求人们在活动中必须围绕明确的目的,制定周详的长期计划并加以自觉地执行,只有这样,才能通过对各种偶然因素的驾驭,使行为与目的趋向一致,使行为真正具有自觉性。传统社会的人在行为的计划性上明显不足。无论在公务或私人生活中,他们或许会有一些短期的计划安排,但一般不会有长期的打算,尤其缺乏宏观和战略的考虑,因为传统社会趋于静止,一切都是恒定的,所谓"天不变,道亦不变"也,缺乏培育宏观

① [美]阿列克斯·英克尔斯:《从传统人走向现代人》,中国人民大学出版社1992年版,第28页。

和战略思维的土壤。打个比方，一个典型的传统人知道今天先干什么，后干什么，但明天情况出现了变化，他就不知道应该干什么，不应该干什么了。传统人由于缺乏长期的计划或战略考虑，对行为的长远效果没有预见性，不具备将所做的一连串事情，围绕一个既定目标组成一个有序系统的意识和能力。换言之，传统人在每件具体事情上是自觉的，但在一连串事情的集合上则是盲目的；在眼前的事情上是理性的，在长远的事情上却是感性的。

越地人在计划维度上的基本特质，可用"长于日常生活或短期计划而疏于宏观战略布局"来概括。

绍兴人是精于计谋的。遇事总能反复权衡，审时度势，围绕既定目标，设计最佳的行动方案。他们讥讽事先未筹划的人是"临阵磨刀枪，屙急造茅坑"。在他们看来，"会打算吃肉，不打算吃粥"。居家过日子，"吃勿穷，用勿穷，打算勿着一世穷"。"麻鸟也有三日雨雪粮"，人更要计划好，不能今日有酒今日醉。

在日常生活中，绍兴人的计划性通过节俭过日子充分表现出来。"大担挑，勿如日逐消。"在他们看来："一颗油珠三日补。"这种珍惜生活资料、精打细算的意识，在越地由来已久，已成传统。嘉泰《会稽志》曾说，越地府民性"不事奢靡，士大夫占产甚薄，缩衣节食以足以伏腊"；万历《山阴县志》说山阴人"其男女屏浮靡不事"；诸暨《旧志》说，诸暨"商贾工作皆习简朴，不事华丽"；嘉靖《余姚县志》说，余姚民"让检而不陋，华而不废，勤而不匮，质而不俚"；《嵊县志》说，嵊县人"俗尚勤俭好古"；《新昌县志》说，新昌人"商不尚华丽"。这种不事华丽、简朴过活的习惯一直保持到今天。绍兴人平时往往不特意炒菜，多是烧饭带蒸菜。锅里烧饭，锅上放"饭架"（用竹或木做成的架子），可以把一碗碗的鱼、虾、蔬菜、豆制品之类都放在上面蒸。饭烧好了，菜也熟了。有的用两层饭架，菜碗上再放饭架，上面再放菜碗，堆得很高。越地人除非有事请客，一般很少在餐馆消费。如今，与杭州市、宁波市相比，绍兴市饮食消费比例偏低，就很能说明问题。

绍兴人喜食霉、腌、酱、腊等制品。如霉千张、霉豆腐、霉干菜、臭豆腐、霉苋菜梗等霉制食品；大白菜、九心菜、芥菜、萝卜等腌制食品；家禽家畜和鱼类的酱腊制作食品。其中，霉制食品很具有越地特色。绍兴人并非天生就好这一口，而是自然环境和文化态度共同作用的结果。绍兴雨水充沛、温热潮湿,食品容易霉烂变质,倘若弃之,着实可惜。精明的绍兴人因地制宜,用腌、酱、腊等工艺,加工制作这些易变质的食物,作为季节调剂,减少了浪费和损失。尤其是霉制食品的工艺,化腐朽为神奇,堪称一绝。绍兴人的饮食文化,处处透着精打细算、勤俭节约的味道,是越地人长于谋划的一个剪影。

大凡来过绍兴的外地人,无不为绍兴城的精致、小巧和充满江南韵味的建筑布局所动容。有位北京某高校的教授曾非常认真地对笔者说,他退休首选的地方就是绍兴。改革开放以来,随着我国经济社会的发展,都市化的进程不断加快,各个省会城市和地级市,甚至包括各个县城,纷纷大兴土木,扩容增量。与别的城市发展不同,绍兴人没有采用"摊煎饼"的方式,围绕城市中心区一圈又一圈地扩张,而是适度扩张后,选用了"卫星城"式的发展方案,即围绕中心城市,在周边建立了袍江工业园区等若干相对独立的子城区。这种格局既维护了绍兴这座建城2500多年且城址未变的古城的风貌,又满足了现代社会对城市功能和作用的需要,可谓独具匠心,充分反映了越地人的精明,说明在计划性上他们确实有前瞻性,也很讲究科学性。

在宏观战略考虑上,越地人的表现有时就不那么出色。譬如,许多来过绍兴的外地游客,常有慕名而来、遗憾而去的感觉,因为他们在绍兴这个著名的水乡里,见不到多少河流,几乎与北方的城市相差无几。据说,城区原先有许多河道,水网纵横,有东方"威尼斯"之称。上个世纪七八十年代,在城市扩建中多数被填埋了,昔日的河道成了如今的柏油路,这不能不说是城市建设中的"败笔"。这也在一定程度上说明,越地人在计划上存在一定程度的盲目性,有"急功近利"的倾向。又如,与苏州、宁波等城市相比,绍兴自主创新的能力明显偏弱。在过去的三十几年里,绍兴在经济发展上缺乏战略眼光,较多地关注了低附加值、科技含量少的传统企业,对科技型企业发展重视不够,扶持不力,一般企业的科研能力,特别是自主开发新产品的能力,未能得到很好的培育,用一流设备生产传统产品的现象相当普遍。

其四,创意维度:模仿。

行为是否具有创意,这是区分现代人和传统人的一个重要标志。现代人在行为倾向上表现为愿意并主动追求以新的方式、程序和风格处理事务;传统人则乐于按照已有的、承袭下来的方式处理一切问题,对新的行为方式本能地采取拒斥态度。

传统人为何趋于保守,现代人又为何趋于创新呢? 从根源上分析,这是由传统行为方式在不同社会中的价值差异决定的。传统社会的变迁缓慢,前辈积累下来的经验和办事模式普遍有效,后代只需效法前辈就足以应对一切,故而人们趋向守恒和保守。现代社会则不然,社会变迁速度加快,新的问题层出不穷,传统的习惯、行为模式和经验日益丧失了有效性。子辈不能固守父辈的经验,必须自己去寻找出路,所以,他们在行为上自然趋向于创新。

越地人对于创新有自己独特的理解。经世致用的传统和务实的理性态度,使他们把"实用"作为创新的基本价值理念。众所周知,在 20 世纪 80年代,温州在发展个体私营经济方面,走在了全国前列,但也承受了很大的政治风险。如果没有邓小平 1992 年南方谈话,"温州模式"就有可能夭折。苏南地区在发展集体经济上,取得了很好的成效,发展势头较好,但随着社会主义市场经济体制的逐步确立,苏南地区的乡镇集体企业呈现出国企化倾向,面临着体制不适、机制不活的问题,不利于释放企业的活力。绍兴地处温州和苏南之间,在经济发展的成分上也处于两者之间,既有较为发达的乡镇企业集体经济,也有迅速发展的个体私营经济。但是务实的绍兴人似乎并不在意什么模式,他们更关心的是怎么发展快就怎么干,执著于营造"不看成分看发展、不看比例看贡献、不看规模看效益"和"不搞争论埋头干,多种经济齐步走"的氛围,结果是创造出了既不同于集体经济占主导的"苏南模式",也有别于私营经济唱主角的"温州模式"的一种混合经济体制。有人将它称为"绍兴模式",并对它的内涵和特征进行了概括。尽管"绍兴模式"在全国的知名度并不高,但它确实为越地多种所有制经济的"共生共荣",多种经济形式的互赢互补,提供了平台。

"绍兴模式"的人格意义在于,以求实和图稳为宗旨,把模仿变成再创造的过程,或者说,创新是基于模仿的。这虽然使绍兴避免了创新有可能带来的改革风险,发展不会出现大的曲折和弯路,但也使得绍兴总是处于相对领先的地位。

绍兴地区城镇化发展也很能说明越地人的创意。在改革开放以前,绍兴农村有限的经济资源被控制在计划体系之中,根本无法完成工业化所必需的资本原始积累,更谈不上城镇化。20世纪80年代初期,随着农村工业化的艰难起步,生产要素从相对分散的区域逐渐向一些具有相对区位优势的空间聚集,从而形成了若干个以专业市场为中心的新型城镇。由于"绍兴模式"是一种民间能力推动的经济发展模式,表现在城镇化道路上也是小城镇发展之路。在经济转型过程中,由于小城镇的生活方式及环境与农村较为贴近,比较适宜农村人口的生活,于是,农村人口及农村劳动力首先向小城镇聚集,小城镇成为吸纳农村劳动力就业岗位的重要渠道。尤其是近年来推进村镇布局、城乡交通、城乡信息、城乡燃气、城乡金融、城乡平安等城乡统筹网建设,使城市公共服务产品不断向农村伸展。全市农村全面小康实现程度达到74.6%,居全省第四位。因此,绍兴农村工业化造成了分散型的城市化,较为有效地推动了农村城镇化,协调了农村和城市的关系,使得生产活动和市场要素在一定空间内集聚以便提高资源配置的效率,城乡之间在经济发展、生态环境和基础设施诸方面,互动互补,共生共荣,协调推进,其实质是一种统筹城乡发展的模式。这一过程充分体现了绍兴人稳健、因势利导、务求实效的风格。

其五,变通维度:柔韧。

行为的灵活性(变通性)对于确证行为者的主体性,有着不容忽视的意义。一般而言,能依据不同情况采取不同行为方式的人,他既明确行为的最终指归,又懂得在不同情况下应采取的具体对策,因而处在一种积极、自觉、主动的状态中。相反,一个不善变通的人,在复杂多变的环境中实际上处于一种消极、不自觉、被动的状态中。因为他把握不住自己,不知道应该做什么,不应该做什么,只得固守既定的东西而不敢越雷池半步。一般而言,在传统社会中,历来的习俗和既有的规范已经将一切都规定好了,人们无须创造性地处理问题,照章办事就足以应付一切。因此,呆板、僵硬、不善变通,无疑是传统人的行为特质。

传统的绍兴人似乎并不是这样的。有句越谚:"穷有穷办法,腌菜请菩萨。"菩萨是天神,要用大鱼大肉好生侍奉,这是祖上的定制,马虎不得。没有鱼肉,但菩萨不能不请,怎么办呢?那就改用腌菜吧,兴许吃惯鱼肉的菩萨,尝一口腌菜还会很新鲜的。这就是绍兴人的变通。这种变通是根据实际情况变换行事的方式方法,而不是改变目标。前者为柔和,后者为坚韧。柔和并且坚韧,就是绍兴人在变通维度上呈现出的行为品质。

柔和坚韧，表现在与人交往上，温和委婉，不走极端，通达权变，工于心计，持之以恒，锲而不舍。越地人的这种行为品质，古已有之。《晋书·地理志》讲会稽府"其民循循"，《宋史》说绍兴府"民性敏柔而慧"，《诸暨县志》说诸暨人虽"性质直而近古，好斗"却"易解"，嘉靖《余姚县志》也说余姚人"柔敏而慧"，这些表现了越地人柔和的一面。《余阙均役记》记载说："山谷之间，有一夫而居十亩之田者，祖宗相保至累世不失"；万历《绍兴府志》说诸暨人"好讼，所争毫末，至累世不休"，表现了越地人坚韧的一面。

以柔和坚韧为内核的变通，在越地人的经济活动中是以务实求利为指向的。在越地多个方志中，都说越地人质朴，有古风，讲的就是务实。如万历《绍兴府志》说："嵊县和新昌本一邑，在万山中，其士子知好学砥行，嵊尤近质，不浮不做无益。"务实表现在商业领域就是"尚利"。越地有一句民谚："打也来，骂也来，蚀本不来"，形象地表达了变通以追求实利的特点。

明代小说《醒世恒言》卷三十六《蔡瑞虹忍辱报仇》篇，对越地人这个特点有所揭示："原来绍兴地方，惯做一项生意：凡有钱能干的，便到京中买个三考吏名色，钻谋好地方做个佐贰官出来，俗名唤做'飞过海'。怎么叫个飞过海？大凡吏员考满，依次选去，不知等上几年。若用了钱，挖选在别人面前，指日便得做官，这谓之飞过海。还有独自无力，四五个伙计，一人出名做官，其余坐地分账。到了任上，先备厚礼，结好堂官，叼揽事管，些小事体经他衙里，少不得要诈一两分钱。到后觉道声息不好，立脚不稳，就悄地逃之夭夭，十个里边，难得一两个来去明白、完全名节。所以天下衙官一大半都出绍兴。"

改革开放以后，以柔和、坚韧为内核的变通，在促进绍兴社会经济发展上发挥了巨大的作用。绍兴经济社会的发展，是在"民间诱致和政府引导"这两个因素共同作用下实现的。从地方政府的角度看，主要在于正确引导，而这种引导渗透了善于变通的行为特质。表现在：

一是灵活地变通现有政策。政府行为不仅仅局限在弥补市场失灵方面，在某种程度上政府也作为市场经济的构成要素而存在，甚至以市场主体的身份出现，参与到生产和再生产过程中来。比如，在培育专业市场和产业集群的进程中，绍兴地方政府发挥了特殊而又重要的引导作用：凭借其表达制度创新需求和满足制度创新愿望的有利条件，通过修改和重新设置规则系统积极参与了制度创新，为民营经济发展创造了一个成本较低、风险较小的制度传递和积累机制,其制度安排对民营经济活动产生了巨大的激励效应,从而促进了区域经济的增长。一些管理制度的变通形式,正是地方政府取消了对私有产权的某些限制后所实施的灵活政策。绍兴区域经济制度之所以能够呈现出动态弹性的优化演进态势,与地方政府所提供的这种灵活的制度框架密不可分。事实上,绍兴经济尤其是民营经济的发展是与改革开放同步的,政府行为从开始较为盲目的"干涉",发展到自觉的"有所为有所不为",有力地保障了非正式制度创新的可能性以及向正式制度创新转化的合法性。

二是有效地规避政治风险。政府在民营经济的发展过程中,权衡民营经济及区域经济发展带来的地方财政收入与民营经济发展可能诱发的政治风险成本两者孰大孰小,通过各种方式为个体私营经济在投融资和进出口方面提供便利,充分利用了"政策落差"优势,有效地降低个体私营经济发展所诱发的政治风险,鼓励、支持和保护民营经济的发展。这正是绍兴千百年来积淀的"进取而务实"等文化秉性的反映。

三是正确地行使监管职能。在绍兴,企业、政府和社会往往各自拥有相对独立、互不依赖的活动空间。企业立足于自我发展,产业和结构由市场决定,政府基本不干预;经济增长方式从实际出发,政府不刻意搞工业园区与开发区,但注意加强规划,适时引导产业集聚等等。这样,一旦企业对其所处的社会环境不负责任,政府和社会就比较容易纠正其行为。而在其他地区,由于政府和企业有千丝万缕的关系,纠正企业的不当行为是一件非常困难的事情。

总之,在历史机遇面前,不事张扬。尽可能做到稳健有序。看不准的决不盲目行动,对世事变革往往不当头,不冒进。有争议的则细心观察,不否定,不宣扬,既避免了"枪打出头鸟"的风险和"首发效应"的高成本,也不至于错失良机。

其六,规范维度:因循。

社会生活的规范,是维护正常的政治、经济和文化活动的必要条件。无论这些规范表现为法律、道德抑或习俗,对人的行为都具有约束力。在传统社会中,这种约束力内化为恪守规范的行为特质。当代社会,一方面,新的行为方式否定了原有规范的有效性,加之社会变迁引发的一系列政治、道德和价值观问题,使得行为"失范"现象大量出现;另一方面,社会主义市场经济又呼唤社会生活的有序性,要求现代人的行为具有很强的规范性。

调查表明,在规范维度上,绝大多数绍兴人的自我评价是:关注国家的法律和政府的法规、政策,讲究规则,凡是政策或文件没有明文规定的事情,一般是不去做的。我们认为,这个自我评价基本上是准确的。

绍兴人中很少有"二百五"或楞头青。越国时期在血与火中孕育的那种"民皆好勇"、"轻死易发"的烈性,早已随着岁月的流逝,在唐诗宋词的轻柔文风的浸润中,稀释得无影无踪,成了越地人的历史记忆。如今大多数绍兴人,深知遵守规范的重要性,经验和生活的智慧告诉他们,一旦违规被追究,辛勤劳作的成果顷刻之间就会化为乌有。

所以,面对政府的刚性规定,他们惯于在规范内做文章,有利的规范就想尽办法用足用好,使自己的利益得到充分实现;不利的规范,不去碰它,而是想方设法把负面影响降到最低点。譬如,绍兴有许多大的商品市场,如柯桥的轻纺城市场、山下湖珍珠市场、诸暨的袜业市场等,从总体上讲,这里出现的假冒伪劣产品,与其他地方的市场相比,是偏少的;生产经营行为总体上是合法有序的。

对于国家一些导向性的政策,绍兴人惯常的做法是留有余地,十分注重为体制和观念的变革留足缓冲的空间,不寄希望于一次变革解决所有问题。比如1984年国家提倡乡镇企业发展以后,绍兴就采用了"集体为主,多轮并进"的政策,既适应了国家导向,照顾了大多数人的情绪,减少了改革阻力,也鼓励了个私经济发展,为新生事物留下了成长空间,使多种所有制在农村中稳健有序地发展。在后来的乡镇产权制度改革中,也坚持不搞"一刀切",客观上避免了因剧烈改革可能造成的不稳定。

当然,在绍兴人中行为"失范"现象也是比较常见的,尤其是在商业和服务业中。据报载,一些不法商贩利用有害化学品进行食品的防腐处理,可谓胆大妄为。短斤少两损害消费者利益的现象也时有发生。一次,笔者的自行车前轮的内胎坏了,交给小区门口一位摆摊的当地人修理,要求他给换一个新的内胎。一小时之后取车交钱。第二天发现自行车的后轮内胎也坏了,于是找了另一位摆摊的人修理,并告知他昨天已换了一个新的内胎。那人告诉我,昨天修车的人把车子的前后内胎互换了,因为前后内胎都是旧的。于是,找到先前修车的人,质问之下,他面红耳赤地认错,并退回了换胎的钱。事虽小，但着实让人产生一番感慨，这个人在糊弄人上也不乏精明之处。当然，这种现象是很少见到的。

总体讲，绍兴人还是有较强的规范意识的，这在很大程度上与他们求稳和精明的文化性格有关。稳，源于规范的作用，没有规矩难成方圆，所以，求稳当然就对规范情有独钟。精明的绍兴人知道，违规做事是要吃苦头的，特别是在大事情上，弄不好是要"吐血"的。

其七，效能维度：自立。

人是行为的主体。一个群体的行为能力、自立能力以及接受来自生存和发展方面挑战的能力等，在很大程度上制约着这个群体的行为取向，对行为方式和手段的选择也发生着直接影响。在调查中发现，大多数绍兴人都有依靠自己、自立自强的倾向。有句越谚说："一等、二靠、三落空；一想、二做、三成功。""等"、"靠"、"要"，是传统依赖性人格的典型特征。这种人的效能处在较低的水平上，对自我缺乏信心，不相信通过努力可以改变自己的处境，总是等着别人来拯救自己，靠别人来安排自己的命运。绍兴人则不然，他们不相信"救世主"，也不相信天上会掉下馅饼来。在他们看来，靠别人不如靠自己，自己的事情是要自己做的，只要有志气、有恒心、有实干的作风，就一定会实现自己的目标。"勿怕别人看勿起，只怨自己勿争气。""多话勿如少话，少话勿如实做。""日日做，勿怕千万事；日日行，勿怕千万里。"这些越谚即是佐证。

绍兴人行为的高效能集中体现为精明。精明是一种行为品质，对行为者而言，它是一种集谋划能力、运筹能力、协调能力、变通能力和动手能力等为一体的综合素质，对于行为及其结果而言，它则表现为于微观处见功力，于中观处见功效，于宏观处见智慧。绍兴人的精明，首先表现在他们乐于从小买卖、小作坊起家，由小做大，集腋成裘。对那些别人不屑一顾的小买卖，绍兴人却做得一丝不苟。就拿袜业生产来说，生产一双袜子才挣一分钱。只有一分钱的利润，这在一般人是不屑一顾的。或许你会说他们很傻，或太注重蝇头小利了。其实，这正是绍兴人的精明之处。正是这超低的价位，才吸引了全国的经销商，才创下了年产 9 亿双袜子的业绩，使绍兴成了全国袜业的生产基地。正是这一分钱的买卖，一年就让绍兴人挣到了900 万元。

越地人的精明，在于他们能以开放的心态，接纳外来人员。在绍兴的产业工人中,有60%是外来人员,他们为绍兴市的经济发展做出了很大贡献。在绍兴的大街小巷很少能听到"民工"之类的词语,也看不见民工模样的人。他们已与越地本土人血脉相融,居住在同一栋楼房里,子弟在同一所学校就学。

越地人的精明,也在于他们将文艺作品、历史典故甚至传说中的人物、场景,再现在他们的山水之间,开发了具有特色的旅游事业。当阿Q、孔乙己、祥林嫂等雕塑栩栩如生地站在你的面前时,你还会认为他们只是文艺作品中的人物吗?乌毡帽、乌蓬船这些昔日赖以生存的用具,如今已成为旅游景点上一道亮丽的风景线。每天,当数以万计的旅游者,穿梭于这些人工景点时,越地人的腰包也一天天鼓了起来。据统计,2004年,绍兴市的旅游收入就超过了95亿元。2007年,绍兴市接待国内旅游者2192.4万人次,国内旅游收入177.4亿元,分别比1995年增长5.9倍和10.3倍。

越地人的精明,还在于他们将传统的风味小吃,加上美妙的传说和精美的包装,打出了自己的品牌。如传统食品类的孟大茂香糕、越味茴香豆、长塘角笋、糟鸡、越鸡、腐乳;霉系列的霉干菜、霉千张、霉毛豆、霉苋菜梗;酱系列的酱鸡、酱鸭、酱菜等产品;现代食品类的银丝米面、中华鳖、珍珠粉;醉系列如醉虾、醉鸡、醉鱼干等,这些都成了闻名全国的风味美食。当看到蜂拥而至的旅游者,在他们的地面上吃饱喝足后,又大包小包地拎着这些风味美食返程时,越地人的心里着实会为自己的精明而深感骄傲。

诚然,正如许多学者所言,越地人的精明有点过头了,以至于显得不够高明和开明。他们办事行商总比常人要多想几层,能把事情的目的与手段分得清清楚楚。为达到目的,非常讲究手段。"溪直无水,人直无财",故而在这些手段中不乏计谋的成分。他们做起生意来,笑容可掬,弯腰屈膝,精打细算,从不吃亏。外地商贩感叹:"赚得绍兴钿,除非活神仙。"

3. 习惯模仿的行为方式

越地人的行为在不同维度上蕴涵着不同的基本特质。对此,已做了比较系统的阐述。在此基础上,我们将揭示越地人各种基本行为特质之间的内在联系,以模式化的方式再现越地人行为方式的全貌。显然,这一任务的确立有赖于以下预设:任何个人或群体的基本行为特质都不是孤立存在的,它们之间存在着错综复杂的联系,因而每一种基本行为特质实际上都是这种联系所形成的总体的一方面或者环节。要证明这一预设的合理性并不困难,只要指出行为主体所具有的行为整合能力就足以说明问题。在这方面,人们的常识也为上述预设的合理性提供了有力支持。一般而言,一个理智健全的成年人对于人的行为的统一性,是不会持有异议的。

在从事越地人行为的研究中,运用模式化方法进行研究,较之寻找各种基本行为特质更有价值。这不仅因为此项研究难度更大,还因为只有在这种研究的结果中才能把握对象的全体,而这种总体认识不仅能深化对每种基本行为特质的理解,也为把握越文化精神提供了依据。

如前所述,刻画越地人行为模式的关键是找准核心特质。在越地人七种基本行为特质中,究竟哪一种是核心特质呢?我们认为,越地人行为的核心特质是习惯模仿。

其一,越地独特的历史文化和地理环境,为越地人养成习惯模仿的行为特质提供了条件。首先,越文化在历史上长期处在相对"低位"的状态,在文化交流中总是以"输入"或接受为主。先秦时期,越文化的总体发展水平远远落后于中原文化,故自秦汉以来,通过不断学习和接受中原先进的文化,越文化处于快速发展的时期。这种状况至明清才稍有改观。其次,越文化地处东南沿海地区,而中国的政治经济文化中心——国都,除南宋"小朝廷"之外,从未到达长江以南,听从、接受、习得和仿效,自然成为越地人的传统习惯。明清时期,中国的经济中心南移,但越地处在杭州和宁波之间,既无杭州之优越,也无宁波通商之便利,总体上很难成为高位的区域文化,在浙江范围内也以接受和模仿为主。

其二,在越地群体人格的各种基本行为特质中,唯有模仿具有最强的渗透力和组织功能。模仿不是原创,所以,模仿者必须放弃抢占先机的欲望,抑制敢为人先的冲动,采取适时"跟进"的策略。适时"跟进"透着一种"理性的狡计",见好就取,进退自如,而且不承担风险,加之越地人精于细微,在模仿中改进,往往还能"后来者居上",如明清时期越地的锡箔产业就是如此。所以,从发展过程的角度说,原创者并非总是第一,模仿者也并非总是第二。狭窄与模仿也具有密切关系。一般而言,模仿者是在自家的一亩三分地里学习、借鉴别人的好东西,奉行的是"拿来主义",所以,模仿者大多倾向于"就地闹革命"。聪明的模仿者总是善于在细节上做文章,常常以精细胜过原创者,所以,习惯于模仿的人,在致思方向上总是趋向于微观。在市场经济中,模仿在越地引发了所谓"块状经济"(亦有人称之为"跟风经济")现象,一个村子或一个乡镇,大家都生产一种产品,如袜子、领带等,由此引发的同行之间的价格之争,把精细的品质推到了极端。聪明的越地人擅长在模仿的同时,进行"小打小闹"式的改良,所以,模仿并不是一味地照搬,而是透着一股变通的灵气。当然,模仿毕竟不是创新,虽然"定体则无",但"大体则有",因循的品质由此得以强化。

必须指出,当我们把越地人行为的核心特质归结成习惯模仿时,并不否认越地人的创新品质。事实上,古往今来,越地人有许多创新性的壮举,如越国时代的铸剑术、秦汉以来的治水术、改革开放以来的"混合经济"体制等等。只是与创新相比,模仿在越地民众中更加具有自发性,并且对其他行为特质具有更强的统摄作用。此外,还必须说明,由于受到研究目的和任务的限制,在越地人行为方式的阐述中,我们较多关注了其中不合时宜的部分,而对这一方式中很有价值的特质——礼貌热情、笃信好学、谦虚谨慎、勤劳节俭、扶弱济贫等未作专门论述。这样做是必要的,因为正是这些不足之处已成为越地社会和经济发展的隐性障碍,并从根本上决定了一种古老的行为方式在现代应当发生的变革。而上述那些优秀的行为品质,因其具有极大的普泛性,并不能作为越地人行事的特征。其实,对于稍有点历史常识的人来讲,大凡中国人具有的优良行为品质,对于"名士之乡"的越地人来讲能少得了吗?

(二)观念模式

观念是人格的"内核",也是群体人格传承文化精神的主要载体。为了再现越文化精神的本真面貌,必须对存活在多数越地人头脑中并对他们的行为起支配作用的观念有一个全面、系统的认识,而要获得这种认识,就必须有一套科学的理论和方法。因此,在本节中,我们首先阐释所采取的理论和方法,在此基础上,从越地人各种具体观念中概括出若干基本特质,再从中找到核心特质,将各种基本特质联结成为一个有机的整体,勾画出越地群体人格的观念模式。

1. 观念:人格的内在根据

在人格理论中,观念作为重要的构件,是从人对外界的认识和评价的关系上规定人格的,所以,必须从最宽泛的意义上加以界定。具体说,它的对象广泛至极,包括自然界、人类社会的一切客观事物;它的形式复杂多样,举凡表象、概念无所不包;其内容也丰富多彩,涉及人与自然、人与社会关系的各个方面。

观念在人格中具有定位作用。即使是一个漫不经心的旅行者,也可以发现一个地区的人与其他地区的人有所不同。姑且不论形成这种区别的原因,仅就差异本身分析,语言、服饰和社交礼仪方式等就以可感知的方式证明着区别的存在。如果我们不满足于这些外在的差别,想努力探求形成差别的内在根据,那么,除了把目光对准观念之外,通常是难以达到目的的。理由十分简单,一个人对外显示出的一切,都根源于他的人格;而在人格构造中,行为受到观念的支配,情感又以观念作为基础。因此,正是观念直接决定了不同个体或群体间的区别。行为主义人格理论摈弃了全部有关心灵的概念,如精神、意识、观念和信仰等,并试图结束用观念等术语对行为乃至人格进行解释的做法。在他们看来,人的行为只能是环境强化的结果,假定某种精神的东西决定或指导行为,这是泛灵论的遗迹。可是这样一来,行为的目的性和体现在行为中的价值取向就被从行为主体身上剥离出去,而行为主体除了血肉之躯和对环境的生理反应之外,什么也不是。可见,不将行为归因于观念的努力,是行不通的。

把行为、人格的差异归结为观念,是就其直接性而言的。若从根源上讲,这种差异在于人的生存环境(自然的和人文的)和实践活动不同。观念的东西毕竟是移入人脑并被改造过的存在。然而,无论自然存在或社会存在都不可能直接对人发生作用,它们必须在实践中通过观念这个中介的传递才能显示出对人的力量和意义。所以,人格(包括人的行为模式)与环境的联系,无论从何种意义上讲,都必然是有中介的,亦即是间接的。

以往,人们对越地人的观念多有议论,但系统认识甚少。原因之一,是缺少相应的概念工具。人格理论和文化人类学关于文化与人格的研究,尽管强调观念在人格中的定位作用,探讨了观念的生成和变迁问题,但未对观念模式本身进行结构性的研究,因而理论不太具备操作性。有鉴于此,我们在吸收各家观点的基础上,提出观念模式的结构理论和分析方法。其要点如下:

第一,任何个人或群体的观念都是系统存在,因而都可以划分为三个层次:具体观念、观念的基本特质和核心特质。其中,具体观念是最低层次,观念的核心特质是最高层次,观念的基本特质则是中介层次。

第二,所谓具体观念,是指有特定对象,因而有具体内容和形式的观念。如"多子多福"就是一个具体观念。它的对象是生儿育女,内容是"多子即是多福",逻辑形式是一个假言命题。其他如"男女平等"、"时间就是金钱"、"合作双方必须双赢"、"不为天下先"、"贫穷不是社会主义"等等。毋庸赘言,具体观念具有无限丰富性和多样性。

从分类理论出发,可以依据不同标准对具体观念加以区分。若从认识程度划分,具体观念可分为经验型和理论型。经验型观念是对客观事物的初级反映,它来源于人们的生存实践,其特点是直接性、狭隘性和片面性。在传统人的人格中,这种类型的观念占有相当大的比重。理论型观念是对经验型观念的概括和总结,也是对客观事物的高级反映。与经验型观念相比,这种观念具有间接性、论证性和普遍性。现代人的观念大厦主要是以此类观念作为构件的。

若从认识对象角度划分,具体观念可细分为婚育观念、义利观念、法制观念、市场观念、人生价值观念、平等观念、民主观念、就业观念和机遇意识、竞争意识、商品意识、环保意识等等。可以说,人们的生存有多少活动领域,发生多少关系,存在多少问题,就会有多少具体观念。在人类行为中,具体观念起着直接的支配作用。所以,观念的更新若不达到对此类观念实施改造的程度,则会因缺少归宿而变得毫无意义。但是,倘若把精力完全集中在对这类观念的改造上,又往往事倍功半,收效甚微。因为,无论对于个体或群体,人格中的具体观念(经验型或理论型)都经过了程度不同的选择,是人们从大量现存的彼此相异甚或相反的观念中,依据一定的尺度将它们筛选后整合成为一个相对一致的整体,并内化为行为根据的结果。这意味着在不同的具体观念中一定隐含着共同的、作为选择根据或整合尺度的东西。它就是我们将要论及的观念基本特质。因此,从观念变革的视角看,更新观念而不触动观念的基本特质,是很难取得成功的。

第三,观念的基本特质是指渗透在若干具体观念之中,具有一定概括性和普遍意义的价值取向。譬如,假设某人持有下列一组具体观念:

1. 与别人攀比是不好的;

2. 凡事都要适可而止;

3. 别人能过得去,自己也就过得去;

4. 出头的椽子先烂;

5. 人生但须果腹耳,此外尽属奢靡。

隐含其中的观念基本特质可概括为不思进取或知足长乐。此例说明,观念的基本特质是决定具体观念取舍的根据,它在通常情况下不具备像具体观念那样的确定内容,而是作为一种取向或者态度,弥散在若干具体观念中,发挥着统摄的作用。

相对于具体观念,基本观念特质在数量上总是屈指可数的。尽管它的数量很少,但能量却很大。一个基本观念特质可以把许许多多具体观念整合成为一个相对一致的观念丛,而且,当其中一些具体观念发生变异时,或新的具体观念企图进入时,它都能有效地加以"干涉"。

第四,如果对观念基本特质做进一步分析,追问它们的存在依据,则会发现同样的情况,即在它们身上也渗透着一种更具有概括性的价值取向。这种更普遍的取向就是观念的核心特质。无论对于个体或群体的观念体系,核心特质都是最隐密、最具有渗透性或弥漫性的成分。它在暗中操纵着观念大厦的一切,决定着每一个基本特质、甚至包括每一个具体观念的去留。一般说来,一种观念体系的独特性,或者造成它与别的观念体系差异的根源,都在于核心特质的不同。

诚然,作为观念体系中最具有支配力和约束力的成分,核心特质也有自己产生的根源。在从事这种溯因性思考时,虽然不能忽视自然环境和生存经历的意义,但尤其更应该注重与传统生存方式相适应的文化的作用。这是因为每一代人都是既定文化的创造物,文化传统不同,人亦不同,故而观念的核心特质也就相异。

第五,观念模式是观念体系的内在结构。它虽然制约着众多的具体观念,但其自身并不包含具体观念,而是由观念的核心特质联结若干基本特质构成的有机整体。

第六,关于观念模式和行为模式的关系问题,在第一节中,已经从行为和观念的角度做过初步阐述。我们认为,在人格模式构造中,观念模式是内核,行为模式是外壳。这个比喻清楚地表明,这两种模式处在不同的层次上。基于这种理解,两种模式的主要区别可归结为两点:第一,"内"与"外"的区别。观念模式是内在的,而行为模式是外化的。也就是说,行为模式既然是具体行为中隐含着的东西,自然通过具体行为的客观实在性而获得在意识之外存在的资格。观念模式则不然,它隐含在具体观念中,而任何观念都不可能在大脑之外存在,故而它不具有直接现实性。第二,"决定"与"被决定"的区别。人的行为总是受到动机的支配,但动机并不是对物质性动因(指产生动机的社会历史条件、经济关系等)的机械反应。事实上,由于观念不同,面对同样的外部环境,不同的人会做出不同的反应,从而形成不同的、甚至相反的动机。这里,起着重要作用的是观念。所以,观念模式决定行为模式,而不是相反。

内核与外壳的比喻还有一层含义,即两种模式又是相互联系、互相依存的。内在的观念模式一定要借助于行为模式,并以此为中介,通过具体行为确证自己,否则它既无法证明自己的存在,又无法表明存在的价值;同样,外在的行为模式必须求助于观念模式为自己的存在提供根据,并以观念模式为中介,接受行为主体理性之光的普照。

第七,对于人格中的观念模式,可以分别从"实然"和"应然"两个角度进行研究。本节对越地人观念所做的分析,是从"实然"角度进行的。

2. 越地人观念基本特质

当我们致力于探求越地人观念的基本特质时,首先面临的问题,是如何对越地人拥有的、由具体观念构成的精神世界进行划分处置。观念世界犹如一块蛋糕,可以有不同的"切"法。究竟采取哪一种方法,这是由研究目的决定的。我们的目的是要揭示越地人的观念模式。观念模式与行为模式的内在一致性,决定了对观念的分类必须与对行为的分类保持一致。基于这一理由,我们仍然选择在分析行为基本特质时曾使用过的维度,对越地人的观念世界进行解构。

每一特定的维度,如时间、空间、规范等,都给我们观察和研究越地人的观念提供了一个视角。但是,任何一个维度又都没有规定在相关的视角中去注意些什么,或者不注意些什么。这即是说,为了完成对越地人观念模式的刻画,我们必须在确立维度的基础上,进一步明确研究的重心和关注的对象。在本节中,我们只关注与经济发展直接相关的观念,将它们作为我们的研究对象。也许,有人认为这种限定太狭窄,据此不足以对越地人的观念作出模式化的阐释。但是我们深信,关于经济生活的观念或与此相关的观念,在任何人格的观念体系中都处于基础地位,对其他观念的性态有着直接的决定作用。因此,把握这一部分观念,就等于从根本上把握了整个观念世界。据此对越地人观念所作出的模式化刻画,具有毋庸置疑的全面性。

以下,我们将循着上述思路,展示越地人的观念在每个维度上所具有的基本特质。

其一,时间维度:怀古守旧。

从时间维度分析越地人现存的观念,是将与时间相关的具体观念当做一个观念丛,从中概括出隐含其间的基本特质。

在分析越地人行为时,我们指出它在时间维度上的基本特质是"跟进"。既不落后,又不冒险,而是看准后再动作,这固然与求稳的心态直接相关,但习惯以过去为取向,而不是积极主动地面向现在和将来,也是其中原因之一。调查显示,有70%的越地人表示,他们不是用现在的标准评价过去,而是用过去的标准评价现在,习惯以过去为取向。有不少研究越文化的学者也认为,越地人比较守旧,希望越地人讲精明更要讲开明,重内敛更应重外向,求沉稳更须求开拓,提出应当倡导和培育大气开放的气魄,锻造敢闯敢冒的胆识,弘扬敢于创新的精神。

所谓"以过去为取向",是指许多越地人自发倾向于以历史要求现实,以过去衡量现在,他们往往把自己的生活方式、思维方式以及价值评价标准固定在过去的某个历史阶段,也就是固定在自然经济或计划经济的社会中,并在潜意识层次里把它们标准化、绝对化和凝固化。

譬如,在调查中发现,多数越地人都把效率和节奏舒缓的工作结合起来:一方面,他们认为自己讲究工作效率,另一方面,又明确表示反对快节奏的工作。这初看起来无法理解,其实只要明白了"智取"就不难理解了。他们希冀的是动脑筋,向巧干要效率,而不主张通过加大劳动强度而获得高效率。其实,效率这个概念是人类文明进入工业和商业社会之后才出现的。在传统农业社会中,农作物的生长过程是自然确定的,非人力可为,用不着讲究效率。工业生产则不然,单位时间内生产多少产品,一般不再取决于自然,而是由人来控制的。市场竞争极大地提升了效率观念的价值,使之成为现代人的基本意识。越地人深知效率的价值,但他们不愿意为效率失去太多的东西。换言之,他们对效率的追求是以不牺牲悠然的生活为底线的。

又如,在调查中发现,82%的越地人对越地的传统文化十分依恋和固守,突出表现在非常重视传统节庆活动。如年关的祝福、除夕的祭祖、清明的扫墓以及七月半、冬至的追荐先亡等,都非常隆重,礼仪也非常讲究,从祭礼的时间到祭祀对象的顺序、祭品的制作和规格,都有明确的要求。如,腊月二十三晚上的送灶神,除夕之前的"祝福",是每家一年之中最为隆重的大祭典。

我们在调研中还发现,许多越地人对待现实发生的一切,持一种相对主义的评价模式。如,现在物质生活条件好了,但精神压力大了;孩子能上大学了,但学费太高了;收入比过去高了,但物价水平也高了;现在可以吃到各种反季节蔬菜,但食品中有农药和各种添加剂,不安全了……"今"与"昔"或"古"与"今"各有利弊,至于何者利大或弊大,这完全取决于你自己怎么看。一个典型的越地人是很难接受这种观点,即"今"绝对地优于"昔",相反的观点或许有人乐意接受。

其二,空间维度:喜好攀比。

我们在调查问卷里设计了这样一个题目:"有一个新地方,一切都比这里好,你愿意去还是不愿意去?"结果有 60% 的越地人选择了"不愿意去"。有句越谚:"伢东浦是绍兴造不出,浙江生不出,中国种不出,世界赍不出咯",东浦人这样说,柯桥、皋埠、枫桥、百官、三界等地的越地人都在这样说,无非是把区域名称改换一下。可见,越地人对自己故土的热爱近乎偏执。诚然,越地自然环境优美,适于人居,对越地人来讲,这是家乡,有亲朋好友,难以割舍。但是,越地能够提供的发展机遇和实现人生价值的平台毕竟是有限的,这个以小巧著称的地级城市,对有志者来讲并不是最理想的人生舞台。昔日的越地名人,很少有在越地成事的,绝大多数都是在离开越地之后成就一番事业的。从这个意义上讲,如今越地人的心理空间狭小,与先辈相比,志向不够宏大,少了点志在四方的抱负。

越地人喜欢与人攀比,比谁挣的钱多,比谁的房子大,比谁的车子高档,比谁的社会地位高,比谁的孩子有出息,等等,大凡能比的都在比。据专家考证,越地的古台门式民居建筑很是阔绰,与越地人的节俭和内敛品格很不符合,这恐怕只能被理解是攀比的产物。在传统社会中,攀比被视为恶习,因为攀比的结果就是彼此间的竞争,而这与传统文化崇尚的"息争"精神是相悖的。反对攀比的结果,是使人安于现状、不思进取。事实上,不"比"何以知不足? 不"攀"何以能奋起? 在现代社会中,"攀比"至少也是激发人的上进心,促使人们在竞争中激发创造力和调动一切潜能,使社会物质财富以最快速度增长的动力之一。改革开放三十多年,许多越地人从小本生意做起,如今成了企业家,拥有了大公司,假如缺少了攀比和由此激发出的进取心,那是无法想象的。

越地人习惯暗中攀比,并不在明处较劲。与攀比伴生的嫉妒,在越地人中也并不少见。于是,便有了劝导人们随遇而安、知足常乐之类的越谚:"人比人,比煞人;命比命,气成病。""有得如此乐得如此,无得如此不过如此。""跌落勿忧愁,攒起勿欢喜。"对于许多越地人来说,富贵固然好,贫贱亦无妨,要紧的是心情开朗,内心少些烦恼,正所谓"宁可吃个开心粥,勿可吃个愁眉饭"。当然,越地人的这种超然态度,更多的是源自生活的无奈。在劳而无获、争而无力的情况下,心态的自我调适,也是越地人应对社会、面向现实、去除烦恼的一种生活方式。"好愁勿愁,愁只金刚大脚趾头。""愁也屋漏,勿愁也屋漏。"生活的不如意是难免的,与其争而烦恼,不如退而心宽。知足长乐最重要,"有屋住千间,无屋住半间","屋宽勿如心宽"等越谚讲的就是这个意思。

精明的越地人有很强的学习意识,深知"它山之石,可以攻玉"的道理。昔日,越地在学习中原先进文化的过程中,告别了蛮夷之气,成了人文渊薮;而今,又通过学习别人先进的东西,由"资源小市"一跃发展成为"经济大市"。学习着实给越地人带来了实惠,实惠也成了越地人在学习中的选择标准。所谓实惠,就是实实在在的好处,或能满足物质欲望,或能带来精神享受,是看得见、摸得着的东西,具有直接现实性的特点。越地人的精明就在于不听信传言,因为"舌苔无骨头,话过勿算数","嘴唇两张皮,话来话去都有理",而是要看实效。所以,那些花里胡哨、"不打粮食"的东西很难让越地人动心。假如外地的经验确实能带来实惠,情况就大不相同了,他们会主动地学、认真地学、仔细地做,而且在学和做的过程中,能将别人的东西做得更加精细和到位。这是越地人的强项。

其三,计划维度:理性务实。

有一位越地企业的老总说,知识广、脑袋灵、点子多、干实事,这是绍兴人的特点。此言不假。越地人的确脑筋灵光,足智多谋,非常务实。在日常生活中,他们习惯精打细算,勤俭节约,计划得非常周全。越地谚语有:"好吃懒做金山空,勤俭过日吃勿穷。""穷从臀里去,有从揩里来。"一个"揩"字,活灵活现地表达了他们精于计划的品格。其实,对越地人而言,节

越文化通论

第一章 越文化精神的载体

俭是必须恪守的生活理念。所谓"穷人勿可看富样"、"惜衣有衣穿,惜食有食吃",讲的就是这个意思。节俭的生活亦须以辛勤劳动作为前提,"勤俭有得吃,懒惰无收割"。或许,对越地人而言,值得称道的不是他们节俭的生活方式,而是他们以节俭为乐的生活观念。毕竟,奢侈的生活只是劳动者的奢望,他们的现实生活是不富足的。因此,"细水长流,吃穿勿愁","家有万贯,勿如萝卜过饭","煮三年烂饭,有头牛好买"。对于劳动大众来说,节俭过日子可以少些贫穷的困扰,粗布淡饭尤胜锦衣玉食:"乌干菜白米饭,仙女看见要下凡。"显然,这对于物质条件优越的富家子弟,抑或丰衣足食的现代人是难以理解的,其实,这种看似自嘲的以节俭为乐的生活观,不仅是越地大众的真实生活场景,也是越地百姓的日常生活观念。

在经济发展方面,许多越地的企业老板都有理性冷静的思维,严密周全的计划,特别是在投资方面,他们以稳妥为首选。看不准就等待,风险大就罢手,利润低就撤离。这种稳健的风格使他们避免了大起大落,也使他们缺乏冒险精神,缺乏较为长远的目光,显得不够大气和霸气,很难成为"老大"。因为要做大事,必然要承担风险,一定意义上,风险与收益是成正比的。害怕承担风险,输不起,是成不了大气候的。有句越谚:"上游冒险,下游危险,中游保险。"甘居中游,求得稳妥,这是越地人智慧的精华。冒险和危险都远离了稳健,因而不可为之。所以,越地人不缺做大事的智慧,缺乏的是做大事的胆量。这就不难理解,在改革开放的大潮中,地处东南沿海的越地,为什么弥漫着一种"小富即安"、"小进则满"的情绪。这些越地人安于既得,满于已有,比上不足,比下有余,当他们找到平衡之后,也就丧失了继续努力的内在动力,尽管他们整日忙碌着,但主要目的是守住既得的东西,而不是获得更多的东西。当然,能得到更大的发展也是乐于接受的,但不能以可能丧失现有的一切作为代价。

我们在调查访谈中发现,当问及"有无远大的理想或抱负时",超过70%的越地人表示除了一生平安之外,别无他求;而当问及"有无自我实现的愿望"时,则有87%的人给予了肯定的回答。只求一生平安的人,居然会有自我实现的愿望,乍听起来令人费解,但细想起来,这个颇为悖理的答案恰好反映了越地人在计划维度上的观念特质。越地人内敛和实惠,远大的东西离现实太远,顾不上想或认为想了也没有,况且实现远大抱负需要诸多的条件,非个人所能及;而自我的目标则源自于现实的生存境况,是自己经过努力可以实现也必须实现的东西。所以,无远大的抱负并不等于没有人生目标,而有了人生目标就要想办法实现之。越地人把自我实现的目标称做"小九九"。大凡有点档次的越地人,心中都装着"小九九"。他们通常把"小九九"看得很重,为了实现"小九九",终日处在忙碌和策划之中。

其四,创意维度:谨小慎微。

研究越文化的学者普遍认为,如今的越地人较多地丢失了古越先民那种敢闯敢冒、开疆拓土的精神。问卷调查统计也表明,在越地人的自我评价中,100%的人认为"做事情是稳字当头";78%的人认为"做事情谨小慎微";69%的人认为"喜欢人云亦云";89%的人认为"模仿强于创新";88%的人认为"做事情胆子小,顾虑多";88%的人认为"推崇稳重、安分";80%的人认为"善于小打小闹"。我们认为,稳字当头是越地人观念在创意维度上的基本特质。

一则越谚说:"多剥几层葱头嫩,多想几层脑子灵。"但想得太多,就会顾虑重重、谨小慎微、畏缩不前。长此以往,心态必然趋向保守。林语堂先生曾说过,保守是一种自豪,它建立在对生活感到满足的基础上,是内心世界丰富和充实的标志。然而,倘若认为凡保守皆如此,则不免荒谬。对于当今越人,就不能照林语堂所说的去理解。依笔者见,造成这种保守的根本原因,是胆子小,做事放不开手脚,缺乏"闯"劲、"狠"劲。越地人胆小,这原本也不是"吓"出来的,而是由他们的人生价值观决定的。

一是自我保护被当做立身行事的第一法则。保护自己免遭伤害,这原本无可厚非。问题在于,保护自我的目的在于发展自我,而不是为了自我保护而保护自我。许多越地人的悲哀就在于把手段当成了目的,因而在运用手段的过程中失去了目的。一些当官的,他们的目的就是保住头上的"乌纱",凡对此有危害的事,无论对国对民有再大的好处,坚决不干。普通百姓虽无"乌纱"可保,但现有的生存条件(如工作、收入、住房、家庭等)也是来之不易的,因而绝对不能舍弃。当然,这并不是说寻常百姓没有新的希冀,而是说他们在追求更好的生活过程中,极不情愿承担风险,因而要求任何新的努力都无论如何不能危及现有的一切。否则,宁可守住现有的,也不去追求理想的。诚然,他们也知道"胆大吃虎肉,胆小吃萝卜"(越谚)的道理,但私家念想太重,实在放不开胆子。

一是视"稳妥"为最高价值。越地人对"稳"字特别偏爱。办事讲究稳当,做人追求稳重。一个人如果到了"而立之年"仍然对不义之事愤愤不平,多数越地人会认为此人不太对头。办事上也一样,越地人讲究稳扎稳打,反对大成大败。所以,越地人偏爱的"稳"字,用在人上则是不标新立异,不敢闯敢干;用在事上则是不前不后,不偏不倚。

追求"稳妥"体现在一系列具体观念中:

——不敢为天下先。为天下先者,必须承担巨大风险,而这与自我保护第一的法则相冲突;

——只许成功,不许失败。越地人中能输得起的人并不多。许多人是既不允许别人失败,又不允许自己失败。失败极有可能丧失现有的一切,因此没有理由对失败者持宽容态度。这原本倒可以提高成功率,使人付出十二分的劲去追求成功,但这样一来,就有可能造成惨败。为了避免更加不幸的结果,索性就不使出全力,甚至不去追求成功。

——做人必须安分。"安分"就是要安于并恪守自己的本分,不越轨,也不轻举妄动。显而易见,创造性与安分守己是难以共存的,因为所谓的"分",多是定制,创造就是要打破旧的定制,自然也就不安分了。

——安土重迁。离乡背井去外地讨生活,这多少带点"闯"天下的味道。它意味着要抛弃现有的一切,从头做起,其结果也往往是不确定的,弄不好还不如现在。因此,三十六计"静"为上。在调查中,81%的越地人表示喜静厌动。而主"静"就必须放弃一切能促"动"的愿望,如改变现状、追求幸福和自我价值的实现等等。这就不难理解为什么越地人通常会小富即安、小进即满,因为他们中的许多人已经把欲望压抑到了低点上。

其五,变通维度:机巧权变。

"权机变"是越地人的一大特点。从趋利避害的原则出发,对形势及其变化作出准确的判断,及时变换策略,以便实现自己的目的,这是越王句践留给越地后人的一笔精神财富,它在如今的越地人中已经内化为人格的组成要素。越地人的吵架很能说明这一问题。越地是水乡,船多,若两条船在河里相撞,船老大各持一根长而大的竹篙开始理论,而不是用竹篙相互攻击。开始时小声争执,船渐渐漾开去了,随着两条船之间距离的扩大,争执变成了叫骂;船越远,骂声越高。这种吵架方式非常具有越地特色,既避免了冲突升级给自己造成伤害,又发泄了怨恨,而且还保住了面子,可谓是对"权机变"的经典诠释。越地人的"好客"也是如此,当你起身告辞时,他们会漫不经心地挽留你；当你走远了，他们会在背后大声挽留你；你走得越远，他们挽留的声音越响。

越地人很少讲"狠话"、"绝话"，通常比较含蓄和委婉，留有一定的余地。在他们看来，"满碗饭好吃，满口话难讲"，故而"酒不可过量，话不可过头"。讲话留三分，旨在给自己留一个回旋或变通的机会，否则就会作茧自缚。因此，越地人尽管善变，但很少落个说话不算数的恶名。

在问卷调查中，85%的越地人认为，他们在自我实现上有一股韧劲，会变着法子去实现目的。改革开放以来，越地人在发展地方经济的过程中，走遍千山万水，吃尽千辛万苦，讲过千言万语，用过千方百计，其中的"千言万语、千方百计"就渗透着一种"权变"意识。一句不成，换另外一句再试；一计不成，再生一计，总之，变着法子最终要让你"束手就擒"。

其实，如今越地人的变通意识，有着深厚的历史传统。越地人秉性淡和，怕官，若有纠纷，常常至茶馆私下调解。茶馆成为民间议是非、判曲直、调解纠纷、息事宁人的去处。但凡街坊、邻里、亲友之间发生房屋买卖、田产出入、水利灌溉、山林开发、树木砍伐以及婚姻、分家、析产等纠纷时，多半按传统习俗到茶馆里去协商解决。这种方式在越地称为"吃讲茶"。

越地吃讲茶这一习俗，源于何时，一时也无从查考。流传下来的一般说法，认为这种习俗与绍兴出师爷有关。旧时越地茶店在靠近店门口或账桌头的地方，总是安放着一对桌子，俗称"马头桌"，顾名思义，颇似如今的"主席台"，有"唯马首是瞻"的含义。一般茶客是决不敢坐马头桌的，有资格坐的，必是在当地辈分高、有声望、办事公道、受人尊敬、有一定威信和号召力的知名人士。在吃讲茶时，他总是担任主持人的角色，是当然的裁判长。吃讲茶的具体方式大致是这样的：发生争执的双方，约定时间、地点，并邀请"店王"或其他乡贤绅士到茶馆担任主持人，就争端进行裁决。争执双方恭手立于茶馆门前，先恭迎主持人坐"马头桌"，再依次给在场的茶客泡茶。在静穆的氛围中，大家边品味茶水，边听取当事人双方陈述纠纷的前因后果，以及各自的态度。然后由主持人询问当事人，并邀请在座茶客们分析评理。当茶客们发表各自的看法或提出处理意见后，主持人就在马头桌上综合大家的观点并阐述个人的见解，当场拍板，判定谁是谁非，一锤定音，不容当事人辩解。这种"吃讲茶"是约定俗成的地方规矩，公众舆论所系，往往胜过官府判决，具有极强的威慑力。

主持"吃讲茶"的玄机颇多,如应当牢牢掌握"圆事"的火候,有时讲茶主持被人一请就去,有时却三请四请不去。其中准则在于:一请就去的,他认为"圆事"的火候到了,三请四请不去,则因为火候不到。判断"圆事"火候到不到的窍门,在于听对方的声音。如果话语声音如常,他认为火候未到,因为矛盾还没有激化,不易解决;假使对方的喉咙发哑了,表明双方的争吵至少在三四次以上,有了解决矛盾的迫切要求,"圆事"的火候到了。

其六,规范维度:唯上是从。

在调查访谈中发现,85%的越地人表示他们做事情比较关注政府的相关政策;87%的越地人说他们办事讲究规则。这也就是说,大多数越地人认为自己有较强的规范意识。其实,越地人的规范意识的养成,除了商品经济的长期滋润外,对权力者的畏惧也是一个重要原因。理由很简单,在传统社会中,规矩是官吏制定的,而为官者又是民之父母,握有生杀大权。所以,违反规范就是犯上,犯上就难得平安。所以,在越地人以"稳"为最高价值的观念世界中,"唯上是从"就是很自然的了。

唯上是从的观念是封建社会的宗法制度和"大一统"的皇权统治模式的产物。何谓"唯上"?简单说,就是一切以上级领导的意图和好恶为转移。唯上的观念如同看不见的牢笼,将越地人的精神和生命冲动禁锢在一个缺乏活力、个性得不到张扬和创造力无法充分发挥的世界里。"唯上是从"作为一种观念的基本特质,有着各种表现形式。有相当一批官员嘴上尽管喊着要面向市场,随时注意供求关系的变化,但他们更注意政策信息的收集,而这种收集的目的主要是为了保护自我,不要触犯"禁律"。更有甚者,还有一些官员只注意收集"官场"信息,以便根据这方面的动态来随时调节自己的言行,讨上级的欢喜。普通老百姓虽然没有这方面的负担,但他们都恪守一句名言:听领导的没有错;即使错了也与己无关。所以,即便是最不关心"政事"的人,一般也都知道管自己的官赞成什么,反对什么,并尽可能与其保持一致,免得被穿上小鞋。所以,对待上级,不少越地人惯常采取"无忤"的态度。我们的调查统计显示,85%的越地人都认为"越地人怕官"。他们非常尊重领导,因为他们认识到,如与领导关系闹僵,麻烦就大了。当然,这种"尊重"也仅停留在表面,即领导说是就是,说非就非,绝少提相反意见,这并不等于在内心真正地认同了领导的观点。因此,越地人"势利",也有些"油滑"。或许,你时常会听到有些越地人对"拍马溜须"之徒的斥责,但他们心里很清楚,这是可以理解的,"狗朝屁走,人朝势走"。如果一个人经常与领导的意见相左,敢于明确表达自己的观点,越地人虽对其有几分敬意,但更多地是为其担心,并对他的观点的正确性持怀疑态度。领导自然比群众高明,上级自然比下级正确,这种"权力真理"的意识在许多越地人的头脑中是根深蒂固的,它为越地人的唯上是从的观念特质提供了理性支持。

当然,精明的越地人并不是见到当官的都害怕。有则越谚说:"京官勿如省官,省官勿如县官,县官勿如现管。"对那些八竿子都打不着的官,即使是官职再大,越地人也不把他们放在眼里,想说就说,想骂就骂。但对于自己的顶头上司,聪明的越地人总是毕恭毕敬,即使在背地里也不妄加非议,唯恐弄不好上司给自己来个"现开销"。

倘若因为越地人唯上是从、胆小怕官,就断定他们没有反抗精神,那就太小瞧越地人了。他们之所以恭维当官的,不去触犯规范,是想求得事业顺达与生活安稳。一旦这个目标无法实现,唯唯诺诺、恭恭敬敬的越地人就会摇身一变,成了"响当当的造反派"。这时的他们,胆子大,不管天王老子,都敢叫板;能量大,能小题大做,煽风点火,甚至颠倒黑白;韧性足,能日复一日、年复一年地"斗争"下去,不达目的,誓不罢休。对待规范也是一样,假如某种政策法规、规章制度使他的事业、理想和根本利益受到损害,他就会开动脑筋,或钻空子、或制造机会、或寻找各种理由,使这些东西变成一纸无用的空文。有越谚为证:"侬有一百个捆法,我有一百廿个逃法。"

其七,效能维度:自信谦恭。

在自然经济条件下,人们难以形成较强的自信心和自立自强的意识。进入工业和商业社会后,商品、货币、交换,确立了个体主体的地位,个人具有了独立性,各方面的能力获得了发展,效能感也不断地增强起来。一般而言,现代人通常是自信的,有着较高的效能感。他坚信一切都是可以改变的,而且认为自己有足够的力量按照自己的意愿去改变眼前的一切。他或许在奋斗过程中遭受挫折,没有实现预期的目的,但很少将失败的主要原因归于外部环境。无论遇到何种变故或艰难险阻,他都是一个乐观主义者,有接受任何挑战的勇气和胆量,从不为成败得失所累,对自己的未来充满希望,坚信通过不懈的努力,能使明天比今天更好。

越地人的效能感总体上高于我国历史上同期的发展水平。在传统社会中,他们的效能感就已经达到了相当的高度。远古时期的越地,自然环境恶劣,迫使越人的祖先们与天奋斗,改造山河。越国时期,强敌压境,迫使他们与人奋斗,捍卫家园。这些奋斗使越地文化具有了崇尚效能的基因。近代以降,越地人多地少,资源匮乏,又迫使他们为自己的生存而奋斗,在这个过程中,形成了强大的生存能力和顽强的生存意志,他们深知,养家糊口、传宗接代、光宗耀祖和个人发达,这一切都要依靠自己的勤奋和能力。所以,越地人很推崇"勤劳",有许多越语都与之相关,如"夫勤谷堆撞屋顶,妻勤四季衣衫新";"不学麻雀油滑嘴,要学蚂蚁勤劳腿";"有力不使不是人"等。对"勤劳"的崇尚是建立在自信、自立的基础上。越地人相信通过自己的勤奋可以丰衣足食,自立门户,娶妻生子,立足于天地间而不辱没祖宗。调查统计也显示,82%的越地人都认为"绍兴人自信"。

效能感很强的越地人反而很谦恭,从不张扬或咄咄逼人,有时反而显得有点低声下气。"若要好,大做小",这则越谚很能说明越地人为何行事低调和做人谦逊。越地有名牌产品和知名企业,却没有省内外著名的企业家。如果做一个随机调查,能够说出越地著名企业家的人肯定很少。浙商普遍低调,越商又是其中最为低调的群体,他们在媒体或其他公众场合露面的时候极少。最典型的就是绍兴的杨汛桥镇,一个小小的乡镇竟然拥有8家境内外上市公司,密度之高属全国之最。可是,所有这些公司的老总们,无一例外都不喜欢"上镜",在 Google、Baidu 上,也很难找到关于他们的大篇幅的个人专访。不管企业红火还是黯淡,他们永远像深潜水底的鱼,不愿意浮出水面来让公众观瞻,因为绍兴商人深谙"大名之下,难以久居"的道理。

自信的越地人看不起外地人。80%的越地人认为外地人不如自己;64%的越地人表示不喜欢与外地人交友。这种自视甚高、排斥"异己"的心态,使越地人有点"夜郎自大"的味道。

3. 崇稳尚智的观念构造

如同越地人的行为特质具有模式化的结构一样,在以上列举出的若干基本观念特质之间,也存在着非常密切的联系。它们由弥散在其中的核心观念特质整合成为一个有机的观念系统,主宰着越地人的精神世界。这个看不见、摸不着却又无时不在发生作用的核心观念特质,就是崇稳尚智。

对中国传统人格而言,崇稳是一般特质,大多数地域群体人格皆有之;

尚智则是个别特质,具有这种人格特质的区域群体人格较少。也就是说,由于受儒家文化的影响,大多数地域群体人格在尚智和尚德之间,选择了后者。崇稳和尚智的结合,构成了越地群体人格独特的核心观念特质。

崇稳,一方面具有固守的性质,是一种守恒的倾向,表达了对革新或变化的焦虑,这是它的主要内涵;另一方面它又不拒斥进取,反对革新,只是要求进取和改革不要危及稳定。在崇稳的基础上推崇智慧,这给守恒或革新糅入了"机巧"的元素,使一切变得温和、平滑起来。所以,崇稳尚智这种特质有三个特征:一是擅长守恒,进取不足;二是以智取胜,缺乏勇气;三是柔韧有余,刚烈不足。

崇稳尚智作为核心观念特质,渗透在越地人各种基本观念特质中。崇稳本身意味着对现存一切的某种满足,而这种满足必然来自基于某种恒定尺度的判断。此尺度自然不在未来,也不在现在,而存在于过去。这不仅因为尺度本身具有恒定特性,适用于过去,也因为我们的既得就是因循这一尺度的结果。尽管它可能不尽人意,但毕竟为我们提供了安身立命的根基,所以,为了保住这既得的一切,就必须从历史中去寻找它,在时间维度上,把视野移向过去,使人变得怀古守旧起来。然而,崇稳并不等同于"甘拜下风",在"稳"的要求得到满足的前提下,越地人还是积极进取、不断上进的,这集中表现在相互攀比上。攀比,从一定意义上讲,就是知不足而奋进,比较的对象是他人,目标则是超越他人,表现在行为上就是模仿、"跟风"或从众。尽管如此,攀比还是造成了竞争压力,这使得越地人的效能意识不断得到了强化。在计划维度上,由于崇稳尚智反对好高骛远、不切实际,故而越地人以事功为取向,着眼于实惠,具有理性务实的品格,自然不会有"凌云壮志"。同理,由于大胆创新是以否定现存为前提的,而否定了现存,也就否定了安稳之根本,故而在创意维度上,崇稳尚智的人自然倾向于谨小慎微,因为他们实在缺乏这方面的热情和冲动,即便有,那也是迫不得已的。固守旧制,维护传统,既得的东西才能存在,"稳"的状态才不至于被颠覆。即使革新的力量巨大,非进行变革不行,也必须在"新"与"旧"之间找到结合点,使二者之间尽可能实现和谐。所以,崇稳尚智者,必然善于变通。由于"唯上"是几千年来的旧制和传统,故崇稳尚智者采取唯上是从的态度,也就是极其自然的了。

改革开放以来,越地人的观念发生了很大的变化,但传统和现实之间并没有隔着一道万里长城,传统观念中不合时宜的因素,在当今越地经济和社会发展中仍然有着不容忽视的消极作用。尤其必须指出,那种崇稳尚智的核心观念特质,至今仍然统治着大多数越地人的精神世界,使他们与崇尚进取的当今时代之间存在着隔膜。

(三)情感模式

人不仅是活动的存在物、观念的存在物,也是激情的存在物。因此,在揭示越地人的行为模式和观念模式之后,应当把视角转向越地人的情感模式,从他们的"喜、怒、哀、惧、爱、恶"中透视其情感世界的底蕴。

情感是人的精神世界中最复杂的东西。它可能是强烈的,也可能是微弱的;可能是体验,也可能是行为。每一种情感都有一个广泛的差别范围,反映在不同的个体身上,呈现出千差万别的状况,正是这一点构成了情感研究的主要困难。鉴于此,我们首先对情感进行人格理论的解读,重点揭示作为人格结构要件的情感模式的逻辑结构,然后转入对越地人基本情感特质的分析和情感模式的构造。

1. 情感:人格的驱力因素

大多数理论家都倾向把情感看做主体意识结构中非认知的部分,将其归为非理性因素。从斯托曼在其《情绪心理学》一书中介绍的世界上四十多位有影响的情绪心理学家的观点来看,上述对情感的认定方式有着相当高的共许程度。站在人格理论的立场上,一个科学的关于情感的定义,必须涉及"需求"、"价值"和"态度"这三个概念。人有需求,所以人赋予对象世界以意义,并在自身与外部世界之间建立起客观事物对自身有益还是有害、能否满足自己的需求以及能在多大程度上满足需求的价值关系。事物对人有何种意义及意义大小,决定着人们对该事物所持的态度(肯定或否定)——一种稳定的心理倾向。如果一个对象能满足人的某种需求,则人必然对它持肯定态度,否则就会持否定态度。因此,价值是态度的基础。价值观不同,对同一事物会形成不同的态度。作为一种心理倾向,每种态度都会引发人们对它的主观体验,如用来描述肯定态度主观体验的词语有:愉快、喜爱、满意、赞叹、欢乐、热爱、狂喜等;与否定态度主观体验相关的词语是:忧愁、烦恼、不满、忿怒、恐惧、厌恶、激愤等。由此可见,情感是人对客观事物是否符合自己需要之态度的心理体验。

我们的研究对象是越地人的情感模式,因此必须将目光集中在群体而非个体的情感上。无论社会学或社会心理学的研究结果都表明,不管是源于自然或历史文化的原因,一个群体通常都有一些有别于其他群体的特殊需求(物质的或精神的)以及与之相适应的价值观和态度,因此,该群体在情感上也必然存在着异于其他群体的特质。这些特质并不一定为该群体中的每一个成员所具有,但具有这种特质的成员在数量上总是占多数。譬如,美国人有很强烈的表现自我的需求,认为一个人应该与众不同,所以,多数人对标新立异、别出心裁并不反感。相反,中国人一般都不大赞赏那些好出风头的人,因为好出风头与中国人崇尚的谦虚美德相悖。

　　人的情感是社会历史的产物,在不同的社会历史时期具有不同的特点。本节要研究的是生活在当今时代的越地人的情感,尽管它含有丰富的传统文化元素。

　　作为人格的构件,情感在人格中处于何种地位? 起何种作用? 这个问题直接关系到研究越地人情感模式的价值。情感体现并贯穿在人的活动中,对人的活动发生着各种各样的影响,是一种特殊的驱动力。马克思说过:"激情、热情是人强烈追求自己的对象的本质力量。"[①]列宁也曾说过,没有"人的情感",就从来没有也不可能有人对于真理的追求。人的行为、实践活动不仅浸透着情感因素,而且受到情感的激发或抑制。积极的情感能给行为者注入活力和生气,使其卓有成效地开展活动,而消极的情感则会使行为过程变得缓慢或停滞。情感对观念也具有同样的作用。一种观念如果能获得情感支持,它对行为的支配力就会远远大于那些不受情感支持的观念,而且非常不易变迁。倘若一种观念有逻辑根据而缺乏情感基础,它很难转化为一种对人的活动发生强大作用的精神力量。然而,情感并不是决定一切的东西,也不是人性、人格的底蕴。它的产生受制于人的需求的变化,并以人的价值态度为转移。因此在人格的三个子系统(行为模式、观念模式和情感模式)中,如果说行为是观念的外化,则情感可以说是观念的"内化"或深化,即由理性层面向非理性层面的转化。它的主要功能是为人格提供动力。

　　如同人格中的行为、观念均有其模式结构一样,人的各种情感也不是

---

　　① 马克思:《1844 年经济学哲学手稿》,人民出版社 2005 年第 3 版,第 107 页。

彼此毫无联系,而是相互影响的。其中,有的情感起着主导作用,有的带有从属的性质;有的具有很强的情境性,有的则具有稳定性和长期性。情感本身这种模式化的存在方式与人的需求的系统层次性是密切相关的。起主导作用的情感或称之为核心情感因素与人的最基本的需求或最高的价值目标相联系,而带有从属性质的情感通常与人的基本需求或一般价值目标有关。在研究越地人情感模式时,我们仍然从越地人的情感表象入手,发掘在不同维度上存在着的基本情感特质,然后从中概括出越地人的核心情感特质,完成对越地人情感模式的刻画。

2. 越地人情感基本特质

在情感的表象世界中,若就其丰富多彩而言,大凡喜、怒、哀、乐、爱、憎等,越地人应有尽有,并非与众不同。因此,若从无限生动的表象中揭示越地人情感世界的底蕴,唯一可行的方法,就是从不同的维度入手,先找出它的基本情感特质。为了保持理论的一致性,我们仍旧采用分析行为和观念时使用过的各种维度。

其一,时间维度:喜旧厌新。

调查显示,认为绍兴人有恋旧情结的超过 80%,只有不足 20% 的人认为绍兴人喜新。说越地人将肯定性的情感指向过去,这意味着他们把否定性的情感留给了现在。或许,在证明这个判断的所有论据中,最有力的莫过于以下两条:一是给越地带来美誉的东西,如"名士之乡"、"桥乡"等,都生成于过去,在逝去的年代里有越地人的骄傲和自豪,所以,越地人对过去总是一往情深;二是越地人的现实状况不尽如人意,与杭州、宁波和温州相比,相对落后的经济和社会发展水平,很难使越地人从中获得优越感。此外,崇稳观念也是导致他们喜旧厌新的重要原因。然而,毋庸置疑的事实是,现实中的越地人要比历史上越地人的物质生活水平高出许多,这即是说,越地人理应将肯定性的情感留给现实,而不是过去。究竟是什么原因使得他们处在如今优越的生活条件下,却对过去依恋不舍呢? 我们认为应该从他们的怀古守旧的观念中寻找答案。

如前所述,越地人自发地倾向于以历史要求现实,以过去衡量现在,把自己的生活方式、思维方式以及价值评价标准往往固定在过去的某个历史阶段。在这种思维模式中,今与昔的最大区别,莫过于物质生活条件得到了改善,而人们为之付出的代价却是承受巨大的生存压力。"人的欲望是无止境的,钱多少是个够呢?"聪明的越地人对金钱的追求是适度的,即够用就行。当然,如果得来全不费功夫的话,愈多愈好。什么又是"够用"呢?这自然没有统一的标准,依个人情况而定。所以,越地人在自己的物质生活需求得到基本满足之后,便将注意力转向了其他追求上。正是在这些方面,他们感到了失望。现代社会把快节奏的生活方式作为物质财富的附属物一道给了人们,它使人们在享受着现代物质生活带来的舒适的同时,把农业社会田园诗般的悠闲变成了一种梦幻。这给习惯于传统生活方式的越地人带来了一种焦虑,因为在千变万化的现代社会中,他们发现自己的身心越来越得不到安宁。

其二,空间维度:留恋故里。

乡情是越地人情感大厦的主要支柱。到外边转一圈回来的越地人中,大都认为越地比外地好。这里的自然环境好,是有名的"鱼米之乡";这里的人也好,简朴、温和、勤劳,就连大姑娘也比外地的漂亮。在越地人的圈子里,越地人对自己的家乡更是情有独钟,每每谈起自己的老家,赞美之情总是溢于言表。在他们的潜意识中早已把个人的尊严同他的故乡联系在一起。

留恋故里作为人之常情,在自然经济社会中是极其正常的。狭窄和孤立的生活空间,相对静止的人口,自然形成的家族村落,以及个人从自然发生的人群共同体中获得的照顾和保护等,无一不从各个方面强化着人们对故乡的依恋。这种对故乡的眷恋,更多地是源自于对亲情的重视。83%的被调查者认为,在绍兴人的情感中,亲情是第一位的。对故土和亲情的眷恋,还演变为对方言的偏好。调查显示,76%的越地人以讲越地方言为荣。越地人之间的交流,基本上采用方言,尤其是外地人在场的情况下。

工业化时期,伴随市场的拓展和人员流动性的增加,人们的乡情、亲情日趋淡化。社会化大生产和人们的生存境遇的改变,要求人们以"四海为家",克服地域造成的行为、观念和情感的狭隘性。因此,留恋故里这种情感,在现代社会中,除了弱化越地人创业的激情外,很难说还能带来什么益处。

其三,计划维度:厌恶张扬。

越地人务实,追求实效,反对假、大、空;越地人也求稳,讲究量力而行,隐忍成事,留有余地。干任何一件事情,不把目标定得太高,要切合实际,不可狂妄。越地人所理解的"狂",除了这个词的一般含义外,还包括胆子大、敢想敢干的意思在内。由厌恶张狂出发,很容易演变为害怕张扬。越地不乏"大款",但较之其他地区的"大款"而言,较少一些"派头"。因为他们很清楚,"派头"足了,会招致别人反感。普通的越地人也是如此,他明明家境很好,但总是对别人哭穷;他明明正在著书立说,但总是对外守口如瓶;他明明一趟生意挣了几十万或上百万元,但总是告诉别人赔了个精光。这倒不是说越地人不诚实,而是说他们顾虑太多,担心落下个"张狂"的恶名。

其四,创意维度:赞赏本分。

越地人将"本分"视为做人的基本准则。一个人若被大家公认是"本分"的,他会因此赢得赞赏。分析越地人对"本分"的理解可知,它与社会角色有直接关系,实际指的就是遵守角色的规范。当儿子的有儿子的行为规范,为人之子者若认真遵守了这些规范,那就是本分的。同理,为人之父者若认真履行了当父亲的职责,那也是本分的。推而广之,每个人在社会上要充当不同的角色,如果他对每一角色的规范都加以恪守,在越地人看来,他一定是个本分的人。

越地人喜欢"本分"的人,自然也就厌恶不安分者。不安分者在行为上总是超越既有的规范,显得与众不同。你如果是一个老百姓,那么,不在其位不谋其政,安于自己的本职工作,这就是"本分";假如你经常忧国忧民,思考单位发展的"战略计划",抨击时弊,在一般人的眼中就成了"另类"了。然而,即使你不考虑与你的角色无关的事,这还算不上真正的"本分",也就是说,你在充当某一角色时,必须恪守既有的角色要求,"不逾矩",并且做得非常到位,只有这样才算得上是一个真正本分的人。

越地人偏爱本分的情感,是与他们对秩序感的心理需求相关联的。漫长的农业自然经济以及与之相适应的宗法社会制度,在越地人的心理上积淀下深厚的天道有常和等级意识,他们确信只要人人各司其职,忠于职守,共同维护既定的秩序,和谐的社会就会到来。因此,由于本分者是既定社会秩序的维护者,自然就会博得越地人的青睐。

喜好本分这种情感取向有双重效应。一方面,它有利于维护社会基本行为规范的权威性,增进社会的稳定;另一方面,它又不利于人们创造性的培养,也不利于个性的张扬,而这与我们所处的时代是不合拍的。

其五，变通维度：喜欢恒定。

如果将现代的越地人与广东人相比较，一个明显的区别是，广东人为了生存，四处漂泊，甚至远渡重洋，去异国他乡讨幸福；越地人则是倾向固守在同一个地方，很少走出去闯天下。广东人形成了不断寻找新的人生体验的心理要求，越地人寻找新的人生体验的欲望并不十分强烈。因此，对于越地人来讲，唯有恒久不变的东西才能激发起他们的热情，也就是说，只有对固定化、模式化或者程序化的东西，才可能产生好感。因此，从变通维度上讲，尽管越地人有极强的变通意识，也有很强的变通能力，但他们是不情愿变通的。调查显示，92%的越地人表示，他们喜欢确定的东西；60%的越地人对变化有焦虑感。

尽管越地人在情感上喜欢确定性，但75%的越地人表示喜欢头脑灵光的人，25%的人则表示喜欢忠厚老实的人。在道德感、美感、理智感这三大情感类型上，越地人最重视、最推崇的是理智感。

其六，规范维度：重理疏情。

调查表明，98%的被调查者认为，绍兴人做事有分寸。分寸是根据具体情况而定的说话办事的尺度和标准，由原则或"底线"来确定，本质上体现着利害关系。相对于原则而言，人情在越地人办事中所起的作用较小。62%的被调查者认为，绍兴人最讲人情，38%的被调查者认为，绍兴人最讲利害。把这个统计数据放在中国传统的重情疏理的文化背景中解读，一定程度上能够说明越文化重理疏情的倾向，而这一倾向与越地人推崇理智感、喜欢恒定和赞赏本分等是一致的。

中国伦理型的传统文化在越地也有较深的根基。80%的越地人表示，他们在对人的评价上倾向于道德优先。其实，对大多数越地人而言，他们更看重的是人的才能。一个心地善良、乐于助人而又没有什么本事的人，很难赢得越地人的尊敬。在越地人的道德标准中，不免掺杂一些过时的东西，如男尊女卑、夫为妻纲等。尽管这些陈腐的规范早已受到了理性的批判，但在广大农村，在人们的日常生活中仍旧有一定市场，与之相适应的道德情感也仍旧能博得不少人的共鸣。此外，应当指出，越地人的道德情感主要局限在以家庭为核心的伦理纲常方面，而在集体主义、利他主义、社会责任感等方面，相对薄弱。当然，这并不仅仅是越地人才有的，它属于整个中国的传统人格。

其七,效能维度:推崇矜持。

假设你很有能力,也很有自信心和敬业精神,如果想让多数越地人在情感上接纳你,唯一的办法就是在他们面前保持矜持。越地人讨厌矜夸,欣赏矜持。矜持者,态度庄重严肃也。在任何场合下,轻易不流露自己的情感,不大喜大悲,脸上总挂着一种表情——严肃的表情。在领导或长者面前,双目下垂,双手置于膝上,双脚并拢,腰身挺直,多听少问,或者只听不问。矜夸者则相反,骄傲自大,自我夸耀,目中无人,锋芒毕露。

矜持和矜夸,一是"不及",一是"过度",实乃两极相通。越地人为何却厚此薄彼呢?若究其根源,封建的等级观念或者说缺乏现代平等意识,恐怕是最主要的原因。毫无疑问,对矜持的情感偏爱,压抑了人的个性,不利于独立人格的养成。

3. 恋家重土的情感世界

越地人各种情感的基本特质,从不同维度给我们展示了越地人的情感世界。然而,研究不能就此止步,还需要将不同的基本特质按照它们固有的关系构成一个有机体,从整体上对越地人的情感加以关照。这一环节十分重要,因为从某一特定的角度去分析越地人的情感,几乎在常识和经验的范围内就能做到,但这种认识支离破碎,缺乏系统性,距理性的要求甚远,也很难满足人们改造自我的需要。若要达到认识的整体性、系统性,如前所述,关键问题是必须找到越地人情感的核心特质。

并非越地人的任何一种情感特质都有资格成为核心特质,在这里,我们面临的选择空间是十分有限的。情感的核心特质一定与最基本的要求或者最高的价值目标相联系,并且对其他的情感特质具有支配、制约的整合功能。依据这个规定,结合对越地人行为和观念的分析,我们认为,越地人情感的底蕴在"家"和"乡"这两个字上,也就是说,恋家重土是越地人情感的核心特质。

有人或许认为,把对家庭和故乡的依恋作为越地人情感的核心特质,缺乏特殊性,因为至少在中国的范围内,家乡情不独为越地人所具有。问题在于,特殊性不仅体现在"有"与"无"的区别上,而且也体现在"有"的方式或者程度上。国学大师林语堂在把"守旧"作为中国之国民性格时曾说过,厚古薄今并非只属于中国人,大凡有点历史的民族都有这个特点,问题在于,中国人厚古薄今的程度是一般人望尘莫及的。因此,从对家庭和故乡依恋的程度上讲,将恋家重土作为情感的核心特质,并不必然抹杀越地人情感的个性。

在分析越地人的观念模式时曾经指出,越地人的核心观念特质是崇稳。在自然经济条件下,"稳"的根基在家庭。因为家庭不仅从事人的生产,同时也从事物的生产,是人们唯一能够安身立命的地方。家庭的繁荣和富强是每个家庭成员应尽的义务,因而也是他们的奋斗目标。当人们在家庭中找到自己的安息之处和最高价值指归后,自然也就把家庭作为情感的归宿。故乡因家庭而成为情感的对象,也就是说,故乡情是亲情的衍化形式。除亲情之外,与其他区域群体人格相比,越地人的情感世界不那么丰富多彩,人际关系(如老板与员工、上级与下级、同学关系等)中的情感元素较少。

恋家重土情感在越地人的基本情感特质中具有明显的整合功能。家庭的财产是祖上留下的,因此,先人有恩于后人,这就使得越地人把情感的时间取向指向过去。后辈不能当败家子,必须保住先人的业绩,因此人们普遍惧怕家庭遭遇变故。这种情绪容易泛化为对一切变故的厌恶。为了避免变故,尤其是人为造成的社会动荡,人人都必须安分守己,维护既有的社会规范,这自然使得越地人对本分者持有好感。而本分者首先必须是既有规范的模范遵守者,其次必须忍让谦和,故而在情感上欣赏矜持,反感张扬。

二、特殊群体人格

以上,我们构建了当代越地人的一般群体人格。这种人格虽然存活在现在,但它的源头在过去,是历史嬗变的结果。在越地历史上,曾有过两个特殊的群体——师爷群体和名士群体,它们对当代越地群体人格的性状有重大影响。因此,作为一种补充,研究这两个特殊群体的人格,有助于深化对当代越地群体人格的认识。

(一)绍兴师爷人格

绍兴师爷是明清时期封建官制与越地文化相结合的产物。这个地域性和专业性极强的幕僚群体，肇始于明，盛行于清，没落于辛亥革命前后，在我国封建社会政治司法领域活跃了三四百年，声名扬及国内外。

师爷在幕府中为幕主或出谋划策，参与机要；或起草文告，代拟奏疏；或处理案卷，裁行批复；或奉命出使，联络官场。师爷无官衔职称，受聘于幕主而非行政委任，属于政治和法律体制外的人。师爷与幕主表面上以宾主相待，实为雇佣关系。越地人入幕为僚由来已久，明代已有不少越地人学律做幕。在清朝初年，尤其是在顺治、康熙年代，绍兴师爷才真正成为一个地域性、专业性极强的幕僚群体。清代"无绍不成衙"一说即是佐证。

越地具有培养和造就师爷所特有的历史、地理环境与经济、文化条件。清代著名史学家章学诚，出身越地，他曾说："吾乡山水清远，其人明锐而疏达。地僻，人工不修，土之所出，不足食土之人。秀民不得业，则往往以治文书律令，托官府为幕客，盖天性然也。"①章学诚的"天性"一说，若理解为越地自然和人文环境使然，便有几分道理。越地是一个"三山六水一分田"的水乡。早在东晋南朝时期，山阴县已出现了"土境褊狭，民多田少"的现象。到了清代，越地的人口密度居全国第三位。地少人多的矛盾，成为越地人游幕他乡的社会经济原因。另一个原因是越地的崇文风尚。古越尚武，"锐兵任死，越之常性也"②。自秦汉开始，汉民三次南迁，给越地带来了中原文化，遂形成了崇文风尚。道光《会稽县志稿》记载，道光年间的越地，"好学笃志，尊师择友，弦诵之声，比屋相闻"。然而，科举入仕者毕竟是少数，多数读书人为生计所迫，成了师爷队伍的后备军。

从此业者，大多为家道中落、无缘取仕之人。"愚民迫于饥寒，则流为盗贼；读书无成，则流为幕宾。"③师爷一般至少须攻读三年"幕学"，应具备研究策略的能力、提供计谋的头脑和撰写官方文书的功力。活跃于清代二百多年的绍兴师爷，优幕不胜枚举，当然亦不乏劣幕。这个特殊群体的人格，是越文化传统滋养而成，承载着越文化精神，从一个侧面反映了越地群体人格的历史面貌。

绍兴师爷是怎样一群人？这个群体的人格状况如何？在师爷文化研究中，此类问题引起了广泛关注。李乔先生在他的《中国的师爷》一书中，

---

① 《章学诚遗书》卷十七《汪泰岩家传》。
② 龚萼：《雪鸿轩尺牍·答周沁若》。
③ 同上。

从五个方面对师爷性格作了如下刻画:(1)倔强、有骨气;(2)傲岸、自矜、易怒;(3)苛刻、睚眦必报;(4)精细、谨慎、机警、刁钻;(5)圆滑、庸碌、有媚骨。他认为,由于职业的关系,绍兴师爷在漫长的职业训练和行业生涯中,逐渐形成了一种特殊的思维方式、工作方式、心理素质、性格脾气和文章风格,这就是师爷文化。具体来说,如冷静、清晰、周密、灵活的思维方式;多谋善断、稳重干练、严密苛刻、易怒多疑、睚眦必报的性格;"满口柴胡,殊少敦厚温和之气"的苦嘴;深刻、缜密、犀利、扼要、简括、圆滑、老辣的师爷文风(又称"师爷笔法");翻云覆雨、深文周纳、歪曲事理、颠倒黑白、罗列人罪的师爷手腕;自感愧疚、怕遭报应的负罪心态,等等。这当中,既有优秀的成分,也有恶劣的成分,是一种优良善恶因素杂糅的文化形态。对于这种师爷文化,世人历来俗称为"师爷气"。

也有学者认为,绍兴师爷素有中国传统知识分子的性格,他们出污泥而不染,淡泊名利,不事阿谀,正直傲岸,宁折不弯。他们崇敬陶渊明"不为五斗米折腰"的气节,如越地名幕许葭村引古人咏梅诗以言志:"分明一样凌寒骨,人比梅花韵更多。"又如另一名幕龚未斋说自己的处世原则是:"遇事则宁方无圆,宁拙无巧,宁为众恶而不随私好。"绍兴师爷的这种性格是越文化精神的具体表现。"夫越乃报仇雪耻之乡,非藏垢纳污之地",坚持原则,正道直行,不合则去,正是这种重气节品德与人格的具体化。可见,对待师爷群体,贬者有之,褒者有之,既贬又褒者亦有之。若抛开道德判断不谈,依据文献资料和现有研究成果,不妨对师爷群体的人格特征作如下描述。

1. 行为维度

师爷是一种职业,故行为特质主要是指职业或与职业相关的行为品质。

其一,稳重、干练。师爷佐官,办的都是政务大事,稳健且干练是其行事的第一要求。倘若行事冒险,拖泥带水,必生事端,轻则扰官,重则累及主人的前程甚或身家性命,自然也砸了自家的饭碗。所以,"办案总要脚踏实地,无凭据不入详,有疑心不落笔"①。不盲目相信口供,必须与其他物证相映照。证据必须经过鉴别和考证,只有"结实"可靠的证据,才能使"案如

---

① 佚名:《刑幕要略·办案》。

铁铸"。这反映了师爷精细和谨慎的作风。

其二,忠于职守。师爷的角色就是佐政,故尽心事主是其做事的宗旨。著名师爷汪辉祖在其《佐治药言》中谈及师爷的行为规范时,将"尽心"置于首位。在他看来,入幕为友,食人之食,当竭尽全力为主人服务。尽心服务并不是迎合主人,讨主人的欢心,而是把主人的安危祸福当做是自己的事情,与主人休戚与共,为主人忠心办事,一切向主人负责。所以,不曲从主人,知无不言,言无不尽,一切为了维护主人的根本利益,即使与主人发生冲突也在所不惜。此外,勤事也是很重要的。师爷面对的公务繁多,若不及时处置,"积之愈多,理之愈难,势不能不草率塞责。讼师猾吏,百弊丛生,其流毒有不可胜言者"①。以尽言、勤事而尽心,这只是一方面,另一方面则是精通业务,以"能做事"而尽心。师爷对业务是看得很重的,钻研精熟的例案,熟知国家的法律条文,相互交流,不断积累经验。有些经验被他们当成了为幕的秘笈。

其三,足智多谋。师爷"机牙足以应变,智计足以解纷",做事不乏"用谲"。李乔先生用"精细、谨慎、机警、刁钻"来描述师爷的行事风格,是比较恰当的。精细,是说师爷做事关注细枝末叶,对微观的东西明察秋毫,仔细认真。谨慎,是说他们做事思前想后,有根有据,小心翼翼,说话办事非常慎重,留有余地,不使自己陷入无法解脱的窘境之中。机警,是说师爷头脑灵活,反应灵敏,有很强的预见能力和应对能力。正是凭借这种能力,他们才被主人视为宾客,对他们言听计从。刁钻,是说师爷行事狡猾奸诈,使人防不胜防。师爷以"狡智"闻名天下。所谓"狡智",就是使用阴谋诡计的智能,它不求道,专攻术;不为人,只为己。譬如,一个案件,细节繁多,证据如山,甚至有些证据自相矛盾。如何办成"铁案"呢? 他们的"狡智"表现为"剪裁"证据。"办案全要晓得剪裁。"案子打算办成什么结果,心中要有定见。根据法律和办案的需要,情节、供词、人证、物证等都可以删减。在他们看来,"多一情节则多一疑窦,多一人证则多一拖累"。师爷的精明之处在于,他们只是删减事实而不是篡改事实。然而经过人为剪裁的事实,与编造的事实本质上已相差无几了。"浑括"也是"狡智"的一种手段。把案情写得概括和模糊,即为"浑括"。它的好处在于为办案人留下了回旋余

① 汪辉祖:《佐治药言》。

地,可以重罪轻判,亦可以轻罪重判。此外,他们的"狡智"还表现在缜密、老辣的文字功夫上,有"刀笔吏"之称。在他们的笔下,合法变非法,非法变合法,想轻则轻,想重则重,一词一字之差,可以决定人的福祸和生死。

其四,倔强、自矜。师爷作为一种职业,有自己的角色定位,其中一条是:对于幕主,自己要"居宾师之位",做幕主的良师益友,而不是奴仆随从。要知无不言,言无不尽,而不要敛眉就衣,屈从幕主。为了坚持自己正确的意见,不惜辞馆而别;幕主如对自己不以礼相待,也不惜拂袖而去。所谓"合则留,不合则去";"礼貌衰,议论忤,辄辞去"①,讲的都是师爷的这种行事风格。在师爷的倔强、自矜中,有不事阿谀、正直傲岸、宁折不弯的一面,但也应看到个中"有媚骨"的一面。一般说来,师爷的倔强是源自对主人的忠诚,颇具忠臣直谏的味道。宾主关系决定了师爷所做的一切,最终都必须为了主人,不可能真正地与主人平等,所以,为主人去做事情,不可能不含"媚主"的成分。区别在于,这种"媚主"采取的不是阿谀而是直谏的方式。

其五,圆滑、庸碌。师爷佐政,也算得上是管人的人。但他们无名无分,靠的是幕主的赏识和任用。一旦离开幕府,也就只是一介草民了。再加之他们所做的大多是些得罪人的事,而他们的身世和社会地位又决定不能轻易树敌,故而做起事来能敷衍则敷衍,能闭一只眼则闭一只眼。这种圆滑的处事态度与他们的平庸和不求作为的人生态度是一致的。他们深知自己是科场失意之人,没有什么前途可言,佐政只是为了谋生,做得再好也算不到自己头上。所以,没有进取的动力,不想有所作为。

其六,睚眦必报。师爷并非忠憨厚道之人,他们为人气量狭小,小小的怨恨也要记在心里,伺机报复。越地本是报仇雪耻之乡,然而句践"卧薪尝胆"报的是国仇,讲的是大义,非师爷等辈可比。鲁迅的姻亲陈秋舫,当年寄食周家,被鲁迅祖父辱骂,从此怀恨在心。待周介孚科场案发后,身为师爷的陈秋舫乘机报复,怂恿审理此案的苏州知府非严加查办不可。师爷有仇必报由此可见一斑。

其七,相互帮衬。师爷群体内部有着良好的合作和提携关系。他们供职在大大小小的衙门,形成了纵横交错的关系网。凭借着这一张看不见、

① 汪辉祖:《学治臆说·得贤友不易》。

摸不着的关系网,绍兴师爷互相关照、相互引荐、互相牵引、互通声气、互为党援。据史料记载:"各省上司幕友,多有包揽分肥。州、县幕中,非其与类,一切详案立意苛驳,州、县官势不能支,向上官禀请荐举,以图照应,上下钩连,作奸行贿,势不能免。上官偶有觉查,先通信息,巧为弥缝。迨经败露,上官明知情弊,而事涉于己,不敢揭参,致转通同徇隐,其有妨吏治者非浅!"①为了生存,他们必须相互照应,这极大地强化了师爷职业的排他性和垄断性,使师爷群体具有了一定的帮会色彩。父死子继,兄终弟及,与生俱来的血缘关系,自然是师爷群体中最牢靠的纽带。其次,父子般的师徒关系也发挥着重要作用。"一日为师,终身为父。"幕业中的师徒关系以父子关系来规范和处理。为师者除了担当"传业授道"的职责,还得为弟子的出道就业四处公关。师徒关系在构建师爷群体职业集团的重要作用,仅次于亲缘关系。此外,在这一行当中,还通过拜把兄弟间的相互提携、同乡间的相互提携等方式,把大家团结起来,使得师爷群体更加具有凝聚力。

2. 观念维度

师爷不是理想主义者,他们没有为江山社稷和黎民百姓祈求福祉的抱负,而是以为自己和家庭谋生为宗旨,与中国传统知识分子存在着根本区别。在人格上,追求独立而不求弘道;在智慧上,明察秋毫、偏重技艺而无意于人道和天理。所以,凡事皆求功利,从利害处着眼、而无探本求源之意,奉行实用主义的原则。

其一,以"成官之美"为职业道德规范。食人之食,替人尽心,成人之美,这在师爷看来是天经地义的。在这个规范中,渗透着一种等价交换的原则。我之所以要成官之美,是因为当官的花钱雇用了我,而我的价值就在于能满足当官的对其政绩的渴求。可见,师爷有一种清醒的"雇佣"意识。由此出发,师爷把对幕主负责看做第一位的,国家、百姓甚至包括自己都可以放在一边。这倒不是说师爷随时为了主人敢于上刀山、下火海,牺牲自我,而是说他们不把自我实现看得很重。其实,作为科考的落榜者,封建社会制度已阻断了他们的政治前程。

其二,重理疏情。清代刑名幕友有"四救先生"之名。所谓"四救"是幕友中相传的一个口诀:"救生不救死,救官不救民,救大不救小,救旧不救

---

① 《清高宗实录》卷五五一。

新。"这种"四救",有人认为是"以君子之心,行忠厚长者之事",是儒家"仁恕"思想的体现;也有人认为体现的是师爷的个人声望,最终维护的不是社会正义,而是个人的私利。依笔者之见,"四救"是一种行为的价值取向,体现了师爷在办案中的价值观:生重于死,官重于民,大重于小,旧重于新。这里,可以不顾事实真相,亦可以不考虑人情因素,只要维护"生"、"官"、"大"、"旧"就万事大吉了。所以,师爷只关注利害,不是那种仗义执言的性情中人。

其三,从业以谋生为动机,任何时候都不会偏离自我谋利的轨道。杀身取义对师爷是难以想象的。"迫于饥寒,则流为幕宾","俯首乞衣,敛眉就食",此乃师爷生存境遇的生动写照。因此,他们的人生目的简单直接,即利用自己的知识和才能为自己谋取福利。他们不再像真正的读书人,行仁义于四方,而是降志以求生存,把知识和才能当做满足自己物质需求的工具。

其四,追求人格独立。鲁迅先生曾说,绍兴师爷的箱子里总是放有几两银子,一旦与幕主的关系不和,随时准备走人。汪辉祖有一句为幕的名言:"合则留,不合则去。"①这种对人格独立的追求,是基于对自我价值和地位的清醒认识。师爷深知,他们对幕主的价值在于能否帮助其处理各种问题和复杂事端。若宾主观点不和,意见相左,能力不济,即使奴颜婢膝,也无济于事。所以,汪辉祖说:"彼自用我,自能求我,我若求之,转归无用,故吾道以自立为主。"②这里,我们看到了师爷在依赖性很强的封建社会中能够做到"合则留,不合则去",多少有点无奈的意思。换言之,人格独立,在很大程度上是师爷的职业使然,而非师爷个人的刻意追求。

3. 情感维度

师爷的情感世界是不平静的,一张苦嘴,满口柴胡,冷峻尖刻,动辄骂人。骂人、损人,这是一种恶劣情绪的宣泄。而师爷的不良心态与他们的生存境遇——公众对师爷职业的评价、师爷的社会地位、师爷与幕主的关系等是相一致的。

其一,负罪感重。"作幕吃儿孙饭",这是清代以来广泛流传于越地的

---

① 汪辉祖:《佐治药言·勿过受主人情》。

② 汪辉祖:《佐治药言·勿攀援》。

一句名谚。在世人眼里,做师爷(尤其是刑名师爷)是件折寿的行当,会断子绝孙。幕业,素来被人们认为是"造孽之业",所得的"修金"也常被称为"孽金"。这是因为师爷(尤其是刑名师爷)免不了碰到人命官司,兴许还会把一些人送到断头台上。杀人总不是一件积德的事情,况且死者中或许也有冤死鬼。这使得师爷心理负担很重。再者,由于师爷大权在握,一字一词之差就可以决定他人的生死祸福,很容易受人贿赂,容易干出丧失良心的事,这也使他们良心不安。所以,师爷内心压抑,不轻松,不阳光,缺乏开朗的心境。

其二,心躁气盛。师爷易怒、火气大,这是出了名的。位居幕宾之位,大有一人之下、万人之上的感觉,加之幕主对他也要以礼相待,敬他三分,故而师爷敢骂;面对那些做官的无能之辈,深感世事不公,怀才不遇,奋斗无望,故而他们想骂。师爷毕竟是知识分子,加之聪明异常,面对那些大字不识几个的粗人,大有对牛弹琴的感觉,这使得他们不得不骂。师爷敢骂,想骂,不得不骂,结果骂出了名气。骂人是为了出气,气消则心平。问题在于,师爷生活的那个社会,使他们心态失衡并且不可调整。所以,师爷只能日复一日、年复一年地骂下去。

其三,恃才傲物。师爷是人才,而且是高级专门人才。他们精通律条,长于管理,且机敏过人,这使得他们有才可傲。师爷的自信心和个人效能感是超出常人的。仔细分析可知,幕主聘师爷是用其一技之长,而师爷正因为有才能才被幕主当做宾客,以礼相待,故而师爷有藐视幕主的资本。至于普通百姓就更不用说了,学识和才能均在他们之下,当然也就不在他们眼中了。

越文化和绍兴师爷之间一定程度存在着"源"与"流"的关系。聪慧过人,或曰"精细、谨慎、机警、刁钻",这显然与地域文化有关。师爷性格中的"倔强、有骨气","傲岸、自矜、易怒","苛刻、睚眦必报",可以看做是越地人的普遍性格特征。越地人的思维方式,主要是"崇实"和强烈的批判意识,这在师爷身上以"另类"的方式也体现了出来。

(二)绍兴名士人格

越地历史文化的突出标志,是代有人才,史不绝书。这些从古至今的卓越人士,或者祖籍是越地而在异地建功立业,或者祖籍是异地而在越地大展宏愿,或者身为越地人而在越地名垂青史,他们在中华民族历史上留下了无数物质和精神财富,为越地增辉生色。"鉴湖越台名士乡,忧忡为国痛断肠。剑南歌接秋风吟,一例氤氲入诗囊。"这是毛泽东对绍兴名士的经典评价。

名士,最初的含义指知名于世而未出仕者。郑玄注:"名士,不仕者。"把名士定义为不步入仕途的文人,是一种源自古代且较为狭义的理解。其实,名士也可用来泛指有名气的人,而不论其出仕与否。杜甫《陪李北海宴历下亭》中"海内此亭古,济南名士多"一句,就是从广义上使用"名士"一词的。本书采用广义的用法。

大禹,是我国上古时期传说中的治水英雄。禹生于何地,有诸多说法,但禹在越地治水是大家公认的。禹八年于外,三过家门而不入,他的公而忘私的高尚品德,与天奋斗的大无畏精神,为世代所传颂,成为越地人做人行事的楷模。

越王句践,在与强吴的争战中,卧薪尝胆,发愤图强,经过"十年生聚,十年教训"的艰辛努力,终于振兴越国,横兵江淮,成为春秋时代的最后一位霸主。此外,范蠡、文种、计然、西施等,也都是越国时期的杰出人物。

东汉思想家王充,在"贫无供养"的情况下,笔耕不辍,历三十余年撰写了《论衡》、《讥俗节义》、《政务》、《养性》等著作。其传世之作《论衡》,在反对当时谶纬迷信等官方神学体系的过程中,把中国古代唯物主义推向了新的高峰。东晋时期南方士族的领袖和著名学者贺循,官至太常,在任会稽内史期间,主持开凿西兴运河,对绍兴的水利和交通做出了重大贡献。王羲之是我国历史上最著名的书法家,历来被奉为"书圣"。他所作的《兰亭集序》,既是文学名篇,又是"天下第一行书"。谢安是东晋时期与王导齐名的宰相。孙绰和许询同为东晋玄言诗的代表作家。王羲之的儿子王献之,工草隶,与其父齐名,世称"二王"。谢道韫,系谢安之兄谢奕之女,王羲之之子王凝之之妻,善诗文,有辩才,世人称"咏絮之才"。谢灵运为谢玄之孙,是中国山水诗派的开创者。孔稚圭,南朝宋、齐间人,官至尚书左丞、太子詹事,其《北山移文》至今为人传颂。

唐代绍兴名士首推贺知章,自号"四明狂客",他在长安长期做官,至秘书监。还有备受唐太宗推崇,称其有德行、忠直、博学、辞藻、书翰五绝的学者虞世南;擅长写委婉含蓄的七绝诗诗人朱庆馀;善诗能文、诗风靡丽的诗人吴融；画人物技艺高超、画松竹非常精巧的画家孙位；以"柳塘春水漫，花坞夕阳迟"之句为世所重的严维等，都是唐代闻名遐迩的人物。此外，唐代著名诗人元稹，因任浙东观察使和越州刺史之职，曾在越州生活过一段时间，留下了多篇盛赞越中山水和州城府宅的诗文。

宋元时期，绍兴最著名的人物是陆游，其爱国精神和万首诗篇为这个时期的绍兴增添了光彩。元朝一代，文坛上有著名画家、诗人王冕；文学家、"铁崖体诗"的创始人杨维桢等。

明代，越地学术界十分活跃，有心学大师王阳明，理学家刘宗周，著名心学思想家王畿，医学家张景岳，三次随郑和下西洋的地理学家马欢。明末，有杰出的艺术家、文学家徐渭，富有创新精神的绘画大师陈洪绶，誉满日本的著名爱国学者朱舜水，丹心耿烈、刚直不阿的爱国之士沈炼，具有民族气节、散文创作成就最大的文学家张岱，临危不惧、痛斥奸相的爱国文学家王思任，浙东学派的创始人、敢于抨击封建君主制的进步思想家黄宗羲等。

清代，绍兴有著名学者杜煦，著名史学家、方志学奠基人章学诚，目录学家姚振宗，毕生著述百数十卷、以《越缦堂日记》为最佳的著名学者李慈铭，手校群书不下千卷的著名考证学家平步青。清末有反抗外敌侵略的名将葛云飞，辛亥三杰徐锡麟、秋瑾、陶成章。

辛亥革命以后，越地更是名贤踵继。鲁迅被毛泽东誉为伟大的文学家、思想家和革命家，蔡元培被毛泽东称颂为"学界泰斗，人世楷模"，还有人民的好总理周恩来，早期中国共产主义运动活动家张秋人、俞秀松，"和平老人"邵力子，著名翻译家王一飞，著名社会活动家、中国民主促进会的卓越领导人周建人等。

众多的科学家、教育家、理论家和文学艺术家也为越地增添了光辉。有著名爱国科学家，我国近代地理学和气象学的奠基人竺可桢；国际知名数学家、函数论研究卓有成就的陈建功；杰出的物理学家，誉称为"中国原子能之父"的钱三强；著名物理学家，建立我国核物理实验室的赵忠尧；著名爱国民主人士，中国现代能源工业杰出开拓者孙越崎；著名教育家，被誉为诗、书、画、金石"四绝"的经亨颐；著名教育家，被誉为民主文化战线老战士的夏丏尊；人民教育家陶行知；著名教育家，颇具民族英雄气概的朱自清；著名幼儿教育家陈鹤琴；著名马克思主义历史学家，被称为历史学开国一代大师的范文澜；著名教育家、经济学家，对人口学有杰出贡献的马寅初；集记者、编辑、作家、翻译家、出版家于一身的胡愈之；著名农学家、茶学家，被誉为"当代茶圣"的吴觉农；著名电影导演谢晋等。

绍兴历史上人才辈出，封建时代科举人才众多，今《绍兴市志》人物卷中的《历代进士名录》共收录自唐至清的文武进士2238人，其中状元28人（文科16人，武科12人）。改革开放至2002年止，我国两院院士中绍兴籍院士有57名，绍兴因此成了远近闻名的"院士之乡"。在入选中华世纪坛雕塑像的中国古今40位有"中华第一人"之称的名人中，绍兴有蔡元培、鲁迅、马寅初、王羲之4人。

越地几千年来人才辈出，这已成为越文化的独特景观。这个现象有两个显著特点。其一，人才的出现持续不断。"有的地方在某一朝代盛极一时，出过不少杰出人才，但在历史的长河中却似昙花一现，如南北朝的山东郯城和唐朝的山西永济；有的地方在古代曾长期放射出灿烂的光辉，但由于一再遭到浩劫，竟久久不能恢复元气，如河南洛阳；而绍兴虽历经沧桑，却仍能人才辈出，经久不衰。"①其二，文才众多，武将偏少。绍兴曾出过许多著名的革命家、政治家、理论家、文学家、艺术家、科学家、教育家等，但著名的将军却不多见，这与越地的风尚和文化精神有相当的关系。越地自秦汉以来，弃武崇文，历代书香门第很多，人们生活在书山画海之中，从小耳濡目染，文气十足。越地民众也一直注重耕读传家，自宋以来，越地学堂众多，"弦诵之声比屋相闻"②。越地民间文学也十分丰富，举凡民间故事、歌谣、谚语、寓言等，大多都与历史上的名人相关，使儿童从小就树立了较强的成才意识。越地历代文人多、武将少，恰好从职业取向角度，映证了越文化以秦汉为界，经历了从崇武向尚文的转变，说明越地群体人格具有一种阴柔的特性。

越地人才辈出，个中原因比较复杂，但可以肯定这个现象与越文化有直接关系，尤其是与越文化的主体——越地人有密切联系。正是基于这一判断，我们将越地名士群体作为研究对象，通过对这一群体的人格分析，希望从一个侧面展示越文化精神，也为了解当今越地群体人格打开一扇历史

---

① 何信恩：《绍兴名人述评》，浙江人民出版社1999年版，第3页。

② 康熙《会稽县志》。

的窗口。诚然,越地名士上下几千年,生存境遇、职业特点和个性特征各不相同,但在他们身上体现着许多共同的特性,这些特性正是越文化优秀精神品质的人格写照。

1. 忧国忧民,慷慨大义

绍兴名人有一种可贵的忧国忧民的意识和慷慨大义的精神,这是历代先贤的传统美德,也是他们有所建树的内在动力。

王充虽然"涉世落魄,仕途黜斥",却高举"疾虚妄"、"求实诚"的旗帜,奋勇地与以皇帝作后台的谶纬迷信之说作斗争。与统治者唱对台戏,其结果可想而知。可贵的是王充没有畏惧和退却。这种蔑视皇权、顽强拼争的勇气和魄力,在两汉四百年间是绝无仅有的。王充惊世骇俗的言论,遭到封建卫道士们的攻击、诬陷和诋毁。早在王充健在之时,就有人说他的著作谐于经不验,集于传不合,不符合儒家经书之义。嘲笑王充出身寒微,宗祖无淑懿之基,文墨无篇籍之遗,即使王充写了大量的作品,也算不得高明。对这些无聊的诽谤,王充在其绝笔之作——《自纪篇》中一一加以驳斥。王充的伟大,在于他能面对现实,以大无畏的精神抨击时弊。他在《佚文》篇说:"《诗》三百,一言以蔽之。曰:思无邪。《论衡》篇以十数,亦一言也,曰:疾虚妄。"

陆游一生抗金,其志不衰,"亘古男儿一放翁"。临死之前,留下千古不朽的绝笔诗《示儿》:"死去元知万事空,但悲不见九州同。王师北定中原日,家祭无忘告乃翁。"

明清时期,程朱理学充斥思想界,王阳明却敢于破除迷信,向朱熹这个绝对权威挑战,激浊扬清,开创儒学新天地,成为一代"心学"宗师。"阳明心学"不仅风靡一时,而且影响后世,传入朝鲜、日本,有广泛的国际影响。

明末儒学大师刘宗周,蕺山学派的创始人,后人多称"蕺山先生"。他官至礼部主事,在立朝的四年中,怀着忧国忧民之心,上疏百余次,力陈政弊,痛劾奸党,规劝皇帝,置个人生死于不顾,力求明朝中兴。清兵入关并占领南京,南明小皇帝潞王降清,鲁王将至绍兴监国。不久,杭州失守,绍兴势危,刘宗周推案痛哭,绝食,辞祖庙,出居郭外水心庵,共20天勺水不入口,13日而卒。死前还张口举目,书"鲁"字,询问鲁王监国之事,可谓"忠心耿耿"。

辛亥革命义士徐锡麟刺杀恩铭被捕,审讯人问他:"恩铭待你不薄,你何以忘之?"徐锡麟答:"恩铭厚我,系属个人私恩;我杀恩铭,乃是排满公理。"

我国著名散文家朱自清,祖籍绍兴,身上流淌着越文化的血脉。北京大学毕业后,他曾在上虞白马湖畔的春晖中学任教。他为了反对美国当时积极推行的扶植日本的政策,签名于《抗议美国扶日政策并拒绝领取美援面粉宣言》。朱自清是当时薪水最高的教授之一,但在那个时候,每月所得也只能买三袋面粉。家庭人口多,他必须带着一身重病,拼命多写文章,才能够勉强维持生计。当时,他的胃病已经发展到极其严重的程度,签名之前,体重已减轻到 38.8 公斤,迫切需要营养和治疗。他虽然贫病交加,还是毅然决定在宣言上签名,拒绝了"收买灵魂性质"的施舍,表现了中华民族的尊严和气节。直到弥留之际,他还谆谆嘱咐家人说,我是在拒绝美援面粉的宣言上签名的,我们家以后不买国民党配给的美国面粉。

每当民族危急存亡之际,绍兴的学者名士总是站在斗争前列。王思任说得好:"夫越乃报仇雪耻之乡,非藏垢纳污之地。"这是对绍兴名士献身精神的写照。

2. 经世致用,求真务实

王阳明指出,"五经亦史","随时变易"。"以事言谓之史,以道言谓之经,事即道,道即事。"应该"世变所宜","因时制宜","因时致治"。

章学诚明确提出:"史学所以经世,固非空言著述也。"他认为:"文章经世之业,立言亦期有补于世。"在学术研究上"得一言而致用,愈于通万言而无用者矣"。尤其是史学的目的,要能起到惩恶劝善的作用。他坚决反对那种"舍器而求道,舍今而求古,舍人伦日用而求学问精微"的治学态度和不良学风。

王羲之一生的大部分时间是在官宦生涯中度过的,当过"秘书郎"、"参军"、"长史"、"将军"。王羲之认为,为官需务实,做实事,造福百姓,少虚谈。正是基于这样的认识,社会稳定、百姓安乐,成为王羲之为官的准则和追求的目标。《晋书·王羲之传》载:"时东土饥荒,羲之辄开仓赈贷。然朝廷赋役繁重,吴会尤甚,羲之每上疏争之。"

戊戌变法和戊戌政变以后,蔡元培认为,康有为、梁启超之所以失败,是由于"不先培养革新人才,而欲以少数人弋取政权,排斥旧顽,不能不情见势绌",乃决心从事教育救国,携眷出京,返回绍兴。

马寅初的战时经济理论和解放后的新人口论,无一不是从当时中国实际而发,高屋建瓴,条分缕析,其实际作用与威力无可估量。

3. 志存高远,追求卓越

王羲之七岁就开始学书,在习书过程中随着年龄的增长和眼界的开阔,不再满足于一碑一帖,或拘泥于自己的老师,他有超越前人、形成自己风格的勇气和信心,王羲之在给友人的信中说:"张芝临池学书,池水尽黑,使人耽之若是,未必后之也。"王羲之认为,自己的功夫不及张芝不是因为没有这个能力,而是不屑为之。

徐渭"嗜读书,志颇宏博,自古书契以来,务在通其概焉"。

张岱16岁中秀才以后,他曾拜黄汝亨、陆景邺为师,于西湖峋嵝山房"键户其中七个月",埋头制艺学习。他自比五色石,志在"补天"。

清代章学诚,从青少年时代起,对于史学就产生了特殊的爱好。志气很大,时常"自命史才,大言不逊"。读起史书来非常用功,"质虽呆滞,而识趣则不离纸笔,性情已近史学"。尽管章学诚为生活所逼,常常奔波于大江南北,备尝人间辛酸,但沉重的生活负担并没有压垮他立志史学的决心,在方志学这块研究园地里一步一个脚印地前进。

徐锡麟并非是埋头苦读、追逐功名的学子,他敬仰历史上定国安邦的英雄豪杰。在少年时期,他面对中法战争的失败,朝廷的腐败无能,凭着自己掌握的有关知识,感到只有从师学武,掌握本领,才能抗击外国侵略,推翻清廷统治。

朱自清在投考北京大学本科哲学门时,为了警戒自己不随流合污,改名自清;又借用《韩非子》中"性缓,故佩弦以自急"的典故,改字佩弦,以激励自己刻苦学习,奋发向上。他的一生,如同他的名字显示的一样:清白无瑕,光洁照人;刻苦磨砺,不断前进;春华秋实,硕果累累。

4. 开拓创新,特立独行

贺知章,盛唐时期的一代名士。他高才天成,诗文绝代,独立特行,不同流俗。他超逸,厌倦官场的争斗,酷爱山水的清纯,秉自然之心,循事对人。他不但赢得了当时朝野的敬慕称颂,而且赢得了后代诗人的追念凭吊,在史册上留下了一个闪光的名字。

徐渭是个悲剧人物。但正是坎坷多难的生活,铸就了他文学艺术上全方位的大成就。他曾自语:"吾书第一、诗二、文三、画四。"他在各方面的创作从思想上和艺术上都有强烈的一致性。"颓放"是他的特点。当然,这颓放并非消极意义上的颓废,而是表现了强烈的个性意识、自由意志和由失望而引起的痛苦。他在艺术上反对一切虚伪矫饰,在各个领域里按自己的需要酌取前人长处,兼收并蓄,另辟蹊径,大胆创新,因而达到了别人达不到的高度。

徐锡麟在绍兴大力宣传反清,鼓吹革命,被一些顽固分子视为"异端邪说"而横加责难。其父徐凤鸣见儿子的言行实在"荒唐",在劝说无效的情况下,竟以断绝父子关系相威吓,勒令徐锡麟写绝据,毋相往来。面对如此压力,徐锡麟依然我行我素、毫不收敛。

家学的渊源,环境的影响,古代豪杰和剑侠传奇的熏陶以及奔放不羁的自由生活,形成了秋瑾的豪放、爽直的性格。她不愿过那种衣来伸手、饭来张口的贵夫人生活,而要"匡济艰危,以吐抱负"。1903年秋,写下了名作《满江红》:"身不得,男儿列,心却比,男儿烈。算平生肝胆,因人常热。俗子胸襟谁识我? 英雄末路当磨折。莽红尘何处觅知音,青衫湿!"

鲁迅,则更是在严格剖析和扬弃旧文化后,提出了系统的科学的新文化理论,成为中国新文化的巨人,被毛泽东誉之为中国"文化新军的最伟大和最英勇的旗手"。

蔡元培出任绍兴府中西学堂监督(校长)时,因锐意革新而引发守旧派滋事,辞职后又受聘任嵊县剡山书院院长,仍一意进行教育改革,终因经费困难,改革受阻而辞职。但是,蔡元培并没有灰心。1901年4月,他在杭州自题照片时写下了这样的誓言:"志以教育,挽彼沦胥,众难群疑,独立不惧。"1917年,蔡元培执掌北大,为了打破几千年文化专制主义的积弊,冲破北大守旧僵化的沉闷气氛,推动学术研究生动活泼地展开,他借鉴西方各国的经验,提出"兼容并包"、"思想自由"的方针,为当时学术界、文化界开了一代新风。

不满现状、敢于开拓、勇于创新、特立独行,这是绍兴历代先贤所走过的共同道路。范蠡泛舟经商,马欢三下西洋,王阳明反对朱学等,都是敢于创新的体现。绍兴学术名家往往不迷信过去的东西,不拘泥于现有的结论,比较关注对未来的探索和对新思想的追求。王羲之原师法于卫夫人,却又能吸收其他名家之长;谢灵运能从玄言诗的迷雾里解脱出来,开创山水诗派;徐渭,世称"狂生"、"奇人",皆因其不拘一格,敢于独辟蹊径。近代绍兴名人热爱故乡,但并不囿于会稽山下,而是走向全国,在最能施展其才干的地方,如辛亥革命时期的上海,"五四"时期的北京,大革命时期的广州,抗日战争时期的延安,解放战争时期的南京等地,处处留下了他们的足迹,建功立业,成为时代潮流的"弄潮儿"。

5. 忍辱负重,自强不息

艰苦奋斗,百折不挠,是越地历代先贤的又一个共同的基本特征。当越国战败,句践对前往吴国作为人质的前景感到悲观时,范蠡劝导他在此存亡之际必须坚定信念,方能转危为安:"闻古人曰:居不幽,志不广;形不愁,思不远。圣王贤主,皆遇困厄之难,蒙不赦之耻,身拘而名尊,躯辱而声荣,处卑而不以为恶,居危而不以为薄……君王之危,天道之数,何必自伤哉?夫吉者凶之门,福者祸之根。今大王虽在危困之际,孰知其非畅达之兆哉?"①范蠡认为,在政治斗争中,荣辱、祸福、吉凶、安危都是可以转化的。当事者应处卑而不以为恶,居危而不以为薄,虽处穷厄之地,不移复国之志。句践听从劝告,在吴忍气吞声,返越卧薪尝胆,终于复国雪耻,成就霸业。

王充堪称封建时代进步学者治学的楷模。他的理论成就,源于执著求真的研究精神。"贫无一亩庇身","贱无斗石之秩",他虽然地位低贱、生活清苦,但笔耕不辍,乐此不疲。史载王充闭门潜思数十年,直至耄耋之年,仍然矢志不改。没有坚如磐石的意志力,是难以写出《论衡》这样的皇皇巨著的。

王阳明不仅是大学问家,也是一位刚直不阿、直言敢谏的忠臣,其政治生涯多有磨难,时功时罪,跌宕一生。在同朝廷宦官势力的斗争中,表现了坚强不屈的精神。他曾被刘瑾投入监狱,被谪为贵州龙场驿的驿丞。在龙场受尽折磨,几乎被迫害致死,但还是耿耿忠心,犯颜直谏,规劝皇上易辙改弦,罢黜奸佞,以回天下豪杰之心,绝迹巡游,以杜天下奸雄之望。不论朝廷如何对待他,渴望江山社稷得到巩固和发展的赤胆忠心,矢志不改。

刘宗周一身正气,两袖清风。他的友人曾对刘宗周的儿子说:"尊公素节高风,如泰岳然,比朝夕聆教,始觉气宇冲融,神情淡静,又如春风被物,温然浃于肌理。"他为官清廉,家无蓄积,四年立朝,三次被削职为民,"在家

---

① 赵晔:《吴越春秋》,《勾践入臣外传》。

强半教授,敝帷穿榻,瓦灶破缶,不改儒生之旧"。

张岱身处"瓶粟屡罄,不能举火","布衣蔬食,常至断炊"的生活窘境,所存仅为"缺砚一方而已"。恶劣的生活环境,曾经逼得他几次想自杀,然而终因《石匮书》未成,他顽强地"生息"下来。这种隐衷,在《石匮书·义人列传》中曾有吐露:"然余之不死,非不能死也,以死而为无益之死,故不死也。以死为无益而不死,则是不能死,而窃欲自附于能死之中;能不死,而更欲出于不能死之上。"张岱为了完成《石匮书》的撰写,含污忍垢,承受精神和肉体的巨大痛苦,这与司马迁发愤著述《史记》的精神没有两样。

章学诚将他的全部精力,毫无保留地都贡献给了文史校雠事业。晚年,尽管由于生活折磨,双目失明,他却并未停止研究工作,仍坚持口授,由其子笔录,直到离开人世为止。著名的《浙东学术》论文,正是完成于他逝世的前一年,真可谓"春蚕到死丝方尽"。

绍兴名士是由历代越地人中各行各业的出类拔萃者形成的一个特殊群体。与绍兴师爷不同,它不具有行业或职业的特征,因而在体现越文化精神上具有广泛性;同时,它是由杰出人物组成的群体,越文化精神的优秀品质在他们身上得到了最充分、最彻底的彰显。本书虽然从五个方面分述了绍兴名士群体的人格特质,但它的核心特质是艰苦奋斗。正如周恩来所说:"绍地民族精神之史略,如大禹与越王句践之耐苦奋斗意志均足以资模仿。"所谓慷慨以复仇,隐忍以成事,是对这种耐苦奋斗意志的精当概括,它具有报仇雪耻之乡独特的风格,代代相传,世世得到绍兴人的认同,相沿成俗,是绍兴几千年来立州、立府、立人的根本精神支柱。鲁迅的硬骨头精神和韧性精神、孺子牛精神就是从绍兴的这种"群体精神"中演化过来的。1939 年,在抗日战争烽火中,周恩来在故乡越王殿发表了慷慨激昂的演说,号召父老乡亲"模仿大禹与句践之耐劳奋斗意志",他倡导传承的也是这种精神。

第二章 越文化精神的内涵

　　文化精神是该文化成员在态度、情绪以及价值观上所表现出来的精神品质,因此,群体人格是文化精神的基本载体。之外,文化精神还通过文学、哲学等社会意识形式和物化产物表现出来,是一种普照之光,广泛地映显在人及活动和产物的各个方面,弥散在一切有形或无形的"人造物"之中。在文化精神的各种载体中,群体人格具有直接现实性的特点,也就是说,它最直接、生动和真实地体现文化精神。其他载体,无一不是人的活动产物,因而无一不是以群体人格作为中介来分有文化精神的。

　　文化精神是理性提炼的结果,更为一般化,具有超感觉性。从这个意义上讲,文化精神是一般,群体人格是个别,二者是共性与个性的关系。所以,尽管本书是通过越地群体人格来透析越文化精神的,但不能简单把越文化精神等同于越地群体人格。

　　文化精神是具体的、历史的。本章所讨论的越文化精神,不是历史上某个时期的越文化精神,如越国时期或秦汉时期,而是当今越地人赖以生存之物,是他们的固有心态、性情和情操。这种精神源自于当今越地人的群体人格,是对其理性加工、提炼的产物。在这个过程中,我们努力使它保持"原生态",也就是说,无论其价值怎样,我们都只作"实然"性的阐述。

如前所述,文化精神是使一个群体不同于其他群体的那些精神特质的总和,本质上是区别性概念。这些精神特质,首先应当被人们广泛认同,已经内化到多数人的理想信念、行为方式乃至风俗和习惯中去,是当下就具有的东西,而不是"应当具有"的目标;其次,它在对内具有普适性的同时,对外必须有区别性。依照区别的程度不同,可以将文化精神的特质划分为两类:一类是区别程度较低的特质,如勤俭精神、爱国主义精神等,它们尽管在每一种文化中受其他特质的影响而在内涵或方式上呈现出差异,但通常不能为某种文化精神提供特征性的东西,可以加上括号,搁置起来;另一类是区别程度较高的特质,如隐忍精神、柔韧精神等,对越文化精神而言,就具有特征性。这类特质是文化精神的基本特质,在研究中必须重点关注。

对于越文化精神的基本特质,可以从不同的角度领悟,或从不同的方面概括。本书基于当代越地群体人格的分析,将越文化精神的基本特质,概括为七个方面。

一、足智而寡勇

> 尚智,工于心计,讲究谋略,以智取胜,多思多虑,瞻前顾后,胆量小,闯劲不足。

越文化自古以来一直有"尚智"血脉。越地自然环境复杂多变,面海临江,地形起伏不平,培养了越地人顺应自然、因地制宜的生存能力,孕育出机警敏锐、精明变通、善于谋略、以智巧取的精神品质。大禹是越地人传说中的祖先,他的功绩是治愈了多年不息的洪水。他善于在前人失败的教训中寻找成功之路,尊重自然规律,多谋善断,改"堵"为"疏",平息水患,使人民得以休养生息,成为人们心目中的智慧化身。

如果说大禹在与水的抗争中彰显了智慧的魅力,那么越王句践卧薪尝胆、灭吴称霸,则在与人奋斗中凸显了谋略的威力。公元前494年春天,吴王夫差为报父仇而向越国发动战争,并且打败了越国。当时,越王句践面临的严峻态势是，或者承认失败，甘心事吴，成为附庸；或者保存实力，等待时机，重整旗鼓，东山再起。句践在大臣范蠡和文种的谋划下，坚定地选择了后者。他忍辱负重，入吴国为奴仆，表面上奴颜婢膝，装扮成落魄之人，暗中却紧锣密鼓地做着卷土重来的各种准备。为了实现振兴越国、报仇雪耻的目的，句践隐忍以成事，瞒天过海，为达目的，不择手段，终于如愿以偿，成为我国古代谋略史上的经典人物。

讲究策略和计谋，"权机变"，少以力敌、多以智取，这是越文化最为典型、影响最为深远的特质，也是其尚智精神的底色。句践及谋士们的复国、强国谋略，已成为后人学习的典范。其中，文种提出的"灭吴九术"，堪称一绝。他指出，在越国面临山穷水尽时，要坚信福祸会转化；在吴越力量相差悬殊时，要卑辞厚利，忍辱求和；在争得休养生息的机会后，要麻痹敌人，发展自己，利用敌人内部的矛盾，迎合敌人急于称霸和安于享乐的心理等，促使敌人走向衰弱。句践采用文种之术，顺利完成了灭吴大业。

对智谋的追求，在明清两代的绍兴师爷群体中达到了又一个高峰。如前所述，绍兴师爷与幕主之间是一种非主非仆、亦主亦仆的关系。这种关系决定了他们必须以足智多谋求得幕主的欣赏，以干练老道赢得幕主的倚仗，也就是说，智谋几乎成了他们安身立命的法宝。他们需要以委婉圆通的方式处理各种事务和关系，需要具备"计谋千条足，智慧万丈深"的本事，善断疑难悬案，机灵敏捷，随机应变。师爷是谋略大师，他们的思维品质深深地影响了越地人，在民间受到了广泛的认同，成为不少越地人仿效的楷模。

这种尚智、养智、用智的传统，沿袭至今，血脉不断。改革开放以来，在勤劳致富的大潮中，越地民众千方百计谋发展，千言万语找客户，取得了不凡的业绩，使尚智精神在当代得以延续。此外，越地在三十多年间，率先发展了乡镇企业，为绍兴农村工业化和统筹城乡发展，奠定了基础；率先在全国进行国有、城镇集体企业改制，创造了绍兴经济的生机和活力；率先在全省探索了"四自工程"建设，开了城市基础设施投融资体制改革之先河；率先提出"四统一、一集中"的城市土地经营管理模式，较早建立了城市土地收购、储备和公开出让的运作机制；在全省率先提出并实施"科教兴市"战略，并积极探索产学研联动机制，推动了产业升级和技术进步，成为全国科技创新示范市。与此同时，"枫桥经验"、"民情日记"、便民服务中心经验在

越文化精神论

通越文化论
· 92 ·

创新中扎根绍兴,走向全国;国家卫生城市、国家环境保护模范城市、中国优秀旅游城市等国家级荣誉在创新中声名远播。这一切为越文化的尚智精神注入了新的时代内涵。

遗憾的是,在如今的越地人中,老祖宗与天奋斗、与人奋斗的"勇气"丧失了许多,没有像"尚智"那样得到很好的传承。在三十多年改革开放中,地处东南沿海的越地人,总体上处在不快不慢的状态中。做事情既不落后,也不冒进,而是适时"跟进"。"搭便船"的现象比较普遍,首创、原创的东西并不太多。个中原因不在于认知方面,而在于做开创性的事情,是要承担风险的,而这与当今越地人做事的风格是格格不入的。这种状况与市场经济的内在要求不相适应,也不合时代潮流。对此,许多政府官员和学者大声疾呼,要发扬越国时期的"胆剑"精神,在当代的越地人中培养敢闯敢冒的胆识,弘扬敢想敢干的精神。

从源头上讲,越文化确实有"尚武"的基因。大禹治水,与天奋斗,平定九州,可谓勇气超人。越国时期,尚武好剑成了古越之民风。"吴越之君皆好勇,故其民至今好用剑,轻死易发。"①弱小的越国敢于和强大的吴国抗争,越卒"锐兵任死",不可谓不勇。战国时期,中原人视越人为猛虎,可见越人之勇猛已昭然天下。此后,每当国家到了生死存亡的紧要关头,越地都会涌现一批忠烈义士,或文或武,皆能为国家民族慷慨赴义。这种血性烈风一直延续到了近代,尤其在辛亥革命中达到了一个新的高潮。但是,当国家处在相对平和、稳定的时期,越地人则显得柔弱胆怯,谨小慎微,几乎看不到硬朗和豪爽之气。周作人在评论张岱(宗子)《陶庵梦忆》时说:"不知从什么时候起的,绍兴的风水变了的缘故罢,本地所出的人才几乎限于师爷与钱店官这两种,专以苛细精干见长,那种豪放的气象已全然消失。"尽管有人不赞成这个看法,但有一个基本事实能够佐证周先生的观点,即近代以来,越地名士中绝大多数都是"尚智"型的人才。这种重文轻武的倾向,从一个侧面真实地反映出越文化精神的价值取向。

从越国先民的强悍、刚烈和"任死",到"豪放的气象已全然消失",个中有着众多的因素在发生着作用。譬如,中原儒家文化的传播,越地人口的迁徙,生存环境的改善,秦汉以后相对和平的生活等等,但笔者认为,最为

---

① 班固:《汉书·地理志》。

重要的原因是古越文化的"尚武"、刚烈,是以"死地"、"绝境"为前提的,是在没有退路的情况下迸发出来的胆气,是"求生"本能的自发反应,它原本就有被逼无奈、拼死一搏的色彩。

发生在春秋末年的吴越之间的战争,充分彰显了越人的勇猛。仔细分析可知,这种群体性的"轻死易发"倾向,若除去迷信、巫术之类的作用外,就在于这是一场争夺生存权的生死之战。越国与吴国,"三江环之,民无所移,有吴则无越,有越则无吴"①。对越国来讲,要么战胜吴国,得其地处之,得其民使之;要么成为吴国的附庸,做吴人的奴仆,任人宰割。第三种可能是不存在的。所以,对越人来讲,与其做人马牛,不如战死沙场。这就不难理解句践复国雪耻的决心为什么能得到民众的支持,也不难理解为何有"三千越甲可吞吴"的气概。然而,灭吴之后,在句践称霸中原的过程中,越人的勇猛就大不如前,士卒中甚至出现了出师"苦之",退师"悦乐"的现象。从好战转变为厌战,个中原因就在于越人面临的"死地"、"绝境"已不复存在了。

大凡有一点退路,绝不好勇斗狠,铤而走险,这是中国人的常性。在生活没有严重困难的情况下,中国人习惯安守现状,不喜欢冒险。但经济匮乏到无以为生,或遇到严重饥馑,或发生了残酷的战争,如若守在家中,只能坐以待毙时,便会不顾一切,舍弃家乡流落他处,或铤而走险,干出"大逆不道"的事情。穷困、饥馑、战争,在过去数千年内,几乎代代都有。因此,每个时代,每一年都有大量人口由家乡往外逃,以求生存。我们几乎可以在世界任何一个角落,找到华侨在那里谋生营业。中国人到外国去谋生,很多是冒险前往,事先很少有计划与安排。但他们一旦定居下来,有了根基,有了同乡或同胞作为邻居,尤其是成了一个家族之后,就又很快恢复其守常性格,不愿意再冒险了。可见中国人的冒险,在过去数千年中,常是迫不得已的事情。越地人也不例外,而且这点在如今越地人的性格中得到了完好的保存。我们在分析越地群体人格时曾指出,越地人胆小怕事,轻易不去触犯规范,是想求得事业顺达与生活安稳。一旦断了这个念想,不管天王老子,他都敢叫板,而且能够翻江倒海,日复一日、年复一年地拼斗下去。假如这场斗争为自己赢得了生存所必需的条件,过安稳日子的想法又

---

① 《国语·越语上》。

会使他再次变得安分和怯懦起来。

在越地的历史上，"绝境"毕竟有限，在寻常百姓的一生中，活不下去的时候也屈指可数。所以，古越先民的烈性在历史的流变中，随着文明的进步，无法获得有效的强化。退化是不可避免的。

对智谋的高度依赖，也加速了退化的进程。越地人以精明著称。这种精明不仅体现在公务事业上，更重要的是渗透在日常生活里，体现在邻里交往中，也就是说，"以智取为上"成了越地人活动的一种基调。脑子灵，自然办法多，这使越地人遇事优先选择"智取"而不是"强夺"。所以，他们做事情颇具道家风范，惯于采用以柔克刚的策略。道家常用水作比喻来说明柔能克刚的道理。水的主要性质是柔、处下、滋润万物而不争，遇到岩石之类的坚硬物体挡道，则绕行，遇到高的地势，就处下，在圆形的容器中为圆，在方形的容器中为方，被污垢混浊后，会慢慢自己澄清。水是"至柔"、"至弱"、"不争"的范例。然而，水又是"至坚"的。老子说："天下莫柔弱于水，而攻坚强者莫之能胜。以其无以易之。弱之胜强，柔之胜刚。天下莫不知，莫能行。"①又说："天下之至柔，驰骋天下之至坚。"②老子告诉人们：越是处在卑下的地位，其所蕴藏的潜能就越大；越是谦让，就越能激发其进取之心。然而，他忽略了一个简单的道理：柔与刚，似马与牛，本为两类，不可混同。柔之胜刚，刚亦可胜柔，何者更强，当依条件而定。简言之，柔，并不是万能的。

脑子灵，它也会使越地人顾虑重重，畏缩不前。长此以往，心性必然远离豪放大气，胆子越变越小。工于心事，温顺平和，耻于用暴，重文轻武，缺乏冒险意识、个性意识和英雄意识，这就是如今的越地人。

越地人自保、求稳的人生观，从根本上抑制了"尚武"精神的传承。中国几千年的封建专制统治和险恶的政治生活，加上生死、祸福之无常，使得越地人一般都认为世事艰难，人生苦短。他们普遍对参与公共事务缺乏热忱，对别人的事情也缺乏关心。做事，不敢为天下先，做人，主张循规蹈矩。在他们看来，仗义执言、打抱不平，那是"毛头小伙"的不成熟的表现。要想在社会上"混"得顺当一些，求得一丁半点发展，最好是不要过问那些由"食

① 《老子·道德经》第七十八章。
② 《老子·道德经》第四十三章。

第二章 越文化精神的内涵

肉者"过问的事情，别人的闲事也尽量少管。"闲事少管，饭吃三碗。"因为好管闲事，一则无用；二则弄不好还于己有害。他们奉行避世原则，遇事不动声色，事不关己，高高挂起，不惹麻烦，怯弱巧滑，洁身自好。

二、事功而疏情

踏实勤奋，着眼于当前。逐利，取实惠而不事浮华，不好玄思遐想。独立，自强，以利害为准则。冷漠，淡泊。

当今越地人崇尚实干，勤劳惜时，讲究实效，不把时间花在"不打粮食"的事情上。越地有一则口头禅："做人做人，总要做。不做，怎么成人？"把做事与做人等同起来，把做事看做做人的先决条件，这种对做事的高度推崇的民众意识，在其他区域文化中是并不多见的。做事自然是为了获利，不为利而做事，在一般越地人看来是不可思议的。所以，凡事都应该求利，反映在自家做事上，要讲究成本，量力而行，多动脑子，尽可能提高收益；与人合作共事，要想方设法尽量使自己的利益最大化，蚀本的事不做，无利可图的事也不做。然而，利有大小之分，也有当前和长远之别。大利、小利都是利，故凡利皆求。但是，目前的利，实在、可得，得则安之；而长远的利，犹如"画饼"一般，不可靠，故求实而不务虚，以实惠为首选。求实利，凭的是实力，所以，做人必须自立、自强，要靠自己的本事吃饭，靠自己的努力发展。亲情自然要重视，但友情不必过多牵挂，至少，不应为了友情而损利。所以，如今的越地人有鲜明的功利主义倾向。

从历史上分析，越地的自然环境为这种事功倾向提供了培育的沃土。先秦时期，海侵对浙东沿海地区仍有很大的影响。随着海退，平原又逐渐露出海面，形成潮汐直薄、泥泞不堪的湖沼平原，开发极其艰难。当时越地人生活的自然环境十分恶劣。《管子·水地篇》说："越之水浊重而洎，故其民愚疾而垢。""愚"者，断发文身、免冠徒跣；"疾"者，患病或受到毒蛇猛兽的伤害；"垢"者，污秽不堪。到了东晋，会稽等地的自然环境才开始好转起来。自然环境虽然总体上好转，但经常出现的自然灾害，更是对越地人的一种锤炼。灾异以水灾和旱灾为多。"从公元前494年到公元1911年，计2405年，其中全省内各地有水灾发生的共有741件。从公元前190年到公元 1911 年,计 2101 年,其中全省内各地有旱灾发生的共有 546 年。"①越地人为了生存和发展,必然要适应、抗争、改造自然环境,因此,越地人抵御频发的自然灾害,对他们的生产方式、生活方式、思想观念等产生了重要影响,打上了深深的务实的印记。明末地理学家王士性在其《广志绎》中对越人的生存情况作过这样的描述:"宁、绍、台、温,连山大海,是为海滨之民⋯⋯,海滨之民,餐风宿水,百死一生,以有海利为生不甚穷,以不通商贩不甚富,间阎与缙绅相安,官民得贵贱之中,俗尚居奢俭之半。"由此可见,时至明代,越地人的生存条件还是比较艰难的。

宋代以来,浙江人口众多与耕地稀缺的矛盾逐渐凸显出来。这种状况愈演愈烈,直到今日仍旧十分严峻。1993 年,浙江省的人口密度为 427.3 人/平方公里,同期全国平均 123 人/平方公里,而世界平均 41 人/平方公里。近年来,由于人口的增加,非农建设用地的扩展,浙江省人均耕地面积持续下降,有数据显示,浙江省人均耕地 0.55 亩,数量居全国最末位;人均资源拥有量综合指数居全国倒数第三,资源十分短缺。

总之,越地并没有为越人提供优越的生存环境,与北方许多区域文化区相比,这里的人面临着各种自然灾害和生活资料匮乏的窘境,为获取生活必需的物质条件,需要付出更多的艰辛努力,这为培育越地人克勤克俭的精神,提供了良好的外部条件。与其他地区的人相比,越地人的勤俭有过之而无不及。勤,竭尽全力;俭,"去其无用之费"②。前者是开源,后者是节流。只要稍微关注一下越地人的生产和生活就不难发现,在这两个方面,越地人都堪称国人的楷模。所以,越地人十分懂得自己的付出必须要有实际的回报,要能满足吃、住、行,以及繁衍后代的各种实实在在的需要。

越地悠久的商业文化也孕育了越地人的事功取向。春秋战国时代越国的范蠡(陶朱公),帮助越王句践,发愤图强,终于战胜吴国。成功之后,弃官不做,从越"浮海出齐","耕于海畔",又经营商业,成为当时有名的大商人,至今仍被民间尊为商贾的鼻祖。范蠡认为:"时将有反,事将有间。"③主张要善于抓住一切机会,利用客观形势中一切可以利用的条件,夺

---

① 浙江省社会科学界联合会主编:《浙东学派与浙江精神》,浙江古籍出版社 2006 年版,第 263 页。

② 《墨子·节用上》。

③ 《国语·越语下》。

取胜利。计然也是越王句践争霸的一大功臣,他也从事商业经营,"处于吴楚越之间,以渔三邦之利",提出了"时断则循,知断则备"的经营理念。①《史记·货殖列传》中记载了他关于经商之道的话:"论其有余不足,则知贵贱。贵上极则反贱,贱下极则反贵。贵出如粪土,贱取如珠玉。财币欲其行如流水。"他主张开"官市"以调节市场、稳定物价,对后世影响极大。秦末、汉末、魏晋南北朝及隋末的大动乱曾给中原地区带来一次次浩劫,而越地却相对稳定,社会经济持续发展,会稽成为仅次于建康的最为繁华的都会。在南宋时,绍兴就有照水坊、清道桥、大云桥东、古废市、江桥、大云桥西等八处集市。此后直至清代,越地在浙东区域经济文化发展中发挥着重要作用。从清光绪年间开始,人们纷纷来绍经商,上大路一带由于水陆交通便利,商贾云集,店铺林立,曾一度是绍兴钱庄、银楼较为集中之地。可以说,工商业在越地人的生活中一直扮演着重要的角色。相比于中原文化所具有的厚重的伦理——政治文化色彩,越文化表现出了鲜明的经济文化的特征。因此,如果说中原人的理性更多地体现为道德理性的话,那么越地人的理性则带有鲜明的经济理性的性质。具有经济理性的人,在日常生活中习惯按照"经济人"的行为偏好来进行选择,鄙薄空谈,崇尚实干,轻视说教,追逐实利,注重世俗享受,这些都是他们的基本价值取向。

越地不是浙东事功学派的发源地,但深受这一学派的思想影响。浙东事功学派把自发的功利倾向提升为功利主义价值观,使之成为与正统理学相抗衡的思想体系。陈亮在与朱熹的争论中认为,义要体现在利上,义利双行,缺一不可。他所谓的"利",并不是毫无节制的一己之私利,而是"民生之利"。他说:"禹无功,何以成六府? 乾无利,何以具四德?"②与朱熹主张王道与霸道不可调和的观点相反,陈亮鲜明地提出了"义利双行,王霸并用"的主张。事功学派还对人欲的正当性、工商的本位性进行了论证。在做人的标准上,陈亮对朱熹提出"醇儒之道自律",做"独善其身"的君子儒的观点,表示了鄙夷。他提出"志在天下"的做人标准,主张做"大有为"的豪杰,"推倒一世","开拓万古"。义利并重的功利主义价值取向,是事功学派最受主流思想非议的主张,但也正是这种异端思想,鲜明地体现了事功

---

① 参见《越绝书·计倪内经》。
② 《宋元学案》卷五十六《龙川学案》。

学派的思想传统。浙东事功学派对正统理学"存天理,灭人欲"观念的非议,以及对商业和商人的道德辩护,激发了后人对功利之正当性的深入思考。明代思想家陈确认为,对私利和物欲的追求乃是人的自然本性。在他看来,人之于利,如同口之于味、目之于色、耳之于声一样,是人之本性。人的自然欲望是人类社会充满生机和活力的重要根源,"所欲所聚,推心不穷,生生之机,全恃有此"。因此,"存天理"并不应"灭人欲",相反,"理在欲中","人欲正当处即是天理"。

古越人处在"陆事寡而水事众"的水环境中,个体家庭是主要的劳动组织,没有条件形成像北方地区那样的从事共同生产和生活的大家族。"无冻饿之人,亦无千金之家",难以形成错综复杂的人际关系网络,故以宗族血缘为基础、强化情感关系的中原礼教文化,在越地没有生根、推广的基础。作为例证,在越地出土的青铜器中,数量最多、做工最考究的是兵器,其次是匠器和农器,专用的礼器几乎没有;而北方出土的青铜器多见于礼乐之用。在与水性利害交错的互动中,无论在思想上还是行为上,越地人均少受他人的牵扯,也较少得到他人的关注,保持着个体自由的空间与活力。集中记录越地历史的《吴越春秋》和《越绝书》两部著作,读来都是个性飞扬的故事。在这样的文化氛围中,越人的主体意识得到较好的锤炼,比中原人有着更自觉的个体价值观念。这一点在全国各个区域文化中显得十分特殊。所以,他们崇尚自立,追求个人奋斗。表现在情感上,除亲情之外,对其他的情感,如师生之情、同学之情、同事之情等,重视不够,显得比较冷漠。当然,这里所说的"重视不够",是说越地人不把"情"置于"功"和"利"之上。在不伤害功利的情况下,越文化也是看重"情"的。有越谚说:"好勿过个穷兄弟,谋勿杀个自家人","易得者田地,难得者兄弟"。同胞如手足,家庭团结是第一位的。同时家庭内亦要保持个人或小家庭自主。"亲兄弟,明算账","靠亲勿富,对食勿饱"。既重视血脉亲情又讲究经济自立,反映了越地劳动大众经济理性的成长。今天绍兴人的自立精神与理财能力,多少是与这种经济理性相联系的。在现实生活中,有亲属接济固然好,但有时亦免不了兄弟反目,"亲眷勿交财,交财要恶开"。但是在处理家人与外人的关系时,则"拳头打出外,手臂弯进里",以家庭关系排斥社会关系。当然这种排斥更多的是维护家庭与家族利益,而不以破坏与侵占他人利益为主要目的。相反,在社会关系并不十分紧张的情况下,越地劳动大众是力求与左邻右舍、同乡同行和睦相处的。所谓"远亲勿如近邻",希望"屋里无有病人,路里无有仇人",就反映了越地劳动大众的这种心态。显然,处理好社会关系,于己有利,于人有益。

显而易见,事功之学是造成越人"疏情"的重要原因。追求事功,首要的是一个"利"字,所以,必须在人际互动中追求实惠,待人处事以利害为准则。至于"情"字,它需要用利他行为来精心呵护,是只有付出才能获得的一种回报,而且这种回报是心理的而非物质的。更重要的是,重利和重情,犹如鱼和熊掌一样,在许多情况下不可兼得,也就是说,为了情是要抛弃利的。所以,对于情感,明智的态度是"敬而远之",不去纠缠它或被它套住。

对自然的神秘感和敬畏心理,自古以来就使越地人的宗教意识强于北方人。天地、山川、日月、风雨雷电等等,皆为越地人的原始崇拜对象。谈天说地、讲神论鬼的氛围,助长了越地人空灵、飘逸的神思。这在给他们提供精神慰藉的同时,也使之对世俗生活的感情产生了一定的超越。

三、进取而崇稳

对人生持进取态度,但推崇适时和适度。追求稳扎稳打、稳中有进。不破釜沉舟,不为天下先,量力而行,留有余地。

中国古代哲人认识到宇宙是一个生生不息、流迁不止的无限过程,主张人们应该效仿天的精神,积极有为,永不停步,通过不懈的努力,得以不断发展和壮大。人生的价值就体现在不懈的努力之中,这就是所谓"天行健,君子以自强不息"①。儒家反对停止的观点、悲观的观点和无所作为的观点,倡导积极进取、昂扬向上、勇于担当、有所作为的人生态度。这与古越文化精神的风貌是基本一致的。

从源头上讲,越文化充满了积极进取的豪迈精神。大禹治水,英勇顽强、担当大任、奋发有为,令万世敬仰。越王句践入吴为奴,"三年不愠怒,面无恨色",回国后卧薪尝胆,"十年生聚、十年教训",励精图治,坚忍不拔,终于东山再起,成就霸业,彪炳史册。他们是古越文化进取精神的人格

---

① 《周易·乾卦·象传》。

化身。

越国时期,尤其是句践迁都琅邪之前的那段历史,是越人最为奋发有为、最富有生命活力的阶段。在吴越征战中,越人的进取心和峻烈而任死的强悍精神被演绎到了极致,创造了使一个弱小国家成为春秋霸主的神话。在这一时期,越地农业、手工业和商业也都获得了快速发展。青铜和铁制的兵器、农具已普遍推广使用,土地普遍得到了开垦,种植了水稻、黍、粟、麦、豆等粮食作物,蚕桑业和畜牧业也发展较快,冶炼、制陶、纺织、造船、建筑、酿造、制盐等手工业门类齐全,分工细致,出现了商贸活动和"官市"(集市贸易)。越人昂扬进取的努力,使越国在很短的时间内告别了"荒蛮之地",追赶上了先进的中原文明。

秦始皇统一全国后,于越民族这个历史上曾赫赫有名的强悍民族,在一次次的人口迁徙中,逐渐在越地消失了。然而,于越民族那种进取、有为的精神,并没有随之消失,而是在越地人中以新的方式传承下来,也就是说,越文化的进取精神由于历史境遇的变化,加之受到中原文化的影响,在实现方式上,从强悍转向柔韧;在着力点上,从开疆拓土、攻城掠地转向了经济和文化建设。从那时起,越地在千年历史上,无论政治、经济和文化方面,在浙东地区一直保持着它的先进性。改革开放三十余年越地所取得的建设成就也表明,越文化精神自古到今,从未丧失过进取的品格。

问题在于,进取有积极和消极的区别。积极进取,是指主动的、自觉的、自愿的向上努力,向前拓展;而消极进取(这个用语似乎有点悖论的味道,其实不然),是迫于压力、无法逃避、不情愿地有所作为。譬如,我国高校中有一些人,搞科研的目的就是为了晋升职称,是不得已而为之的事情。在他们当中不乏有潜质和水平的人,其成果中也不乏学术精品。然而一旦达到目的,这些人从此就会"金盆洗手",不再染指论著或课题了。越文化的进取精神还不能简单用积极或消极来加以评说,因为它的进取,受制于"求稳"这种价值观的支配——能够做到稳妥的,就积极进取,反之,则消极进取,甚至右顾左盼,止步不前。

何谓"稳"?从词义解释,是"可靠"、"牢固"、"妥当"、"有把握"之意。作为一种价值目标,主要指"稳妥"、"稳健",即做事稳定可靠、不轻浮冒进。可见,"稳"的祈求是"安"——安全、安生、安定、安宁、安逸。安则需稳,稳则方安。"安"与"稳"密不可分,有"安稳"一词佐证。这大概就是越地人对"稳"字的理解。

中国传统文化有"安息为本"的传统。"安息"谓安处,即安身立命之处。《诗·小雅·小明》有"嗟尔君子,无恒安息"之说。至于该词的其他含义(如对死者的悼念等),均与这里所说的安息无关。早在五四运动时期,"安息"一词就被用来评述文化及人生价值取向。陈独秀和李大钊等人就曾提出中国的传统文化以安息为本的观点。在《东西民族根本思想之差异》一文中,陈独秀写道:"西洋民族以战争为本位,东洋民族以安息为本位。儒者不尚力争,何况于战;老氏之教,不尚贤使民不争,以佳兵为不祥之器。故中土自西汉以来,黩武穷兵,国之大戒。佛徒去杀,益堕健斗之风。世或称中国民族安息于地上,犹太民族安息于天国,印度民族安息于涅槃,安息为东洋诸民族一贯之精神。"①李大钊在《东西文明根本之异点》一文中,也有东洋文明和西洋文明一为安息,一为战争之说。显然,他们所说的安息,主要指"息争"、"戒斗"。

从中国传统文化的渊源分析,越地人求稳、祈安的心灵状态,似儒又似道,非儒又非道。按照儒学的人生观,既然宇宙是永无终止的变易大流,人的生命只要一息尚存,就应让永无宁息的精神来支配自己。"生无所息",人当自强。依靠自觉的不断努力,达到充实、饱满与刚健,儒家对人生的这种态度和要求,并不完全符合越地人的胃口。然而,它的"保生"之说,倒颇合越地人的口味,并内化为他们的价值观。在儒学理论中,"生无所息",当以生为前提,作为宇宙造物的人,一旦产生,立于天地之间,自然要无比珍惜这生命,以"保生"为务。人欲"保生",首先必须使生命顺于自然,在适应自然中求得生命的健全发展,这正如裴頠在《崇有论》中所说:"人之既生,以保生为全,全之所阶,以顺感为务。"然而,"保生"就须满足人的欲望,具备使人的欲望(如饮食男女)得以满足的物质条件。对此,儒学并不是一概加以否定,只是强调在这方面不可走得太远、要求太高,要节制欲望,并使满足物欲的行为适可而止,如若不然,"厚生"反而会"丧生"。从这个意义上讲,传统的越地人倒是真正的孔孟之徒。因为他们安于既得的心态与儒家的"保生"观念是不谋而合的。

---

① 《五四前后东西文化问题论战文选》增订本,中国社会科学出版社1989年版,第12—13页。

道家"贵无",主张追求超然物外、无所不适的逍遥人生。但越地人"身家念重",终日为自家利益奔波,为物所累,活得并不那么潇洒。越地人并不想为了人生的逍遥、自由而抛弃一切,如功名利禄以及"保生"所需的物质条件等。相反,如果这些东西是既有的,倒是十二分珍惜。或许,正是由于过分珍惜这些东西,越地人才变得胆小起来。诚然,越地人追求闲适,但这是一种"有待"的安闲,是在满足人生需求基础上的不再为"厚生"而付出努力所带来的闲逸。所以,越地人并不是正宗的道教传人。然而,越地人又似乎相信老子教导孔子的那一席话:"去子之骄气与多欲,态色与淫志,是皆无益于子之身。"①因而,面对自然、社会和人生,越地人惯于采取一种守势。

越文化对"稳"的推崇,有着深刻的历史和环境的原因。如前所述,在以农业为主的自然经济时代,越地早期的自然环境恶劣,人们必须辛勤劳作才能生存,生活资料来之不易,人们备感珍惜。自秦汉之后,环境虽有改变,但与北方许多地区相比,生存条件并不优越。尤其是宋代以来人多地少的矛盾,使越地百姓长期处在生存压力之下,终日为生计奔波。这种自然生态环境培养了越人的节俭和勤劳,而这种品质又加剧弱化了他们的积极进取精神。台湾学者李亦园、杨国枢指出:"无论是顺从、勤劳或节俭,本质上均属于保守的性格。"②因为这些品质不是要开创一个新世界,而是在旧世界里替传统尽责。在中国传统社会中,一般人所引以自豪的,不一定是自己有多了不得的成就,而是保住了祖宗创下的家业;老年人对晚辈常常不是鼓励去做更大的事业,而是要求他们守住祖业。总之,在传统中国社会,鼓励进取、创新的事非常少,保守、退缩以及安分知命的言论则非常多。

改革开放,尤其是实行市场经济以后,越地取得了许多成就,也有一些全省甚至全国的"率先"创举。但仔细分析可知,这些首创大多是没有大的政治或经济的风险。最典型的例子莫过于绍兴创造的"混合经济模式"。它既不属于"温州模式",也不属于"苏南模式",而是兼而有之,糅"社"和"资"为一体,不用承担任何风险。所以,越地不像广东那样,一般不会制造

---

① 《史记》卷六十三《老子韩非列传》。
② 李亦园、杨国枢:《中国人的性格》,江苏教育出版社 2006 年版,第 53 页。

出能引起全国争议的东西来。越地企业老板也是一样,他们想发大财,但又以稳妥为首要原则,看不准就等,风险大就撤。这种稳健的风格使他们避免了大起大落,也使他们不够霸气,很难做一番惊天动地的伟业。进取的风险,也随着竞争而深入到越地百姓的意识中。他们看到了凡是积极进取者,其命运不是大起就是大落。虽然他们期盼大起,但惧怕大落,所以明智的选择是"小打小闹"。这种"小打小闹"式的进取,即使失败,不会伤筋动骨,毁了生存的根基,充分满足了"求稳"的要求。所以,它成为许多越地人首选的一种进取方式。这就不难理解,在改革开放的大潮中,地处东南沿海的绍兴,为什么弥漫着一种"小富即安"、"小进则满"的情绪。有句越谚:"上游冒险,下游危险,中游保险。"不去冒险,远离危险,求得保险,这是对"进取而崇稳"的最好诠释。所以,越地人不缺做大事的智慧,缺乏的是做大事的冒险精神。

四、求新而务实

要求新事物有实效,不图虚名,理智,不轻信。不丢弃传统,而是择其善而存之。惯于在新与旧的结合上下功夫。倾向以低成本和低调求新,故而强于模仿,少于原创。

天行健,但并非周而复始、生死轮回,而是一个无限发展的过程。在这个过程中,一些新的东西产生了,一些过时的东西消失了,还有一些过去产生的东西被传承了下来。所以,如何对待新与旧,是任何文化都无法回避的问题,也正是在这个问题的解答上,形成了不同文化或同一文化在不同历史阶段上的差别,映现出在态度、情绪和价值观上的不同取向。通观如今越地人在新与旧问题上的种种表现,其基本特质可用"求新而务实"加以概括。

尽管在历史上越王句践以"俗异"为由,辞谢了孔子,对中原礼教文化采取了拒斥态度,但总体上讲,越文化自古至今是善于学习和乐于接受新事物的。自秦汉以来随着北方人口的不断南迁,越地人学习和采用了中原先进的农具和农业生产技术,不断提高了农业生产力,使会稽成为有名的江南"鱼米之乡"。文化上也是如此,东晋"永嘉之乱","中州士女,避乱江左者十六七",许多士族大姓,携宗族、部曲、宾客及同乡同里纷纷南迁,随从一户南迁的往往有千余家,促成了越地历史上第二次民族融合。这次融合不仅促进了越地经济的发展,出现了"今之会稽,昔之关中"的繁荣景象,而且因迁入会稽的多为名臣和文化名士,如王羲之、谢安,还有高僧隐士竺潜、支遁等,有力地促进了越地文化和佛学的发展,使会稽成为"文化之邦"。有一个基本的历史事实耐人寻味:尽管秦汉以来,越地有多次大规模的移民迁入,但历史上没有像闽、粤等地那样,在土著居民和移民之间形成隔阂,也没有出现诸如"客家人"此类的称谓,专门用来指称外来者。或许经过秦始皇的强行迁徙,越地的于越族人已不复存在,或许迁入者在文化上处于强势地位,土著人无力排斥,但不管怎样,历代越地人的开放心态是必须肯定的,而这种开放心态是对越文化求新精神的极好证明。

这种学习的精神和开放的心态,在如今的越地人中也得到了很好的传承。在越地三十余年改革开放取得的成就中,有许多是学习借鉴外地先进经验,结合本地实际进行再创造的结果。在绍兴的产业工人中,超过半数以上是外来务工人员,政府机关、学校和其他事业单位中,也有大量外地人。这些人在越地几乎没有受到地域性的歧视或排挤。越文化开放、兼容的品质由此可见一斑。

与善于接受新事物一样,越地对传统文化也格外重视。走进绍兴这座有 2500 年历史的城市,处处可以感受到古香古色的文化氛围。城市主要街道的建筑物充满了江南水乡的风韵,众多的历史文化古迹保护得完好无损,并得到了有效的开发,书法、越剧等优秀传统文化在民间有着广泛的基础,得到了很好的传承,节日庆典中洋溢着浓浓的地方风情。除此之外,越地人更注重本地传统文化中优秀精神品质的弘扬。21 世纪初,他们以越王句践卧薪尝胆、报仇雪耻、成就霸业的历史典故为题材,从中提炼出"胆剑精神",以此作为推动区域经济社会发展的精神动力,这在国内是并不多见的。

越文化之所以具有求新而不厌旧的品质,应归因于它的务实精神。越文化的务实精神由来已久,在越地各个朝代的多个方志中,都有关于越地人质朴、务实、有古风等描述。即使像陆游这样的文人,也不能超然于务实之上。他归隐山阴后,亲自参加耕作,在《杂兴》中说过这样一段话:"谋生在衣食,不仕当做农。识字读农书,岂不贤雕虫,妇当娶农家,养蚕事炊春。"他曾表示,自己是农家子弟,回归故里,务农谋生,是明智的选择。心学大师王阳明,在哲学上主张"吾心便是宇宙",然而在经济观上则主张"士以修治,农以具养,工以利器,商以通货,各就其资之所近,力之所及者而业焉,以求尽其心。其归要在于有益于生人之道"①。在鲁迅小说《孔乙己》中,"单衣帮"们之所以嘲笑孔乙己,就是因为他在举业、幕业、商业和馆业上一事无成,生计成了问题,还放不下读书人的臭架子。

在如今越地人的日常生活中,务实表现为讲实惠。实惠是实实在在能够得到的好处,是一种生活观念和态度。追求实惠能使人着眼当前、面向实际、精打细算,也易于使人专注于蝇头小利而疏离远大志向。越地人讲实惠的特点在消费上表现得尤为明显。绍兴以耕读传家闻名于世,在越地人看来,读书是正道,舍得在子女教育上大把花钱,因为子女成才不仅能光宗耀祖,而且还能"反哺"自己,是能够产生效益的一种消费。娱乐性消费则不然,在他们眼中,把钱花在这些方面不值。同其他地区相比,在绍兴人的消费结构中,文化娱乐性消费的比例是比较低的,高规格、高水平的文艺演出和体育赛事,由于价格的因素,在绍兴难以兴旺起来。这同越地长期以来积淀下来的追求实惠的消费心理不无关系。由此可见,务实精神,根植于越地民众之中,非常牢固;体现在日常生活的各个方面,特别突出。

《国语·晋语》中说:"华而不实,耻也。"越地人讲究实际,追求事功,轻视浮华,针砭空谈,鄙夷玄虚。黜玄想而务实际是越地人的特性。从务实、"致用"出发,求新而不求异,也就是说,把求新看成是求更大的实际效用。有效用之新才值得去求,无用之新,无论其怎样奇特或华美,皆置之不理。由于越地人坚持对新的事物的功利评判标准,因而在新的东西面前,能保持理智冷静的态度,很少盲从。同样,越地人的务实精神也体现在对"旧"的态度方面。传统的东西,如果能满足今人生存和发展的需要,有其积极的功用,就保存和利用,并积极实现向现代的转变;无用的东西,即便再具有特色,也将其束之高阁起来。越地人非常懂得传统文化中积淀下来的历史智慧的价值,他们在向外国学习的同时,从未放弃向历史学习,深谙毛泽东"历史的经验值得注意"的真谛。总之,由于以务实精神对待新与旧,越地人使原本对立的东西实现了和解,达到了和谐。

务实精神不仅体现在对"新"的判断标准上,也体现在对"新"的获取方

---

① 王阳明:《节庵方公墓表》。

式上。在这个方面,越地人的精明表现得淋漓尽致。首先,以低风险求新。新的东西总是过去没有的,因而总是创造出来的,故有"创新"一词。古往今来,在创新的路上,那些开拓者们没有一个人是不冒风险,也没有一个人是不付出巨大代价的。尽管他们都非常努力,但成功者毕竟是少数,多数人往往是一无所获。所以,创新是一项勇敢者的事业。对于越地人来讲,创新与他们崇尚的稳妥之间形成了巨大的张力。创新注定要以牺牲稳妥为代价,而稳妥又注定要以抑制冒险为前提。精明的越地人在求新与求稳这两个难以兼得的东西之间,以低风险求新,取得了一种平衡,使二者间的张力得到了缓解。所谓"低风险",用在政治上就是不出风头,不惹事,不遭人非议。在中国做事情,政治是"高压线"或者"禁区",碰不得,否则祸从天降,小官小吏和寻常百姓是承受不起的。用在经济上就是低成本,动辄投入上亿元搞新产品研发,一旦失败,连老本都赔光了,所以,明智的做法是"小搞搞",即使失败也无碍根本,或者干脆模仿别人的新东西,使之更加"精细化",这样做更加稳当可靠。用在社会生活或日常生活中就是不与习惯、习俗相差太大,不反传统,不成为别人眼中的"另类"。此种对"新"的求法,处处体现了务实精神。冒政治风险有玄想之嫌,多在"形而上"的理念方面,"不打粮食",故而不应之;冒经济风险有浮华之疑,好高骛远,不切实际,故而不可为之;冒世俗风险有张扬之弊,成为众矢之的,得不偿失,故而无须为之。

其次,以低调求新。越地人厌恶张扬,干事情喜欢低调,"不显山、不露水",不动声色,在默不作声中求得发展。然而,求新必然生异,异者,与众不同也,极易成为别人议论的话题,或成为新闻媒体炒作的"卖点"。问题在于,这种沸沸扬扬的议论,往往于事无补,甚至还会产生负面效应,使原本就有一定难度的求新过程徒增负担。所以,从追求事功的角度讲,精明的选择就是,在求新的过程中不声张,不渲染。即使取得成功,也不高调造势,除非它能带来更大的实惠。越地人深知"盛名之下,其实难副"的道理。

越文化"求新而务实"的精神,缓解了"新"与"旧"、"进取"和"稳妥"之间的冲突,非常符合道家"守中致和"的主张。诚然,"中和"思想也是儒家倡导的,但渊源是道家。"多闻数穷,不若守于中"①,"知和曰常"②。庄

---

① 《道德经》第五章。
② 《道德经》第五十五章。

子也有数言论之,如"和之以天倪"①,"游心乎德之和"②。道教皆以"中和"为教义,"中和"二字凝结了道家的智慧,其要旨是:行中正之道,执适度之法,达万物和合。从这个意义上讲,越文化精神中确有道家的基因。

以务实的态度求新,这种精神品质也有其内在的缺憾。所务之实,很容易被设定为眼前或近期的利益,实际上,把当前的利益作为归宿,这是一切功利主义在实践领域中很难摆脱的魔咒。而一旦把这样的利益作为判断"新"的标准,就会将观念和行为导入到一种狭隘性中,既看不远,也看不大,使人目光短浅,堕入急功近利的泥潭之中。此外,由于务实容易把精神和行为引向求稳,强化"守成"意识,因而在"求"新的过程中,冒险精神被弱化了,拼搏精神被淡化了,很难有大气度,很难出大手笔,很难抢占发展的先机,无法利用到"先发"优势,最终难以成就大业。

五、因循而权变

维护基本秩序,顺应正统观念。推崇规范意识,讲究规则。不呆板、僵死,擅长灵活变通。以柔克刚,坚定执著,百折不回。

美国学者哈维兰指出:"文化是一系列规范或准则,当社会成员按照它们行动时,所产生的行为应限于社会成员认为合适和可接受的变动范围之中。"③此定义将文化看做是"规范"或"准则",是很有见地的。文化就是人化。如果说一个人不以文化约束自己就不是真正的人,那么一种文化若不对人有所"规范"也就不是人的文化。历史上最早出现的"禁忌"这一文化现象,以及尔后出现的道德规范、法律条文等充分证明,规范性是文化的固有属性。规范是文化在社会与个人的关系中所产生的,是社会给个人划定的活动范围,供个人从中选择,以达成其目标。而规范之建立,则以文化的价值观为基础。任何一个社会都必须有一套规范,所有成员都应遵守,方能避免彼此的冲突,维持社会正常秩序。然而,相对于人们的活动的发展,

---

① 《庄子·齐物论》。
② 《庄子·德充符》。
③ [美]哈维兰:《当代人类学》,上海人民出版社1987年版,第242页。

社会规范总是一般的,也是"灰色"的。规范与人的现实活动之间也存在着冲突。如何对待规范,这是任何一种文化都必须回答的问题,从中也能体现出该文化之精神的与众不同。从这个维度看现今越文化精神,它的基本特质可用"因循而权变"加以概括。

"因循"守的是规范,维护的是秩序,而规范和秩序在越文化的价值观念体系中占据重要位置。这可以通过稳定与秩序的关系加以说明。如前所述,"崇稳"是越文化的核心价值观之一。"稳"并不是规范和秩序的原因,而是它们的结果。因此,求稳就必须推崇规范,维护秩序。无规范则无秩序,无秩序则必然导致紊乱。从这个意义上讲,"因循"与"崇稳"在本质上是同一的,区别仅在于各自的语境不同。

规范一般可分为两类:社会结构及地位的规范与基本行为规范。前者是通过社会基本制度规定的,体现的是社会的基本秩序,后者则是通过其他法律和道德规定的,体现的是人际互动的基本秩序。一个社会或文化的主导价值观念就渗透在上述两类规范中,并蕴涵在由这两类规范维护的基本秩序里。无论从何种规范或基本秩序的角度分析,越文化"因循"的特质都是明显的。从历史上看,越地自秦汉以来千余年间,以改变社会制度为内容的规模较大的民众起义有:东晋末年的孙恩起义,何文庆莲蓬党响应太平天国革命的起义,辛亥革命时期"光复会"发动的皖浙起义等,数量并不太多。而在太平军占领绍兴期间,上虞、嵊县、新昌、诸暨等地的地主,纷纷组织"民团"袭击太平军,以维护传统秩序。诸暨东安乡包村有一个名叫包立身的团练,组织了"东安义军"抵抗太平天国地方政权。山阴、会稽、萧山、嵊县、富阳等地的富豪,携家投奔包村寻求荫庇。太平军围攻包村,对峙十个月,大小数十战才攻下包村,包村官绅男女死亡上万人。自唐至清,越地的文武进士有两千余人,其中文武状元28人,这组数字也从一个侧面说明,越地民众对传统社会秩序规定的阶层划分、晋升途径以及核心价值观等,是广泛认同的。

对既定的法律和道德规范,越文化不具有强烈的"反叛"性格。这种文化的主旨是追求事功,也就是说,在所谓"三不朽"——立德、立功和立言中,正统价值观秩序发生了变化,立功被置于首位。不仅如此,立功的内涵也有了改变。因为"立功"的正统解释,是在政治上或军事上建立功勋,而非一般性的事功,更不是指物质财富的创造。越文化对事功的理解要宽泛得多,也世俗得多,除了政治、军事的功业外,还有升官发财等等。在传统农业社会,要达到上述目的绝非易事。发财要经过长期的累积,往上爬、出人头地也须经历一层一层长期的磨练。即是说,如果你对将来有任何期待,你就必须忍受现有一切规范所施加的压力。所以,无论是农民盼望成为地主,知识分子盼望成为官吏,虽不否认都有一种成就意向,但多半不是出于个人的自我实现欲望,而是一种顺从,对家族规矩或社会规范的顺从。由各种规范划定的框架早就摆在每个人面前,价值评价也几乎是固定的,你只要顺从并且在这个框架中占有某个位置,你就会得到相应的尊敬,享受到相应的待遇。

中国传统社会,强调家族式的集体生活方式,人际关系特别重要,所以道德规范被列为首要。因此,顺从更多地是迫于道德的压力。这种压力及其造成的顺从在越文化中同样存在,但事功压力相对于道德压力,在越文化中毫不示弱,甚至更有力度。无论成就表现为道德价值或事功价值,均必须顺从现存的社会规范和制度,如农人走向地主阶层,读书人走向官吏阶层等等,如果不顺从既定的规范,就可能徒劳无功。顺从,本质上是一种保守的品质。因为人们通过顺从是希望在旧世界里为自己求得一个地位,又通过这种地位为传统效力,而不是重建新的秩序。

越地人对规范的遵从,显然有一个前提,即有利于事功的取得,而事功的取得又不能从根本上危及生存的稳定。所以,越文化在倡导"因循"的同时,并不主张僵死地恪守规范,而是倾向于"权变"。

"权"者,权衡也。"权变",即权衡利弊、得失,随机应变,尽可能实现利益的最大化。越地人善于"权变",并非天性所致,而是既追求事功又祈求稳妥使然。为事功而变,是说当着规范妨碍事功的实现时,就不得不变着法子去维护和发展自己的利益;为稳妥而变,也就是讲,不能置规范于不顾、硬干、蛮干,而要讲究"变"的方式和方法,做到既实现了目的,又有效地规避了风险。故而,越文化之"权变"具有"阴柔"的气质,而且充满着谋略。

从历史上看,越文化素有"权机变"的传统。越国时期,出了不少著名的谋臣,范蠡是一个典型代表。公元前494年句践兴兵伐吴,兵败夫椒,困于会稽。他问范蠡如何应对危机,范蠡认为,保存越国唯一的办法是与吴讲和,用谦卑的言辞对吴王陪罪,对他十分尊敬有礼,把古玩珍宝和能歌善舞的美女奉献给吴王,用极尊贵的君名来称呼吴王。如果吴王还不肯罢休,越王就只得前往吴国事吴王。一句话,千方百计,议和存越。越国存则复仇有望。句践听从了范蠡的计谋,采取了卑辞厚礼,甚至不惜采用为吴之臣仆的策略,忍辱求和,终于使吴王夫差"卒赦越,罢兵而归",保存了越国。句践入吴为奴,认为此行必客死他乡。范蠡则认为事在人为,当事者应处卑而不以为恶,居危而不以为薄,坚定信念,方可转危为安。他审时度势,认为这期间的努力目标是促成句践早日安全返越。故而他奉劝句践采取隐忍之术,取悦夫差,争取回国。"越王服犊鼻,着樵头。夫人衣无缘之裳,施左关之襦。夫斫锉养马,妻给水、除粪、洒扫。三年不愠怒,面无恨色。"① 即使如此,吴王还是不放归句践,在这种情况下,句践又听从范蠡之计,乘吴王患病之际,亲尝吴王的粪便,以取悦于吴王。这一手也确实消除了吴王的警惕性,他认为"越王迷惑,弃守边之事,亲将其臣民,来归寡人,是其义也。躬身为虏,妻亲为妾,不愠寡人;寡人有疾,亲尝寡人之溲,是其慈也。虚其府库,尽其宝币,不念旧故,是其忠信也"②。遂赦越王归国。范蠡"权机变"还表现在灭吴之后能够"激流勇退"。就灭吴而言,范蠡在越国的功劳最大,以至于句践提出要与其"分国而有之"。在这种形势下,范蠡认为"大名之下,难以久居",况且他知道句践为人"可与同患,难以处安",故弃越而"乘舟浮海以行,终不反"。

文种精于谋略,也是善于权变的高人。句践归国后向文种问复仇之计,他献的"灭吴九术",堪称权变之术的巅峰之作。据《越绝书》、《吴越春秋》等文献记载,"灭吴九术"是:

一曰尊天地,事鬼神。

二曰重财币,以遗其君;多货贿,以喜其臣。

三曰贵籴粟槁,以虚其国。

四曰遗之美女,以惑其心,而乱其谋。

五曰遗之巧工良材,使起宫室高台,以尽其财、疲其力。

六曰遗其谀臣,使之易伐。

七曰强其谏臣,使之自杀。

八曰君王国富,而备利器。

---

① 赵晔:《吴越春秋·勾践入臣外传》。
② 同上。

九曰坚利甲兵,以承其弊。

文种提出的灭吴之策,是他通观当时吴越两国形势,在深刻总结历史上攻伐胜败经验和深入分析吴王夫差弱点的基础上提出来的。据《吴越春秋·句践伐吴外传》记载,越王句践曾对文种说过:"九术之策,今用三已破强吴,其六尚在子所。"《史记·越王句践世家》也有类似记载:"子教寡人伐吴七术,寡人用其三而败吴,其四在子。"两种记载虽有九术、七术之异,而以为用其三术则相同,足见文种韬略之威力。遗憾的是,他对句践的为人认识不清,没有在越国灭吴之后,像范蠡那样全身而退,落了个伏剑而亡的下场。

几千年来,善于权变这种品质在越文化中被传承下来,通过像师爷这样的群体不断得到光大,并积淀在越地人意识的深层结构中。通观典籍记载和如今的越地人,其权变之术可粗分为八种:

——柔变法:不主张硬碰硬,也不强人所难,而是像水性那样,以柔克刚:流不过去就绕,绕不过去就"泡"。这种方法全凭一个"韧"字。

——暗变法:明的不行,就暗中做"小"手脚。这些手脚做得不起眼,一旦东窗事发也无大碍,但它在不知不觉中足以使事情向有利于自己的方面转化。

——慢变法:不是得寸进尺,而是得寸进寸。这种类似数学上无穷逼近的方法,同样也会取得在不知不觉中使自己利益最大化的效果。

——后退法:古人云,大凡做事,"取法乎上,仅得其中",何况在利益的角逐中,很难做到事事都随心所愿。所以,最大利益无法实现,就转而求其次,若还是不行,就转而求再次,以此类推。如明清时期的绍兴师爷,本是读书人,求取功名是"第一志愿",不得志,后退一步,入府为幕,而不是回家种田。做个师爷虽比不上当官的,但总也比"短衣帮"强。

——智变法:以智取胜,耻于用武。据说,有一个师爷把"用刀"杀人,改为"甩刀"杀人,一字之改,将故意杀人罪变成了过失杀人罪,使凶犯免于一死,起到了和抢劫法场几乎相同的效果。

——替代法:东方不亮西方亮,堤外损失堤内补。譬如,挨了别人的打,未必就去打别人,而是让打人者赔钱,赔得他心痛为止,这样也就扯平了。

——折中法:利益的冲突永远是存在的,而只顾自己不顾他人是注定行不通的，所以，明智的做法就是我退一步，你也退一步，只要公平，不赔本，再难的问题也好商量。

——钻营法：大凡政策或规定都有其不严密处，所谓“百密一疏”也。不违反政策或规定，只是说一般不做明文禁止的事情，而不是不做没有明文禁止的事情。动脑筋，钻政策的空档，打“擦边球”，这既能满足自己利益的需要，又相对安全，不失为变通之上策。

因循而权变，这种精神品质是越文化尚智、崇稳、事功等特质综合作用的结果。它使得规范成了“大体则有，定体则无”的东西，所以，这种精神品质也存在着内在的张力，即稳定性与变动性之间的冲突。

六、隐忍而慷慨

怀抱理想，忍辱负重。坚忍不拔，永不放弃。面对强敌，英勇抗争。报复心重，不够宽厚。

无论善恶或者美丑，人的活动都具有目的性。目的是一种追求，它的实现必须通过努力。这种努力有些是比较轻松的，但更多则是充满着艰辛。孟子曾说过，那些天降大任的人“必先苦其心志，劳其筋骨，饿其体肤，空乏其身，行拂乱其行为，所以动心忍性，曾[增]其所不能”①。可见，忍耐一切艰难困苦，是成功者的品质。然而，并不是任何成功都可以通过忍耐取得的，也不是通过忍耐可以解决任何有碍成功的问题。忍，也有忍无可忍的时候。所以，面对暴政或恶徒，面对一切不公、不平之事，是奋起反抗，还是苟且偷生，这很能反映出一种文化的精神特质。

南宋状元王十朋在《会稽风俗赋》中，把越地民风概括为“慷慨以复仇，隐忍以成事”。从逻辑上讲，这是一个联言命题，两个肢命题的前后位置与命题的真值没有关系。但从语言使用的角度讲，通常在前的更为根本。所以，假如把这两句话的前后位置调换一下，使其成为“隐忍以成事，慷慨以复仇”，则与当今越文化精神品质就完全契合了。“隐忍”是克制和忍耐，不露真情的意思。《史记·伍子胥列传赞》中有“隐忍就功名”一说：“方子胥

① 《孟子·告子下》。

窘于江上,道乞食,志岂尝须臾忘郢邪,故隐忍就功名,非烈丈夫孰能致此哉!"可见,隐忍原本是烈丈夫而非懦夫之所为。

忍耐,并非越文化独有的品质,而是中国传统文化的基本特质。尽管中国人中不乏张飞式的人物,但大多数中国人是十分温厚的。数千年来,中国人一直笃信"和为贵,忍为高"的格言,听从"小不忍则乱大谋"的教诲。一个人如果到了而立之年,仍旧对不平或不义之事愤而斥之并醉心于革新,那么在多数国人的眼中,诚如林语堂先生所说,他不是一个富有灵感的白痴,就是一个稀里糊涂的天才。遇事能克制自己,而不是怒发冲冠,吃点亏,受点屈辱也不必放在心上,这些原本都是极好的品质。遗憾的是,中国人在忍耐上走得太远,以至于把它变成了恶习,使得中国人容忍了在西方人看来不能容忍的暴政、动荡不安的社会和腐败反动的统治。这种畸形的"忍耐"是中国家庭制度结出的恶果。在一大群妯娌媳妇、姐夫妹夫、内兄内弟、大伯小叔、兄弟姐妹中间,你只有忍耐才能生存。推而广之,在社会中,你与同事、上级、同级或下级相处,也只有忍耐才能被别人接受。唐朝有位宰相叫张公艺,当唐高宗问他有幸九世同堂的秘诀时,他一口气挥毫写下了一百个"忍"字。"忍"字是"心"上插了一把"刀",个中滋味并不好受。但中国人坚信,不忍所带来的滋味更是难受。故两害相比取其轻,还是"忍"为上。过分的忍耐,消蚀了国人变革现状的愿望,抑制了革新的冲动,窒息了生命的活力。它使得国人对一切痛苦、罪恶、不公正和贫困变得麻木不仁,对自己的非人处境熟视无睹,整个民族和国家也因此失去了进步的内驱力。这就不难理解,腐朽的清王朝自鸦片战争时就应该被送入历史的博物馆,但中国人却能让它死尸般地统治自己长达半个世纪之久。

越文化之忍耐因"隐"而具特色。藏在心里,不诉说,不显露,独自承受着痛苦,韬光养晦,以屈求伸,等待时机,以图东山再起。这种"隐"式的忍耐显然带有自我伪装、自我封闭的特点。问题在于,为什么承受着痛苦还要装作若无其事的样子呢? 首先,这与越地人长期形成的文化心理有直接关系。越地早期历史上没有形成大家族的集体生活方式,人与人之间的血缘关系纽带没有获得充分发育,通过血缘亲情关系获得他人帮助的机会,明显少于中原地区。这也就是说,向别人坦诚说出自己的困难或痛苦,很难获得实质性的帮助。其次,这也与越地工商文化传统养成的重利疏情有关。俗话说"亲兄弟、明算账",仗情疏财、为朋友两肋插刀之豪爽,在商业文化中是无法孕育出的。因此,自己的痛苦只能自己"独享"。再者,越地也是一个产生"旁观者"或"看客"的地方,如果不想让自己成为别人茶余饭后的谈资,甚至成为别人的笑料,最好的选择就是把自己的痛苦深深地隐藏起来。

"隐忍以成事",是说隐忍的目的是为了实现奋斗目标。可见,越文化的隐忍,本质上是积极的、向上的,是为了进取而采取的一种无奈的方法。这颇似伍子胥"隐忍就功名",他"乞于道",并不是苟且偷生,而是为了搏取功名,所以,并不下作。在生意场上,有句越谚对"隐忍以成事"作了很好的诠释:"打也行、吊也行,蚀本不行。"做生意的目的是赚钱,为赚钱可以忍受一切,忍受一切也因此有了价值。这虽然有点要钱不要脸面之嫌,但毕竟是有事功目的的忍耐,与那种消极的、退缩的忍耐相比,还是高出一筹的。改革开放越地民众在发展经济中创造的"四千"精神①,则是对"隐忍以成事"的现代诠释,而凭借"四千"精神取得的越地经济和社会发展的丰硕成果,再一次证明了隐忍的确可以成事,仍具有现代价值,从一定意义上讲,它可以归为越文化精神的优秀品质。

"慷慨"是越文化精神又一种品质。作为隐忍的反面,它指激昂、刚烈、正气。在忍无可忍,没有退路的情况下,处在"绝处"或"死地"中的越地人,不会束手待毙,而是奋起反抗,拼死一搏。这种强悍、豪放的品质在越地有着悠久的历史传统。

大禹之"慷慨",在于与水搏斗。洪水肆虐,人们难以生存。禹受舜命继父业,跋山涉水,栉风沐雨,劳身焦虑,胼手胝足,三过家门而不入,终于平息洪水,给人民带来了安定的生活环境。越王句践之"慷慨",在于与人奋斗。春秋末期,吴越相争,有吴无越,有越无吴。越王句践卧薪尝胆,发愤图强,在极其艰难恶劣的条件下,终于消灭强吴,"快偿宿怨",成就了一代霸业。南宋真德秀在国家和民族危亡之际曾说:句践在被吴挫败后"三十年间",卧薪尝胆,未尝一日忘会稽之耻,故虽屈辱一时,而最终能伸其志,我们应当"以越之事为法"。明王思任说:吾越乃报仇雪耻之乡,非藏垢纳污之地。鲁迅先生也说:会稽乃报仇雪耻之乡,身为越人,未忘斯义。

其实,越文化之"慷慨"品质,具有深厚的民众基础,千百年来传承不

---

① "四千"精神,即"涉尽千山万水,想尽千言百计,说尽千言万语,吃尽千辛万苦。"

断,成一地之风气。据史载,古越人就有"善用剑"、皆好勇、轻死易发的刚强蛮风。越国时期,经过吴越征伐的培育,这种刚毅硬气、强悍豪迈之精神,曾创造了"三千越甲可吞吴"的神话。秦汉以后,每当国家和民族处在生死存亡的关头,或者处在思想文化变革的关键时期,越文化之"慷慨"品质便被激活,随之涌现出一批批铁肩担道义的"慷慨"义士。会稽太守马臻不顾当地土豪劣绅的反对,主持修建鉴湖水利工程,为民造福而自己则蒙冤入狱,被处以极刑。南宋爱国诗人陆游面对祖国半壁江山的沦陷,用激昂的诗文,鞭笞投降派,号召人民起来抗战。越人沈炼,疾恶如仇,因多次弹劾权臣严嵩而被谪保安,后又遭严嵩死党诬陷而弃市。王思任上书《请斩马士英疏》,并致书痛斥临敌逃逸的奸相马士英。祁彪佳当清兵渡钱塘江后,留下绝命词"含笑入九泉,浩气留天地",自沉于寓园梅花阁池中。

慷慨之风在越地思想文化上也表现得十分突出。王充以其惊世骇俗的言论,批判了当时官方的谶纬神学,将古代唯物主义推向了新的高峰。王阳明独创"阳明心学",敢于同程朱理学叫板,反对拘守经典,极大地弘扬了人的主体精神。黄宗羲主张维新变法,提出了"为天下,非为君;为万民,非为一姓"的民主启蒙思想,堪称中国启蒙主义之先驱。

鸦片战争以后,民族危机日益深重,在这危亡关头,古越大地上历史遗传的阳刚之气又如狂飙突起,一批"慷慨"之士应运而生。在光复会诸领袖之中,不论是秋瑾以身许国、勇于牺牲的精神,徐锡麟临危不惧、义无反顾的精神,还是陶成章艰苦奋斗、脚踏实地的精神,无一不是"慷慨"精神的延续和发展。即使像蔡元培和鲁迅这样的知识分子,在其身上也带有鲜明的"慷慨"品质。

"慷慨以复仇",想必这是王十朋以句践卧薪尝胆、灭吴雪耻为题材,对越地民风所作的概括。后来,王思任、鲁迅也都把越地称为"报仇雪耻之乡",并一直沿用下来,这就把慷慨与报仇联系到了一起,使报仇成为慷慨的目的,给越文化涂上了一层浓厚的"复仇文化"的色彩。

"仇"是源于利害关系的。利益受损必生仇,有仇便有仇人,因而有了报复的对象,而使仇人受到惩罚便是报复的目的。所以,单就复仇而论,它有明确的利害关系,有明确的对象,亦有明确的目的。无论从何种意义上讲,复仇作为一种文化现象,其狭隘性都是显而易见的。也就是说,与践行道义而惩罚恶人相比,它囿于一己之私利,不是替天行道;更重要的是,它以惩罚仇人为目的,而非使仇人弃恶从善。所以,复仇总是陷入"怨怨相报何时了"的怪圈中而难以自拔,一直被人类的"宽容"精神所不容。诚然,若仇恨发生在民族或阶级之间,是由民族掠夺或阶级压迫所致,复仇便具有道义的内涵。即使是发生在个人之间,由于仇恨是出于对方违背了公理、基本规范而给自己造成伤害,复仇也具有道义性。在这种情况下,复仇的合理性不容置疑,但它的目的不应当是单纯地惩罚,而是使对方改邪归正。

越文化是"复仇文化"吗? 这在很大程度上取决于如何看待越王句践灭吴的动机。据《越绝书》和《吴越春秋》等典籍记载,句践入吴为奴,极善于隐忍,曾"问疾尝粪",蒙受奇耻大辱。自吴返回越国后,据《吴越春秋》卷八记载,越王"苦身劳心,夜以接日,目卧则攻之以蓼,足寒则渍之以水,冬常抱冰,夏还握火,愁心苦志,悬胆于户,出入尝之,不绝于口,中夜潜泣,泣而复啸"。又说他"食不重味,衣不重采,虽有五台之游,未尝一日登玩"。经过这样 20 年的卧薪尝胆,句践终于实现了灭吴兴越的伟业。因此,传统观点认为句践灭吴是为了复仇,复仇是越文化精神主要的品质。近年来,有学者提出了不同的观点,认为复仇不是越国精神,句践复仇仅仅是一种表象,其实质是对自我实现的追求。

公允地说,上述两种观点都有一定的合理性。如果不是为了复仇,句践就不会卧薪尝胆,用 20 年来灭吴;如果仅仅是为了复仇,句践在灭吴后就不会挺进中原,成为春秋最后一霸。所以,复仇是句践返越后所作所为的初始动机,甚至是最主要的动机,但并不是唯一的动机。基于这个判断,我们认为,虽不能将越文化看成是复仇文化,但复仇这种普遍存在的文化现象,在越文化中被句践强化和凸显了。更重要的是,在尔后的历史中它被泛化了,成了一些越地人处理人际关系的一条潜规则。明清时期的绍兴师爷,刁钻刻薄,睚眦必报,就很有句践之遗风。这种复仇心态在越地普通民众中也有一定影响。有句越谚说:"不用气,只用记。"把别人做的对自己不利的事记在心里干什么呢? 无非是伺机报复,还以颜色。这使得有些越地人的慷慨,多了一些市俗气,缺少了一些宽容。

应当指出,把越地看成是"复仇之乡",把越地人个个都看成是复仇者,这是对越文化的一种严重误解。从历史上看,宣扬"以德报怨"的佛教文化自东汉末年传入越地后,经过三国、西晋的初步传播,到东晋南北朝时,越地一度成为我国江南传播佛教的中心。隋唐时期,这里高僧辈出,创宗立说者代不乏人。宋元以后,佛教向世俗化方向发展,形成了浓厚的绍兴地方特色,成为绍兴传统文化的组成部分。从东汉至民国,相继建成的寺院庵堂2788处,现在被列入各级文物保护单位的就有18处,其中有寺庵、佛像、佛塔和碑记等。仅此一点就不难看出佛教文化在越地传统文化中的地位了。① 众所周知,忍辱为大乘佛教的重要义理和修行法门,是大乘佛教"六度"中的重要内容。《大乘起信论》说:"云何修行忍门? 所谓应忍他人之恼,心不怀报,亦当忍于利、衰、毁、誉、称、讥、苦、乐等法故。"忍有忍耐的意思,忍耐不如意的事情而不生瞋恚的心。佛教所说的忍辱,含不愤怒、不结怨、心不怀恶意等三种意思。佛教特别重视忍辱,尤以大乘佛教为最,视之为菩萨所必须修行的德目。佛教提倡的忍让和忍辱,要求人们在处理人际关系时,把忍辱记在心头。《法句经》说:"愠于怨者,未尝无怨,不愠自除,是道可宗。"应当用"不愠"、忍让和爱,医治怨恨,切不可以牙还牙、互相报复。这些佛教思想长期对越地人的熏陶,在一定程度上中和了句践对后世越人的影响,使他们当中的许多人变得宽厚起来。

七、精明而内敛

精细于事,明察于人。关注细微,讲究精巧。精明而不够高明,苛细而不够粗犷。喜欢平常,推崇隐蔽。有为而抱朴,外拙而内秀。

人类要生存和繁衍,就必须开展各种各样的活动,不间断地与自然界进行物质和能量的交换。因此,任何文化的主体都有自己的活动品质,并形成自己推崇的行事风格。有的是豪放,形成了张扬的风格;有的是诡秘,形成了隐藏的风格;也有的则是中庸,形成了温和的风格。不同的品质和风格,表征着不同的文化精神。精明而内敛,是越文化独有的体现在行事品质和风格方面的精神特质。

在第一章里,我们曾从群体人格角度,对越地人的精明作了较为系统的描述。以此为基础,这里拟从文化精神的层面,深入分析精明的意蕴和成因,展现它作为越文化的精神品质的价值。诚然,精明一般用于对人格

---

① 参见任桂全主编:《绍兴佛教志》,浙江人民出版社2003年版,第1页。

的描述或评价,较少用在文化精神的分析上。其实,在人格分析和文化精神分析中,有许多词汇是相通的,如宽容、朴素、开拓、守旧、自强不息、坚忍不拔等。我们既可以说某种人格具有自强不息的品质,也可以说某种文化具有自强不息的精神。原因在于,人格特质与文化精神具有同构性,对此,我们已经在本书导论部分进行了阐述。由于二者之间存在着同构性,当某种人格的特质在一种文化中被广泛推崇,成为一种自发的倾向或行为规范、标准时,这种人格特质同时也就具有了文化精神的含义。精明一词即是如此,它既是越地群体人格的一种特质,又是越文化精神的一种品质。

作为越文化精神的品质,精明是指以智慧、细致的态度应对一切,推崇精工细作、以智取胜,倾向于巧取而不是豪夺。精明有赖于足智多谋,以聪明才智作为基础,所以,它与越文化的尚智传统有着必然联系。越国时期,越文化既崇武又尚智,这突出体现在它的"剑文化"上。在越国"十年生聚,十年教训"期间,越地青铜器冶炼业有了长足发展。在越地生产的青铜器中,铸造最多最精美的当数兵器。当时越人特别钟情于青铜宝剑,越国的击剑法和铸剑术,更是闻名中国。曹丕有诗曰:"越民铸宝剑,出匣吐寒芒。"1965 年在湖北江陵一座楚国墓葬中出土了一柄装在黑色剑鞘中的越王剑,使神秘的越王剑有了重要的实物证据。这一国宝虽深埋地下长达2300 余年,但仍然寒气逼人、锋利无比。曾以此剑试于纸,二十多层一划而破,印证了古籍上关于越剑"肉试则断牛马,金试则截盘匜"的记载。当时青铜器冶炼业在中原各地也非常普遍,但唯有越国剑天下闻名。秦汉之后,铸剑转为铸镜,一直到唐代,越地都是全国铸镜业的中心,有"天下铜镜出会稽"一说。这些都表明越地先民具有很高的才智,十分擅长精工细作。

精明以求事功,越文化的事功倾向培育了精明这种精神品质。古往今来,越地人的精明无一不与事功相连。用在农业生产上,精耕细作;用在工艺上,精雕细刻;用在生活上,精打细算;用在生意场上,精明强干。精明也是随机应变的内在要求。精细于事,明察于人。做事,于细微处辨真伪、明是非、知得失,方可权衡利弊,未雨绸缪,见机行事,以图事功;做人,听其言而观其行,不为假象所蒙蔽,做到心中有数,在处理人际关系上左右逢源,善于自保,以图顺达。故求权变必先精于事、察于人。精明与崇稳也有必然的联系。求稳就必须把一切危险因素消灭在萌芽状态之中,这就需要对事对人有足够准确的认识,有敏锐的判断力,冷静的决策能力,能做到有的放矢,不盲目、不盲动,此非精明而不能为之。若大难当头,要做到临危不惧,寻找破除之法,化险为夷,或将伤害降到最低点,也得仰仗精明。显然,精明是求稳所必需的一件"法宝"。此外,只有精明才能在做事上落到实处,才能使隐忍成为"成事"的有效手段,也才能在细处做足文章,达到"苛细"的程度。总之,精明与越文化的其他精神品质之间的内在联系是显而易见的。

越文化的精明品质,并非天赋亦非偶得,有着深刻的自然环境和社会历史的成因。一般而言,在农业文明中,那些自然地理条件比较适合种植的地区,粗放式的生产占主导地位,尤其在地广人稀的北方,农业生产通常只有两个环节:春播和秋收,在这期间是不加耕耘和管理的,一切听天由命,靠天吃饭。这种优越的自然环境,使精细丧失了必要性,故而很难培养出精细的风格。越地则不然,这里自古以来生态环境恶劣,明清以来人多地少的矛盾又十分突出,一直面临着资源性的生存压力。因此,提高单位面积的产量成为缓解生存压力的有效途径,这就迫使越地人必须在农业生产上精耕细作,在每道生产环节上动脑筋,千方百计提高生产力,久而久之,越地人就趋向于精细,变得精明起来。此外,在资源性生存压力的作用下,越地很久以前就形成了经商传统,这也为越文化的精明品质提供了生长的沃土。中国有句老话,叫做"无商不奸"。"奸"者,用在生意场上就是狡诈,而狡诈则是精明的一种畸形变种。在常态下,经商就是求利,而逐利就必须算计,在细小处下功夫,集腋成裘。所以,斤斤计较,绝不蚀本,千方百计争取利益最大化等等,必然把越地人引向精细处,使他们把精明演绎到极致。当然,不能把商人的逐利行为,简单地理解为在每笔交易中,一分一厘都志在必得,对越商的经营更是如此。古时多数越商都把顾客看做是自己的"衣食父母",凡有顾客上门,无不笑脸相迎,送茶递烟,不敢怠慢。顾客购物较多,携带不便,则免费送货到家。即使顾客没有购买东西,也要躬身相送。对一些老顾客,逢年过节还要送些礼物,以联络感情。这种人性化的经营策略,更印证了越人的精明,说明他们早就懂得"可持续发展"的道理。

精明,在给越地人带来众多益处的同时,也把做事不够高明一起"馈赠"给了他们。何谓高明?高明与精明的关系如何理解?对此,曾国藩有过一番独特的议论:"大抵莅事以明字为第一要义,明有二:曰高明,曰精明。同一境而登山者独见其远,乘城者独觉其旷。此高明之说也。同一物而臆度者不如权衡之审;目巧者不如尺度之精,此精明之说也。凡高明者欲降心抑志以遽趋于平实,颇不易易。若能事事求精,轻重长短,一丝不差,则渐实矣。能实则渐平矣。"①在曾国藩看来,"明"有两条标准,宏观处须高明,微观处应精明。但他强调高明者应当"降心抑志",并没有要求精明者必须"提"心壮志,何故?从表面看,是因为他追求"平实",其实根本原因在于他的求稳心态。曾国藩一生在宦海生涯中几起几落,深知专制制度下需要的只是精明的奴才,而不是高明的人才。高明是专属皇帝的东西,倘若比皇帝的"圣明"还高明,恐怕小命就难保了。当然,高明未必精明,离开精明,高明难免流于空疏,大而不当,务事不细,缺失一个"实"字;精明也未必高明,离开高明,精明难免流于世俗,眼界狭隘,缺乏创意,没有境界,缺失一个"旷"字。所以,以高明见长者,应该从实事入手,从小事做起,力求"旷远"而不失平实;以精明见长者,应该登高远眺,从大处看小处,从"虚"处把握"实"处,心存大境界,力求"平实"而不失高远。

同精明一样,内敛不仅是越地人格的特质,也是越文化的一种精神品质。从文化精神角度讲,内敛是以趋同、平常和隐藏的态度应对一切,不动声色、不露锋芒,推崇息争的价值观。这与道家某些思想有相似之处。道家从慈心爱人的观念出发,认为人的生命价值远远高于身外之物的价值。但在现实生活中,人往往由于欲望过分膨胀,自然的人性被贪得无厌的欲望扭曲,人们为争夺名利钩心斗角、尔虞我诈,结果使社会陷入一片混乱:"民多利器,国家滋昏。人多技巧,奇物滋起。法令滋彰,盗贼多有。"②人的自然本性遭到蒙蔽,耗神耗力,其结果是暴殄天物、伤残生命。针对人性的扭曲现象,道家主张以淡泊名利、返璞归真来实现"息争"。内敛精神也以"息争"为指归,即希望通过隐藏、收束等方式,使他人不起争夺之心,区别在于,它并不是让人真正做到少私寡欲,只是不要让这些东西引起无谓的纷争。

所以,内敛精神并不是消极无为的,它本质上是进取的,但方式上是以退为进,这与道家所倡导的基本原则——"无为而无不为"亦颇有几分相

① 《曾国藩全集》第1卷,中央民族大学出版社2004年版,第144页。
② 《老子·五十七章》。

似。道家讲"无为",不是要人们无所事事,而是要人们本着"无为"的原则做事,而后取得"无不为"的效果。"无为"的实质含义是要人们顺应自然规律,因势利导,达到成功的目的。所以,老子倡导的"自然无为",并不是限制人的主动性,而是针对肆意妄为而言的。老子倡导"柔弱"、"不争"、"处下"、"无欲"、"清静"等,也不是压制人的创造性,而是为了避免事物走向它的反面而提出的。内敛从形式上看是要求人们趋同,每个人都把自己装扮成众生相,但从实质上讲,这正是对复杂的人际关系的一种顺应,是为了减少实现奋斗目标的阻力的一种策略,最终也是为了取得"无不为"的效果。

内敛与家庭观念有关。在中国传统文化中,家庭观念的最高价值目标是家族的延续。这不难理解犯下弥天大罪后为什么要满门抄斩,并且还要株连九族。中国人的生活经验证明,维护家族安全的最佳方法,就是和平处世,与人无争。人与人相处,若想和睦,没有争夺,最好都有淡泊的性格。如果大家都淡于名利,淡于财货,淡于交朋结党,则在家族中多有和平,在邻里社区中少有伤害。问题在于,越文化以事功为取向,无法真正做到淡泊事功。所以,唯一的办法就是内敛。旧时达官显宦都注重隐藏,教育其家人不要在乡里张狂,譬如,曾国藩在家书中多次告诫他的家人,要低调和善,切不可横行乡里,为富不仁。旺盛殷实而又有修养的家族,多会教训其子女家人,在生活上要与常人一样,不可炫耀夸张。这样的隐藏并非真能使别人不知自己之实情,但能避免或减少惹起别人的妒忌和非分之想。别人不生妒忌心,不存非分之想,我的家族就多一分安全。其次,内敛也与实现个人奋斗有关。处在事功主义氛围中的越地人,喜欢攀比,易于争强好胜。若将自己的奋斗目标昭示天下,时常把自己取得的成就拿出来显露于人,以此来抬高身价,满足虚荣心,这只能招致非议,"引鬼上身",没有任何实际益处。所以,要想顺利实现自己的奋斗目标,有效的办法就是玩深沉,"不显山,不露水",把自己"藏"、"裹"起来,暗暗地努力,其结果是"内"和"外"有别,表与里不一。

如此一来,在内敛精神的作用下,越地人性格发生了裂变:谦恭有余,豪爽不够;表面清淡,内心幽深;举止素朴,心计颇多。他们的精神处在分裂形成的张力之中。这或许是迫不得已的事情,但也正好印证了越地人的精明,因为内敛体现的正是以最小的成本取得最大的收益的追求。

以上，我们以当代越地群体人格的现状作为事实基础，以人格与文化精神的同构性作为理论依据，从七个方面勾画了当代越文化精神的大致轮廓。与越文化精神的丰富、深邃和厚重相比，这个轮廓显然是粗线条的，也是不完全的。但是，它的提出，至少标志着越文化精神的研究开始步入学术探讨的轨道。

第三章　越文化精神的嬗变

　　越文化精神经历了起源、发展、转型的漫长演变历程。它的源头在哪里？最初的内涵是什么？发展的基调是什么？走过了怎样的路径？积淀下来怎样的底色？这些都是研究越文化精神必须探讨的基本问题。显然，只有在这些问题上获得了大致清晰的认识，才有可能从历史的纵深维度上，深化对当今越文化精神的理解，并在此基础上，思考它的今后的变化趋势。

　　任何一种文化精神的发展，其原初的推动力都是生产实践的发展。但是，直接推动精神变革的核心因素，则是文化主体的变化、文化生态环境的改变和文化主题的变迁。这三者既是生产实践的基本构成要素，又是生产实践发展的直接结果。历史上发生的人口迁徙、战争、社会制度或生产方式改变、自然环境变异，以及商贸、科技和文化的交流等，之所以能够在精神发展史上留下印记，就在于它们以不同的方式改变了文化的主体、环境和主题，从而推动和制约着人们的态度、情绪和观念的变化。所以，在本章中，我们将立足越地人的生产生活实践，以越地历史作为纵向维度，以文化主体、文化生态环境和文化主题的改变作为横向维度,把越文化精神的历史嬗变划分为四个阶段:萌发与雏形、断裂与转型、发展与成熟、觉醒与创新,从物质和精神两个层面的统一角度,对上述问题作出初步解答。

一、先秦时期萌发与雏形

越文化的先秦时期,下限至越国灭亡为止,往前追溯,是神话传说时代,故可分为两大时段:神话传说时代和越国时代。这两个时代有着相同的文化主体——古越民族;有相近的文化生态环境——来自自然或社会的巨大生存压力;有以"抗争"为基调的相似的文化主题。先秦时期是越文化精神之原生形态的萌发与雏形的时期,作为起始阶段,它在越文化精神的历史嬗变中占有极其重要的地位。

(一)神话传说时代

从最初的形态讲,越文化是一个独立的民族文化,而不是区域文化。《竹书纪年》载:"周成王二十四年,于越来宾。"这是古越族有文字记载的开始。从那时算起,越文化已有三千年的历史。它的源头可以追溯到良渚文化和河姆渡文化,而这两种文化距今有四千年到七千年的历史。

周成王二十四年之前,越文化的历史诚如《越绝书》所说,"世不可记也"。也就是说,虽然在逻辑上可以断定古越文化先于有文字记载的历史而存在,但因无文字可考,无法确切知晓古越族人的活动及其精神状况。所以,只能凭借地理环境、考古发现和神话传说,对上古时期越族人的原始精神风貌进行推测。

一般说来,一个民族"遭遇"的自然环境,是孕育它的文化精神的外部条件。自然环境的重要性在于,作为无法选择的对象,它从一开始就大致规定了这个民族的生产和生活方式,进而决定了它的精神取向和发展基调。对此,钱穆先生说过:"各地文化精神之不同,穷其根源,最先还是由于自然环境有分别,而影响其生活方式,再由生活方式影响到文化精神。"①

---

① 钱穆:《中国文化史导论》,商务印书馆1994年版,第2页。

越族的先民主要分布在钱塘江以南,大致生活在宁绍平原上,其中心是今绍兴地区。宁绍平原地处东南沿海一隅,据陈桥驿先生的观点,自晚更新世以来,宁绍平原经历了星轮虫、假轮虫和卷转虫三次海进海退。其中,假轮虫海退距今15000年以前,是中国东部沿海平原空前扩展的时期,今天的宁绍平原、杭嘉湖平原和舟山群岛在当时曾连成一片。远古的越文化,就是在这片平原上发展起来的。但是,到全新世初期,随着卷转虫海进的出现,生息在这片平原上的先越居民,开始了自东向西波浪式的转移。在那些较迟被海水吞噬的地区,因人口和文化的不断集聚而加速了社会发展的进程。河姆渡文化,可以说是代表了先越文化在宁绍平原沉入海底之前所达到的最高水平。它以发达的稻作文化和独特的干栏式建筑文化令人瞩目,向世人证明了先越文化的发达和先越古人的睿智。

随着卷转虫海进的不断拓展,越文化的历史进程发生了可怕的逆转。古越部族除一部分退守深山孤岛以外,其余则迁徙他乡。此时的越地,滨江临海,全境多泽地丘陵,山洪、潮汐与猛兽相继侵害,气候湿热,疫病时作,生存环境异常恶劣。人们不得不"随陵陆而耕种,或逐禽鹿而给食"[1]。

此时古越族所处的自然环境,以"水"为特色。水在带给古越人食物的同时,也给他们带来了无穷无尽的灾难。《越绝书》卷四载:"浩浩之水,朝夕既有时,动作若惊骇,声音若雷霆,波涛援而起,船失不能救。"与内陆生活相比,古越人行走于江河大海之上,缺乏安全感,为了生计不得不冒险,时常为性命担忧。他们不知道安泰的生活是什么,只知道与水抗争才能生存下去。正是长期与水环境的抗争,锻炼了古越人的生存能力,孕育了古越人与水奋斗、不畏于天、敢于胜利的精神品质。大禹治水的神话,向后人述说的正是他们战胜洪水的信心和对安定生活的期盼。

"大禹治水"的神话传说,为我们寻觅越文化精神的初始状况提供了依据。相传大约在公元前21世纪,九洲大地,洪水为患,尧派鲧治理洪水。鲧用筑提挡水的方法,花9年时间未果。舜代尧治理天下,杀鲧并派其子禹继续治水。禹用疏导的方法,挖沟开渠,因势利导,将洪水引入大江大海,解除了水患,使人民安居乐业。禹治水成功后,曾东巡到背山面海、地势低洼的绍兴,召集各地诸侯于会稽之山。禹第二次到绍兴,因病而亡,葬

---

① 《吴越春秋·越王无余外传》。

于会稽山西北五里处，即如今的大禹陵。

　　神话是远古时代或蒙昧时期人类精神活动的产物，是人类童年时代心路历程的写照，也是先民把握世界的基本方式。每一个民族的神话都传达了该民族对于世界的最初认识，以幼稚的想象的方式浓缩了一个民族关于远古时期的记忆。它从一开始就被打上了民族个性的深刻烙印，蕴涵着一个民族主体方面的内在规定性，表征着该民族独特的思维特性、情感特点、价值取向和人生态度。法国著名学者丹纳曾将神话比做一个民族精神的"原始底层"，认为通过神话所能看到的一个民族"在最初的祖先身上暴露的心情和精神本质，在最后的子孙身上将照样出现"①。"大禹治水"的神话"出于绍兴"②。它是越文化精神的源头或"原始底层"，借助大禹这个神话人物，越文化精神"原生态"的品质可作如下窥测：

　　1. 抗争。古越先民居住之处，洪涝成灾，无法安生。古越人为生存而战，与洪水抗争，矢志不改。大禹的父亲鲧治水失败被杀，大禹继承父业，继续治水，终于成功。大禹是与自然抗争的英雄和胜利者，在这位神话人物的身上充分表现了古越先民敢于斗争、敢于胜利的勇敢品质。

　　2. 尚德。大禹治水，靠的不是神力的帮助，而是"劳身焦思，居外十三年，过家门不敢入"③的奉献精神。禹抱着不战胜洪水誓不罢休的坚强决心，每天风餐露宿，跋山涉水，与风雪雷电伴行，与豺狼虎豹同行，历尽千难万险，"三过家门而不入"，作出了巨大的牺牲，终于降伏了水魔，给人民带来了安定的生活。大禹是公而忘私的道德楷模，这折射出古越先民对利他、利群精神的赞赏。

　　3. 崇智。大禹总结了其父鲧的治水教训，采取疏导的方法，治平洪水，获得了成功。他因此获得了人民的拥戴，舜也把帝位禅让给他。大禹是智慧的化身，这映照出古越先民对智慧的推崇。

　　4. 勤劳。在治水的十三年里，大禹"身执耒臿，以为民先，股无胈，胫不生毛"。大禹是吃苦耐劳的典范，这也反映出古越先民对勤劳的热爱。

　　相传大禹是夏君，而夏人居住在黄河中游地区。但他的活动以"治水"为主要内容，足迹遍及越地，且死后葬于此，所以，《史记》说："越，舜禹之邦

① ［法］丹纳：《艺术哲学》，人民文学出版社 1963 年版，第 354 页。
② 陈桥驿、颜越虎：《绍兴简史》，中华书局 2004 年版，第 9 页。
③ 《史记·夏本纪》。

越文化通论

第三章　越文化精神的嬗变

127

也。古有三圣,越兼其二焉。"因此,越地流传的禹的神话传说,既反映了越地古代的环境,又反映了古越人改造自然的斗争。在禹的身上,汇聚了古越先民的价值取向和人生态度,实际上他已成为传说时代古越文化精神的符号。

诚然,作为神话传说中的人物,大禹这个符号是经过后人加工改造的。文字记载见之于北魏郦道元的《水经注》一书,但民间的口头传说不知要比它早多少年。我们不能要求神话传说具有历史的真实性,但也不能否认它的"精神的真实性"。这种真实性在于,它毕竟是先民集体创造出的精神产品,蕴涵着并传承着先民的生活态度和价值追求。尽管在从口头传说转化为文字记载的过程中,会受到记述者的改造,增加或删除一些内容,但基本内核不会发生实质性的改变。

大禹精神就是越文化精神的源头和最初的内涵。

大禹精神的基本品质,如上所述,是抗争、尚德、崇智和勤劳。其核心内蕴是敢于抗争、善于抗争。因为正是在与洪水的斗争中,大禹的道德性才得以彰显;也正是因为运用智慧治平洪水,大禹的道德性才得以实现。所以,越文化精神在源头上就具有勇猛和智慧的特质。在越国时代,这种品性获得了高度的张扬。

(二)越国时期

越国历史的上限存疑。比较流行的说法源于《史记·越世家》的记载:禹六世孙夏后帝少康,封其庶子于会稽,以奉守禹之祀,"辟草莱而邑",建立越人方国,开始进入历史的视野。时当公元前 21 世纪。这个庶子即是无余。无余初封大越,都秦余望南,历二十余世至于越王允常,拓土始大,与北方吴国开始争霸之战。公元前 473 年,句践灭吴后,将都城迁至琅琊(今山东琅琊),至越王无彊,拥有淮泗以东江南土地,与齐、楚诸国争雄。周显王二十六年(前333),楚威王打败越国,杀越王无彊,夺取浙江(今钱塘江)以西土地。越诸族子退回浙东,互相争立,或为王,或为君长,朝服于楚。公元前 222 年,秦大将王翦平定江南,越君降秦,越国灭亡。

越文化精神在越国时期已具雏形。在这个时期,文化主体仍旧是一个独立的民族——于越部族。然而,与神话传说时代相比,此时越文化的人文生态环境十分恶劣,这主要因为越国与邻近的吴国为争夺疆土而频繁发生战争。据车越桥先生的统计,史书记载的吴越战争先后五六次,小的冲突和争端则不计其数。越文化的主题从与水奋斗转向了与人奋斗。古越人经历了与吴、楚、秦之间一次又一次的战争洗礼,用血与剑铸就了越文化早期的精神品质。

越国早期,"越人断发文身,以避蛟龙之害","江南卑湿,丈夫多夭"①。夏少康封其庶子无余到此以奉禹祠时,这里仍是一片荒芜之地。《吴越春秋》卷六载:"余始受封,人民山居,虽有鸟田之利,租贡才给宗庙祭祀之费。乃复随陵陆而耕种,或逐禽兽而给食。"大体属于一种狩猎与迁徙农耕相混的经济形态。这种原始的生产活动,有很大的流动性,因此,部族的分布范围是很广泛的。在中原国家的眼里,越一直被视做未开化的夷狄之邦。越传国三十余世到了句践的父亲允常时,便开始称王而逐渐强大起来,并与吴国争霸。

吴国以姑苏为都城,越国以会稽为都城,两国领土毗邻,文化面貌基本相同,但彼此根本利益对立。"夫吴之与越也,仇雠敌战之国也。三江环之,民无所移,有吴则无越,有越则无吴。"②"民无所移",是说双方都没有退路;"有吴则无越,有越则无吴",是说两国不容并存,必须消灭对方才能生存下去。显然,彼此的斗争具有你死我活的性质,这使得吴越战争具有空前的惨烈性,是一场名副其实的为争取生存权的战争。

公元前 496 年,句践继位后,在越国北部边疆(今嘉兴一带)加强兵力,与吴发生了连年不断的战争。吴王阖闾乘机起兵攻打越国,句践出奇制胜,战败吴军,阖闾在这场战争中负伤而死,从此吴越结下世仇。阖闾之子夫差继位,欲报杀父之仇,称霸中原,整日操练军队。句践想先发制人,冒险起兵攻吴,结果大败于吴。吴军攻进越境,句践率五千残兵退守会稽山。为存越报仇,派文种去吴国,卑辞厚礼,忍辱求和。公元前 492 年 3 月,吴越两国订盟议和,句践被迫带着妻子和大臣范蠡去吴国,为夫差做了三年囚奴,受尽折磨与侮辱。公元前 490 年,句践获释返回越国,决心报仇雪耻。他"苦心焦思"、"卧薪尝胆",采用文种"灭吴九术",一方面用种种手段麻痹夫差,另一方面发愤图强,采取一系列有效措施,革新政治,鼓励农民开

---

① 《汉书·地理志》。
② 《国语·越语上》。

越文化通论

第三章 越文化精神的嬗变

· 129 ·

垦荒地,兴修水利,努力发展生产,减轻刑罚,薄征赋税,奖励生育,以繁殖人口,积聚财力,铸制兵器,训练士兵,加强军事战斗力。这些措施符合当时不甘为吴国奴役的越国人民的利益,因此,获得了人民的拥护。由于越国上下齐心,目标一致,措施有力,经过"十年生聚,十年教训",国力大振。公元前482年夏,句践乘吴国与晋国争霸,国内空虚之机,率兵一举攻占吴国都城,迫使夫差向越国求和。公元前473年冬,越国军队再次进攻吴国,占领姑苏城,夫差自杀身死。称霸一时的吴国,终被越国所灭。公元前472年,句践迁都琅琊,乘势向北方发展势力,会诸侯于徐州,做了春秋时期最后一个霸主。

吴越战争对越文化精神品质的形成,具有特殊的意义。首先,它发生在越文化从蒙昧走向文明的转折时期。据古籍记载:"越王句践,东垂海滨,夷狄文身。"①文身是一种颇具古越文化个性的风俗。《礼记·王制》:"东方曰夷,被发文身,有不火食者矣。"孔颖达疏:"文身者,谓以丹青文饰其身。……越俗断发文身,以辟蛟龙之害,故刻其肌,以丹青涅之。"文身用以"避害",亦有用以成人之礼之说。它表征着古越人的意识还停留在原始图腾崇拜的水平上。吴越争霸,也是吴越文化的交流过程,它加速了越文化走向文明的进程,给它刚刚步入文明时代的精神打上了不畏强暴、机巧权变的底色,并形成了一种稳定的文化基因。其次,吴越之战是一种全民参加的行为,从公元前537年越伐吴,到公元前473年越灭吴,持续64年之久,对越文化精神的影响,就其深刻、全面和持久而言,是其他任何历史事件所不可比拟的。越国在战争中从败到胜的曲折经历,深刻影响着每一个越人,使他们真切地体验到战争的残酷、丧国的耻辱和雪耻的艰辛,从而培育了一种"报仇雪耻"的文化性格,形成了一种以"刚毅"和"机巧"为基调的集体无意识。最后,越国在吴越之战中表现出来的种种精神品质,如"报仇雪耻"、"忍辱负重"、"卧薪尝胆"、"励精图治"等,具有极高的审美价值,通过典籍、戏剧、民间故事、歌谣等形式,世代相传,使越地每一代人从一开始就浸润在这种精神氛围中,成了这种文化精神的创造物。

越族人在吴越战争中孕育出了怎样的精神品质呢?关于这个问题,可谓众说纷纭。依据典籍记载,综合各家之说,本书认为可作如下概述:

---

① 《越绝书·外传本事》。

1. 好勇斗狠的品质

传说时代的古越人，"山行而水处，以船为车，以楫为马，往若飘风，去则难从，锐兵任死"①。他们因生存环境的强大压力，有一种与水抗争、视死如归的强悍性格。这种性格其实源于一种绝境，即不抗争就无法生存下去的处境。春秋时代，强大的吴国再一次把这种绝境强加给了他们——"有吴则无越，有越则无吴"，这使他们在与人奋斗中，将好勇斗狠的强悍精神发挥到了极致。

——"越甲三千可吞吴"，此说表明越人骁勇善战、强悍异常，能以一当十。

——"锐兵任死"，此乃"越之常性"，说明视死如归是越人的一种普遍倾向，一种常态的东西。假如把这种常态完全归因为保家卫国，似乎有些牵强。无论从何种意义上说，此状态都与原始宗教和巫术有一定关联。越人文身之俗即为佐证。

——"越猛虎也"，说明在春秋时代，越人以勇敢、威猛而闻名于世。

越剑是这种精神品质的载体和表征。史籍载："吴越之君皆好勇，故其民至今好用剑，轻死易发。"②越人好剑，越地也多产名剑，剑在古越人生活中占有特殊地位。《越绝书》卷十一载："赤堇之山破而出锡，若耶之溪涸而出铜。雨师扫洒，雷公击橐，蛟龙捧炉，天帝装炭，太一下观，天精下之。"这些神奇描述，反映出古越民族对剑的原始崇拜。

2. 矢志复仇的品质

当好勇斗狠的精神品质被句践引向战胜强敌、洗雪国耻的民族目标时，便催生了矢志复仇的精神。此时，越人好剑轻死与民族复仇叠加在一起，少了强悍和野蛮之气，具有了一种高拔、阔大的气象。

越人在战争中培育起来的刚烈、勇猛的品质，生成于置死地而后生的绝境，显见于民族危亡之际，体现的是对民族的忠诚，故而带有浓重的"民族主义"意蕴。这一点与日本文化有相似之处。日本人以忠为本，认为忠就是家臣必须无条件地为君主献出一切，甚至包括生命在内，它无须和"义"结合在一起，单独就是一种美德。这种古越之风在代代传承中凝聚为

① 《越绝书·外传本事》。
② 《汉书·地理志》。

越人一种特有的精神追求，即当民族临难之际，勇于以身许国。

3. 足智多谋的品质

在吴越征伐中，越人之智慧的表征有二：一是越王采用种种手段，在吴抵质三年后能安然回国；二是运用"灭吴九术"，十年就成功实现了敌强我弱的根本转化。对句践在吴为了自保而采取的种种"狡计"，如收买伯嚭，挑拨伍子胥与夫差的关系；为阖闾守灵，磕头跪拜以示悔过；对吴王及吴国大臣表现恭顺，以谢不杀之恩；为吴王牧马而假装悠然自得，甚至做出品尝大便之下作之事，从而彻底瓦解了夫差的警惕性等，后人多有评议。我们认为，排除其中个性化的成分，句践的所作所为在一定程度上代表了越族人工于心机、善于权变的品性。句践回国，一面采用文种"灭吴九术"，卧薪尝胆，励精图治，增强国力；一面继续做出姿态，贡献吴王，收买心腹，用比较短的时间就完成了从弱到强的转变，这非大智慧而不可为。诚然，越人的智谋中似乎少了一些"道"和"义"的约束，这很容易走上为达目的而不择手段的歧途，为世人所不齿。

4. 理性务实的品质

越地贫瘠，国小势危，报仇雪耻，有赖于辛勤劳作和点滴累积。勤劳节俭，稳重踏实，善于筹划，关注当下的实际问题，亦成为古越文化的重要品格。

古越人是理性的，也是务实的，颇似现代的"经济人"。尽管他们有"文身"之俗，但始终把命运托之于自身。道出于天，事在于人，这是古越人把握天人关系的基本尺度。尽管他们计谋多端，也常常以机巧取胜，但他们深知最终还要靠实力的较量。所以，越国君臣重视谋略，但不图一时侥幸，而将全部立足点放到实力的发展与累积上。谋略之用，也同样引向这一目标。文种向句践进破吴九术，综其要就是在双方力量的消长中，实现吴越强弱之势的最终转化。后人谓越人"多阴谋秘计"，正触及了越人拒绝虚张声势而力求切实的秉性。

5. 以进为退的品质

一部越国的历史，从订立耻辱的城下之约，到"十年生聚，十年教训"，一举灭吴，成为最后一个霸主，何等伟岸和壮阔，然而定都琅琊后，越国大势已去，几乎没有什么建树，平庸起来，退缩到了历史的后台，直到国灭为止。这一现象着实令人深思。

句践平吴雪耻后,做了一件不光彩的事,听信谗言,令为他立下奇功的文种伏剑自尽。其实,对句践的为人和心胸了如指掌的范蠡,看出句践此人"可与共患难,而不可共处乐;可与履危,不可与安",深知"大名之下,难以久居",于是当机立断,功成身退,离开越国,隐姓埋名,弃政从商。据《吴越春秋·句践伐吴外传》载,范蠡将要离开越国时,曾劝文种一同出走,然而文种自认为辅佐越王有功,句践不会加害于他。范蠡离越奔齐后,又写信告知文种,"飞鸟尽,良弓藏;狡兔死,走狗烹",劝其离开句践。故后人皆以"鸟尽弓藏"来解释句践诛文种,以为原因是文种对句践失去价值所致。细想起来,平吴雪耻已大功告成,然而北上争霸刚刚开始,如果句践是一位雄才大略的君主,有开疆拓土的壮志豪情,文种这位献伐吴"九术"的奇才,必被他视为掌中宝、座上宾,怎可诛之? 有人指出,防止大权旁落,是句践诛文种的真实用心。此说故然不假,然而进一步追问,难道句践没有思考过失去文种给他的霸业造成的损失吗? 很显然,他作出了宁可失去霸业也不失去权力的选择。

　　对于帝王而言,权力高于一切,句践也不例外。他在灭吴雪耻阶段,广纳贤才,推行"举贤上功"的路线。但尽管如此,谨防失柄之危,仍是他时时警觉之所在。即使入吴为奴,他也没有丝毫的疏忽。大夫曳庸以"日月不可并照"的道理,陈请句践将国事委任于文种,句践却坚持"委国归民,以付二三子",以相互剖之。① 句践深知,"举贤上功"是一柄双刃剑,可以是他破吴兴国强有力的仗恃,同时亦可能构成对其王权统治地位的严重挑战。如果事业的开拓将以权力失落为代价,那么这份沉重的代价是句践所绝对不愿意付出的,他会毫不迟疑地牺牲事业。况且,此时吴国已灭,"有吴则无越,有越则无吴"的生存绝境已不复存在,他更加无所顾忌了。

　　诚然,诛文种一事,具有句践的个性特征,但他的个性是受到越文化整体性格制约的。越族僻处东南,远离中原,处于一个相对孤独的地点上,而自然环境恶化,更使其生存空间日益狭小。当面临生存危机,没有退路时,在一个现实的具体目标激励下,越族人能励志图强,迸发出创造的活力,彰显出巨大的进取和进攻的精神;一旦目标达到,摆脱了生存的绝境,作为常态,不妨说他们是固陋守旧和不思进取的。史书记载,当越与吴为生存而

_____

　　① 参见《吴越春秋·勾践入臣外传》。

战时,越兵"莫不怀心乐死";而当为争霸而战时,渡河击敌则"军士苦之",及退师时,则"军人悦乐"。① 这既是上述观点的佐证,又说明越人具有一种以进为退、以攻为守的族群意识。

这种精神品质,在句践对待中原先进文明的态度上亦可得到映证。据《越绝书》记载,句践迁都琅琊后,孔子曾往谒见,欲为其讲述五帝三王之道,句践以俗异为由辞谢之。"俗异"为托辞,实为句践内心并无积极进取的强烈愿望。试想,此时的句践已进军中原,如欲霸中原,开创大基业,岂可不知中原的帝王之说?

最能证明这种精神品质的,莫过于越国灭吴之后的那段没有光泽的历史了。越国定都琅琊后续存了二百多年,其间在政治、军事、经济、文化等方面一无开拓,宫庭内乱不绝,在历史上可说是悄无声息。《吕氏春秋·顺民》载:"齐庄子请攻越,问于和子,和子曰:'……无攻越,越猛虎也。'庄子曰:'虽猛虎也,而今已死矣。'"此是徙都琅琊后不过几十年间发生的变化,曾一度让北方诸侯畏怖若猛虎的越,已被看做"死虎"了,这在很大程度上恐怕就是失去开拓、进取之志所酿造的悲剧。

二、秦汉至东晋时期:断裂与转型

以公元前222年越国灭亡为标志,越文化原有的发展路径被强行中断,开始了从于越民族文化向汉民族的地域文化的转型过程。越文化的主体不再是于越民族,而逐渐成为汉族,文化生态环境也发生了重大改变,由战争等造成的强大生存压力得到了消解,文化主题也由原先的抗争变成了发展。这是越文化精神发生史上重大转型的时期。在这个阶段,越文化精神改变了自己的底色,重新确定了它的历史走向。

(一)越文化精神的断裂

使用"断裂"一词,旨在强调自秦汉开始,越文化精神走上了一条与它的先前路向相反的发展道路。这也就是说,越国时期由吴越战争孕育出的

① 《吴越春秋·勾践入臣外传》。

越文化精神,随着越国的灭亡和越族人的迁徙,在越地由汉族人(或汉化的越族人)开始了它的新的发展历程。文化及其精神的断裂现象,在人类历史上并不少见,甚至可以说是一种常态。美国学者 E. R. 塞维斯在其《文化进化论》一书中对直线进化论所作的批判,有助于我们理解这种文化现象。

促使越文化精神发生断裂,主要有以下三方面的原因:

1. 文化主体"换班"

据《史记·秦始皇本纪》记载:"王翦遂定荆江南地,降越君,置会稽郡。"这说明,秦军征服越国以前,于越仍是一个有君王领导的统一的部族。这个部族在历史上曾勇敢善战,加上拥有负山临海、资源丰富的土地,对于秦王朝的统治,是一个心腹之患。《秦会要》所说的"东南有天子气"①,实际上是把这个部族看成了颠覆秦王朝统治的潜在力量。

秦始皇统一全国后,上会稽,祭大禹,立石刻颂秦德,以安抚和威慑越人。为杜绝后患,他对越地采取了两项政策:一是实行郡县制,分天下为三十六郡,以原吴越旧境置会稽郡,设郡治于吴(今苏州),改大越为"山阴",从地名上消灭越地;二是强迫迁徙,使越、汉杂处。《越绝书》载:"徙大越民置余杭、伊攻、□故鄣,因徙天下有罪谪吏民,置海南故大越处,以备东海外越。"此外,"乌程、余杭、黝、歙、无湖、石城县以南,皆故大越徙民也。秦始皇帝刻石徙之②。那些不愿意迁出的越人则逃到大山深处,称之为"山越"。汉武帝元狩四年(前119)冬,"关东贫民徙陇西、北地、西河、上郡、会稽,凡七十二万五千口"③。以平均计,迁会稽郡应为 14.5 万口,时 26 县,山阴占其大数。建武年间,"郡国大姓及兵长群盗处处并起,攻击所在,害杀长吏"④。刘秀发兵威胁追讨,处死郡守十余人,把捕获之大姓兵长迁徙南方会稽等郡⑤,赋田授廪,割断其与乡土联系,融合于越族之中,共同成为常居之"土著"。东汉末年,长江以北战乱不断,群雄角逐,江北士人不堪战难,纷纷南渡江东。据《三国志》(包括裴松之注引诸书),南渡者有临淮鲁肃、彭城张昭、严畯,阳都诸葛瑾,淮阴步骘,广陵卫旌、张纮、袁迪,北海是

---

① 孙楷:《秦会要订补》卷六。
② 《越绝书》卷二,《越绝外传记·吴地传》第三。
③ 《汉书·武帝纪》。
④ 《后汉书·光武帝纪》。
⑤ 参见《后汉书·光武帝纪》。

仪,汝南吕蒙,莒县徐盛,固始胡综,北海滕耽,江都华融、皇象,陈国陈融,沛郡蒋纂,至建安十八年(213),孙权已据江东,北方士民南迁凡十余万户,其中步骘、卫旌、是仪均直徙会稽,华融、皇象寓居山阴,是为又一次民族大融合。

三国孙吴时,为开发兵源、财源,强迁山越下山,使"强者为兵,羸者为户"。据《三国志·吴书》记载,自东汉建安十八年(213)贺齐讨彭材等"拣其精健为兵,次为县户",至建安二十二年,"得精卒数万人"。孙吴黄武五年(224)全琮为东安郡太守,讨伐山越,"数年中,得兵万余人",嘉禾三年(234),顾承"与诸葛恪等共平山越,别得精兵八千人"。历经三年,十万山越人出山投降,四万丁壮补为军队,余为编户。陈表领新安都尉"在官三年,广开降纳,得兵万余人"。会稽太守吾粲"募合人众"不计其数。孙吴以山越为兵,前后达十余万,编户更多。经过多年"服化"(降服)和"从化"(感化)越族后裔逐渐汉化。

西晋,先有"八王"之乱,继有匈奴、羌胡反晋。从永嘉五年(311)六月,汉刘曜攻占洛阳,杀官吏、士民 3 万余人,焚毁洛阳起,至南朝陈近 130 余年,先后有 12 个政权更替,北方一片混乱。司马睿于建康称帝,保住半壁江山,江南相对比较安定,故中原士民大批南迁,"中州士女避乱江左者十六七","自江陵至于建康,流民万计"。据《晋书·地理志》、《宋书·州郡志》等有关记载估计,刘宋时有户籍之南迁人口约占西晋北方人口八分之一,约占刘宋时南方人口六分之一。播迁至会稽地区者,主要有泥阳傅氏、鄢陵庾氏、高阳许氏、阳夏谢氏、陈留阮氏、晋阳王氏、琅琊王氏、江夏李氏、金乡郗氏、谯国戴氏、安乐高氏等。有身份者寓居郡城县郭,一般多杂处曹娥江及剡溪一带,致使会稽郡 10 县人口大增。

越族人迁出,汉人不断迁入,使越地的发展路径,从原来于越族同华夏族之间的称霸争雄转变为汉民族内部的和平发展和开放交流。越地的文化主体,也由于越先民开始转变为汉族人。

诚然,秦汉时期不清楚迫迁越地的汉族人有多少,也不知还有多少越族人留在越地。即使越地还有相当数量的越人,但汉族文化在当时是高位文化,它随着汉族人的到来必然与原先的越文化发生碰撞,其结果是汉文化同化越文化,而不可能相反。从这个意义上说,古越文化随着越国的灭亡而必然中断它的历史,是极其自然的事情。

2. 生态环境改变

秦汉至东晋,越地在马臻筑鉴湖后,自然环境明显改善,加之远离中原地区,无大的战事威胁,先秦时期那种恶劣的生态环境已不复存在。

西汉时期,会稽郡治在吴(苏州),领山阴等二十余县。人口增加和经济发展,对当时潮汐出没、盐碱沼泽之地的宁绍平原提出了新的整治要求。顺帝永和五年(140),会稽太守马臻筑鉴湖,使长期遭受洪水侵袭和咸潮浸渍的绍兴北部沼泽平原变成了万顷良田,极大地改善了越地的生存环境。开凿鉴湖,除了防泄洪、灌溉农田,培育水产的作用以外,初步改变了稽北诸河奔流无羁的水文环境,增加了波光潋滟的人文景观。王羲之描述的"山阴道上行,如在镜中游",生动展现了绍兴的美景。水性柔和,加上鉴湖的建造、维护和使用过程中需要组织和协作,这对形成越地温和委婉的柔韧人格提供了有利的自然环境。

人文环境的改变有三大标志:一是秦汉至东晋几百余年时间,越地无战事。孕育于大禹时代、生成于吴越征战时期的古越文化精神,在平和的农耕生活、秀美的水乡环境中,失去了滋养。二是东汉时期王充对封建神学和世俗迷信的批判,从一定程度上动摇了巫祝文化,瓦解了支撑古越人"轻死易发"的精神基础。三是从东汉灵帝末年开始,佛教传入会稽,出现了尼庵。西晋末年越地相继建成的寺院庵舍有 12 处,说明当时会稽佛教的传播有了一定规模。20 世纪 80 年代越地出土的佛教文物证明,信佛已经成为当时会稽郡比较普遍的一种现象,而且深入到人们的生产、生活和丧葬习俗之中。从东晋到南朝的 260 多年间,会稽郡佛教有了很大发展。特别是由于晋室南迁、名士荟萃和汉译佛经的广泛传播,会稽高僧云集,儒佛合流,学派林立,会稽迅速发展成为我国南方的两个佛教中心之一(另一个在建康,即今南京)。① 佛教"戒杀生"、"因果报应"、"生死轮回"、"以德报怨"等教义,以其独特的统摄精神的巨大威力,极大地消解了古越文化精神的"尚武"品质。上述这一切都为越地文化从尚武向崇文的转型提供了良好的人文条件。

3. 文化主题更替

秦汉以后,越地文化脱离耕战轨道,走上了耕读的发展道路。

---

① 参见任桂全主编:《绍兴佛教志》,浙江人民出版社 2003 年版,第 2—3 页。

民族迁徙,尽管带有血腥味,但客观上使越地文化在较短时期内完成了同中原文化的一体化过程,推动了越地文化的进步。随着人口迁徙,增加了越地的劳动力,牛耕和铁制农具等西汉中期就在中原广泛使用的先进技术也随之传入越地,并得到初步应用,大量荒地得到开垦,两牛一耕的犁耕法也日益推广,亩产量不断提高。蚕桑业在古代越国以后又重新出现,诸暨的生丝被定为"御丝"。手工业方面,国家一统,加上农业的发展,使越国时代传留下来的青铜兵器铸造业转向了精美的铜镜铸造。山阴、会稽两县,成为全国铜镜的制造中心。青瓷制造和麻纺业也开始在绍兴地区兴起。东汉末期,在上虞小仙坛陶瓷窑场首先烧造出青釉瓷器,到三国两晋南朝遍及山阴、诸暨等县,唐朝将其作为大宗外贸产品经扬州、明州(今宁波)远销海外。"越布"是当时山阴县的重要贡品,光武帝多次催贡,以后甚至远销海外。据考证,山阴当时同临淄、陈留、汉中一起,成为全国最大的麻织中心。所有这些极大地促进了越地商业的发展,增强了越地人的商业意识,为理性精神的培育提供了沃土。

汉人不断迁入,尤其是"永嘉之乱"后一批名臣和文化名士,如王羲之、谢安的到来,也推进了中原文化在越地的传播和繁荣,使会稽成为东晋的文化中心。东晋时孝武帝提倡办学,义熙八年(412)会稽郡办起了官学。官学的创办,使越地重教兴学的传统得到发扬光大,读书知礼的人数也开始大量增加,耕读传家渐成风气,在移风易俗和改造越文化上发挥了重要作用。

总之,秦汉以后,越文化主题不再是战争与抗争,而是和平与发展。

(二)越文化精神的转型

随着文化主体、生态环境和主题的改变,越文化精神开始了从"尚武"向"尚智"的转型。主要表现在:好勇斗狠、矢志复仇的品质,因无战争滋养,加之儒家、佛教文化的洗礼而逐渐弱化;以进为退、以攻为守的品质,由于生存"绝境"的消失和严酷的封建专制统治,转化为退守和怯懦;足智多谋、理性务实的品质,反而在农业生产,尤其是手工业生产和商品交换中得到了强化和拓展,催生了精明、疏情、权变等新的品质。此外,更重要的是,此时越地文明之风强劲,一扫越地在荒服国时代遗留下来的蛮气,巫祝文化在越人的心灵世界中丧失了统治地位,"轻死易发"成了历史的回忆。长期安定的农耕生活,使越地人不再习惯于越国时期那种危机四伏、颠簸流动的处境,他们渴望和平和安定,这催生了越文化的崇稳品质,并使之成为而后千余年间自身发展的一种十分稳定的"底色"。

三、隋唐至明清时期:发展与成熟

越文化精神的转型过程,在隋之前大体完成。经过隋唐至明清的发展,大的走向未发生变动,基本精神品质也日趋稳定和成型。这期间,北方人口迁入,民族融合加深,农业、手工业和商业持续发展,文学艺术繁荣,佛教的传播以及阳明心学的产生等,对于越文化精神转型后的发展和不断走向成熟,发挥了重要的作用。

(一)民族同化与包容精神

在封建社会中、后期,对越文化影响最大的历史事件,首推"靖康之难"。北宋靖康元年(1126),金兵两次侵宋,汴京沦陷,徽、钦二帝被掳北行,北宋灭亡。康王赵构在逃亡途中即位,为宋高宗,改元建炎,是为南宋。建炎三年(1129),因金兵追击,宋高宗南逃,于十一月到达越州,次月离开越州,逃往明州、台州、温州。建炎四年(1130),金兵北去,宋高宗回跸越州,以州治为行宫。建炎五年(1131)正月,改元"绍兴"。十月以唐德宗巡幸梁州故事,升越州为绍兴府。绍兴二年(1132)正月,定都杭州,但仍以绍兴为陪都,将大理寺和六宫留在绍兴。后又在绍兴营建陵寝,即今之"宋六陵"。

"靖康之难",引发难民潮,大量北方难民南迁,这是越地历史上第三次民族大融合时期。至此,经过自秦汉从来多次民族融合,南方越人完全融入到汉民族大家庭中。也就是说,从文化主体视角看,越地文化由民族文化向地域文化的转型过程,至此已彻底结束。

"靖康之难"也使越地一度成为全国的政治中心。据考证,宋高宗前后两次在越州居住,共计1年零8个月又28天。他将年号由"建炎"改为"绍兴",在赦书中把"绍兴"一词界定为"绍奕世之宏休,兴百年之丕绪。"此举着实提高了越州在南宋历史乃至中国历史上的地位,也为越地接受中原文化提供了千载难逢的机遇,客观上加快了越地民族文化融合的速度。

在长期的民族融合过程中,越文化培育了包容精神。一方面表现为兼收并蓄,允许不同类型、不同民族和地区的思想观念、风俗习惯的存在,对异己的文化元素能够采取包涵的态度;另一方面表现为善于学习和吸收优秀的文化特质,广撷百家,吸纳精华,故而历久弥新。越地是个绝少地域偏见的地方,早在越国时期,越王句践任用的重臣,无一不是外地人,如范蠡、文种、计然等。这已沿习成为传统,在如今越地各级领导岗位上,有许多都是从外地引进的人,这足见越地人的开放、包容的雅量。

(二)生态改善与抗争精神

越地改善自然生态环境的主要任务,就是水的治理。这从大禹治水的传说和马臻筑鉴湖就可以得到印证。隋唐时期,越地在水利建设上采取了许多措施,如前期有诸暨的湖塘,会稽的防海塘,后期有山阴的越王山堰朱储斗门等。规模最大的是防海塘的建筑。防海塘建筑始于隋代,工程浩大,到了唐代初具规模,分东江塘、北海塘、西江塘三段,从此,山阴、会稽、萧山三县的水都可通过三江出海了,基本上保住了北面的水源,消除了水患。

南宋时,诸暨、会稽、山阴等县的旧湖得到重新疏浚和开掘、同时修治斗门堰闸 13 所。其中以鉴湖的开掘,塘坝斗门的建造,成绩最为突出。据史书记载,这些水利工程收益很大,"民田九千余顷,悉获倍收"①。

明初洪武年间,在绍兴西修筑了菱明塘,灌田 1.8 万余亩;在上虞筑海堤 4000 丈,改造石闸。特别是嘉靖年间绍兴三江闸的建成,使水利工程达到了完善的程度。三江闸是明嘉靖十五年(1536)绍兴知府汤绍恩领导建筑的,地处钱塘江、钱清江、曹娥江汇合的三江口,它使上虞、会稽、山阴、萧山四县皆获其利。

清代康熙、雍正、乾隆三朝,比较注重沿海堤塘的修筑,经过几朝努力,形成了我国历史上杭州湾两岸比较巩固的塘堤系统,为越地社会经济的发展提供了良好的自然生态环境。

从人文生态环境讲,越地处江南一隅,历来不是兵家必争之地,秦汉以

---

① 《宋史》卷九十七,《河渠志·东南诸水下》。

来一直比较和平安定。但唐代末叶,由于中央政权削弱,地方势力进行割据,越地曾发生过几次战争。一次是杭州刺史董昌与浙江观察史刘汉宏之间的战争,历时4年,以董昌部将钱镠攻占越州而结束。另一次是公元896年发生在董昌与钱镠之间的战争,以钱镠再一次攻占越州而结束。这两次战争对越地经济社会发展影响不大。此后数百年间,越地无战事。自明朝开始,越地屡遭倭寇侵扰,以嘉靖三十三年至三十五年为最,抗倭战争连年不断。嘉靖三十五年,在越地军民的共同抗击下,倭寇乘船退至福建,越地复得太平。清兵入关,越地曾开展了轰轰烈烈的抗清斗争,成立了抗清政权——鲁王监国。监国政权曾组织了一支20万人的抗清队伍,与入关清军在钱塘江上相持一年,多次击败清军,但最终失败。

越文化完成转型之后,抗争精神主要在改造自然环境的斗争中表现出来。自隋唐至晚清,在长达千余年的时间里,越地人始终没有放弃与水的斗争,在一次次的治水工程中,坚韧、顽强、开拓和进取的精神品质,得到了持续不断的升华。这种精神品质在改造人文生态的斗争中也得到了滋养。鲁王监国绍兴,时间虽然不长,但围绕抗清复明主题,越地民众的集体抗争意识得到了一定程度的复苏,涌现出了许多可歌可泣的历史人物,彰显了英勇奋斗、壮烈殉国的"慷慨"品质。

(三)农业、手工业和商业的发展与务实精神

自秦汉以来,越地的种植业一直以水稻作为主要粮食作物,在肥料、品种和耕作技术方面积累了大量经验,至东晋南朝时期,就已经成为我国重要的稻米产区。越地人历来十分关注水稻品种的改良,南宋已有50种之多,此后各代又不断从国内外引进优良品种,越文化之开放、学习和求新的品质由此可见一斑。唐中期以后,越州成为最富庶的地区之一,其经济发展的好坏直接关系着全国经济的盛衰,诚如杜牧所说:"越州机杼耕稼衣食半天下"。南宋时期,越地集中了大量北方移民,劳动力得到了大量补充。这些弃家破产来到南方的迁徙者,为了获得衣食,重建家园,必须格外辛勤地从事垦荒,耕地面积因此而不断扩大。明代越地有了双季稻和茶叶的种植。蚕桑业在隋唐时期有了很大发展,成为各种著名丝绸的全国产地,至明代,蚕桑业已成为越地农业的支柱产业部门。元代初期,越地开始棉花的种植,清代以后种植面积逐渐扩大起来。

唐朝时候,绍兴的手工业技术也有了很大的进步,最著名的产品是丝织品和瓷器。唐以前,绍兴纺织业以织布为主,至唐代,由于南北技术交流,丝织业开始发达。唐玄宗时,会稽郡生产的丝织品制作精美,品种丰富,花色多样。其中罗、吴绫、绛纱等经常作为贡品,进献朝廷。唐代越州的青瓷已驰名海内外。据文献记载,唐代以来,"越窑"瓷器运往国外的数量很大,销售地区甚广,在日本、埃及、伊拉克、马来西亚、印度尼西亚、印度、伊朗等国的古代遗址中,都曾陆续出土了不少"越窑"瓷器。宋代手工业比隋、唐两代都有进步。越州"寺绫"(僧尼织造的)是全国闻名的特产。剡溪出产剡纸、毛版纸、敲冰纸和罗笺等各种名纸,为当时人们所珍爱,使得越地在全国造纸业中居于显要地位。

明代随着商品化生产的增多,丝织业、纺织业部门出现了大量手工工场,机户与机工之间呈现出了资本主义的雇佣劳动关系。清朝前期手工业也发展起来了,民间工艺有了很高的成就。木刻、砖雕、丝织等民间工艺品进一步发展。其他如酿造、制铜、锡箔、陶瓷等都成为绍兴的特色。商品经济的发展,促进了绍兴商业的繁荣,也使绍兴的商人遍布全国。

农业、手工业和商业的发展,强化了越文化的务实精神。在农业生产中,越地人深知一分耕耘一分收获,说空话无用,踏实苦干才会有收益。同样,在手工业和商业活动中,他们也感悟出清谈玄想的弊害,领略到真做实干的益处。诚如章太炎所说,务实是"国民常性,所察在政事日用,所务在工商耕稼,志尽于有生,语绝于无验"①。用在越地人身上,是再恰当不过的了。

(四)文学艺术与求新精神

唐宋时期,越地涌现了一大批优秀的诗文名家。贺知章的《回乡偶书》、朱庆馀的《近试呈张水部》、贺铸的《青玉案》、王沂孙的《齐天乐》等,都是中国古代文学的经典之作。尤其是南宋的陆游,一生作诗万首,诗中激荡着强烈的爱国主义热忱,是中国古代最杰出的诗人之一。

明、清两代,绍兴文学继承前代优良传统,继续开拓创新,文学体裁进一步完备,文学技巧更臻于成熟,文学作品更富有个性,并注入了全新的内

---

① 汤志钧编:《章太炎政论选集》下册,中华书局1977年版,第689页。

容。这一时期,散文精品众多,有王守仁的《瘗旅文》、徐渭的《游五泄记》、张岱的《湖心亭看雪》、《西湖七月半》等。戏剧创作也十分活跃,形成了与"吴江派"并称的"越中派"。小说创作开始受到重视,代表作品有俞万春的《荡寇志》等。

隋唐五代时期,随着封建经济的全面繁荣,越地在陶瓷、染织、金属等众多的工艺美术类别中都有重大的进展,呈现出华丽、精巧的艺术风格。唐代绍兴工艺美术品当推越窑青瓷。器形有所创新,动物造型的器皿相当普遍,荷叶形、葵瓣口的青瓷碗十分典雅。此外,绍兴铜镜的制作工艺在唐代仍有发展,并以争芳斗艳的题材、繁复瑰丽的构图和造型的明快著称于世。宋元明清时期,绍兴的各个艺术门类均有不同程度的继续发展。尤其是资本主义萌芽的产生、城市的发展、市民阶层的需求,为书画艺术和戏曲歌舞提供了重大的发展机遇。绍兴的民间艺术,形式多样,风格各异,特色鲜明,流传广泛。民间艺术分为表演艺术和造型艺术两大部分。表演艺术主要有民族吹打乐、板凳龙、布龙、龙舟、抖狮、擂马、走马灯、火流星、鼓亭、响叉、十番、旗幡、仪仗、高跷等。这些表演艺术为群众所喜闻乐见,具有浓郁的越地风格。造型艺术主要有石雕、砖雕、竹编、棕编、草编、珠串、越塑、泥塑、糕塑等。

一部越地的文学艺术史,其实是在艺术形式和内容上不断"推陈出新"的历史。由于封建专制的政治统治和严酷的思想控制,社会制度设计和学术研究领域并不是创新的一片沃土,这里荆棘丛生,窒息了新鲜的东西。文学艺术领域远离政治,环境相对宽松,自然成为人们释放创新能量的最好去处。越地人自然也不例外,他们在这个领域里通过对文学艺术不懈的追求,延续着越文化的创新精神。应当承认,与同期其他地域文化相比,越文化在这方面是相当出色的。

(五)耕读之风与尚智精神

越文化主题在由耕战转向耕读的过程中,教育的兴起和发展是一个标志性的事件。绍兴教育发端甚早,早在越国时期,句践就重视仁义教化,受到子贡的赞扬。东汉时期,王充八岁在书馆读书时,书馆的学童就有百人之众。王充后来弃官回乡,一面著书立说,一面设塾授徒。西晋末年,为避战乱,北方人口大量南迁,多有名门望族及文人雅士移居会稽,在郡内普修学校,聚徒讲学,进一步推进了越地教育的发展。

隋唐两代,科举制兴,越州及属县开始建立官学,并出现以校书、藏书为主的书院。乡间学塾亦趋于兴盛。长庆年间,元稹(微之)任浙东观察使兼越州刺史,驻越七年,"尝于平水市〔今绍兴县平水镇〕见村校诸童竞习歌咏,召而问之,皆对曰:'先生教我乐天、微之歌'"。可见当时村学已十分普及。

宋及以后,历代守土者,多以兴学育人为己任,越州州学规模扩大,属县皆先后设置县学,同时出现了一批颇具规模的民间义学和作为讲学之所的书院。特别是范仲淹知越州期间,在州治卧龙山麓亲创稽山书院,"四方受业者甚众",朱熹等学者曾来此主讲。南宋初年,近在京畿的越州两度作为临时首都,后升至绍兴府。同时,中原移民大量涌入,尹焞、石墩、朱熹、吕祖谦等学者名流云集,使得书院勃兴,学术活动频繁。

明清两代,理学思想活跃,王守仁、刘宗周等创辟书院著书立说在先,黄宗羲、全祖望、钱德洪、蒋士铨、李慈铭等设坛讲学传播"王学"于后,在绍兴府开设的书院多至四十余所。其中稽山书院、证人书院、蕺山书院、阳明书院、阳和书院等处多由名师讲学,学士云集,学术研究风气大盛,绍兴成为阳明学派、蕺山学派的发祥地,影响深远。明嘉靖年间,境内民间学塾遍布,私塾尤其发达,几乎村村设塾。清末,清政府通令将书院改为中学西学兼习的学堂,绍兴府境先后有三十余所书院和义塾改办学堂。

兴学重教,标志着越国时期以谋略为主的尚智精神,开始向文化科学方面拓展。这种拓展在传统社会价值体系的诱导和支持下,呈现出持续不断的强劲势头。俗话说:"万般皆下品,唯有读书高。"读书是在传统社会中向上升迁的唯一道路,也是获得社会地位和受人尊重的主要手段。一个人一旦成为读书人,就会有光明的前途,进则成为官僚,退则成为乡绅,总之是身价倍增。"书中自有黄金屋,书中自有颜如玉,书中自有千钟粟",金钱、美女、官禄全部都可以通过读书得到,这就不难理解越地自古以来为什么会出那么多的状元。当然,更多的读书人在仕途上并不顺利,无奈之下就经商或从事其他营生,把智能用在了这些行当上。最突出的就是"绍兴师爷",这个特殊的群体以工于心计、擅长计策而著称,在传承和光大越文化尚智精神方面发挥了重要作用。

（六）佛教世俗化与隐忍精神

越地的佛教，到隋唐五代时，已进入了繁荣时期。繁荣的显著标志之一，是大量佛教寺院和庵舍的建造。从现存地方志和高僧传记查得，这一时期共创建佛寺208处、庵舍8处。如果按朝代分，隋代5处，唐代91处，五代120处。按县域分，分别为山阴、会稽82处，上虞34处，嵊县22处，新昌11处，诸暨56处，此外，还有不明县籍的9处。① 一些高僧大德，居住越中寺院，或讲解佛经，传播佛学思想，或著书立说，阐发义理，他们对中国佛教八大宗派的形成和发展做出了重要贡献。宋元时期，绍兴佛教同全国一样，失去了往日的繁荣，开始逐渐走向衰落。明、清两代，绍兴佛教通过建造家庵，供奉佛像、吃素、念佛、放生、节会等方式，使佛教信仰从寺院庵舍向民间延伸，信徒由僧尼向民间扩大，佛教信仰深深地渗透到了民众日常生活的层面，世俗化成为越地佛教发展的主流。越地居士增多，他们在家断荤酒、诵佛经、研教义。许多官绅或有钱人家，出资建立家庙家庵。越地民众中以修桥铺路、兴修水利、赈灾济贫、施茶施医、施粥赈饥和助学兴教为内容的慈善事业渐成风气。

佛教世俗化改变了越地风俗，对越文化精神也产生了一定影响。这集中表现为弱化了古越地人强悍和刚烈的气质，强化了隐忍的精神品质。忍，一般是相对于受辱而言的，故有忍辱一说。忍辱是大乘佛教的重要义理和修行法门。从世间法来说，忍辱是一个做人处世、待人接物的修养功夫。作为一种品德修养，又是人们妥善处理问题的重要手段和方法。体现在日常生活中，就是善于用坚忍不拔的毅力来克制自己的不良情绪，克服自身的弱点与缺点，心甘情愿地承受那些于己不利的事情所带来的种种压力，以便创造条件，等待机缘，争取最终的胜利。佛教的忍辱，乃是为了达到牺牲小我、完成大我的理想，是一种不屈不挠的精神表现，故忍辱绝不是一个消极的态度，而是一种十分主动积极的做法。它实质上是一种远见，是一种勇气，只有真正具有远见和勇气的人，才能做到忍辱。

（七）阳明心学与主体精神

越地学术传统形成于东汉时期。王充倡导"疾虚妄"的批判精神，反对

---

① 参见任桂全主编：《绍兴佛教志》，浙江人民出版社2003年版，第6—7页。

空洞无稽之谈，主张实事求是，追求知识的实用价值。他开创的重理性、重实践、重效用的学取向，成为浙东学术的基本传统。

隋唐以来，以佛教为代表的宗教文化极为发达。佛教思想普及到民间，完成了"本土化"的改造，成为社会的主导意识形态，对中国固有的、以儒家思想为代表的传统文化形成冲击。故而从中唐开始，通过反佛来坚持中国文化传统，通过重构传统文化来对抗佛教，成为当时学术的主流思潮。这一思潮发展的结果就是在两宋时期兴起了理学。宋代理学讨论的主题是"性与天道"，也涉及政治、道德、教育等问题。理学起于北宋，经南宋而进一步发展，到明代有更新的发挥，延续到清代前期而日渐衰落。

理学的基调是"内圣"，而不是"外王"。它以个体自身的道德涵养的提升为着眼点，主张通过道德修炼"超凡入圣"，而置外界和现实问题于不顾。这在仅存"半壁江山"的南宋时期，显得非常不合时宜。南宋面对外敌入侵、国破家亡的民族危机，最迫切的现实问题是如何实现自身富强、恢复中原和以图王朝的一统。所以，浙东地区的学者认为，"内圣"固然重要，但"外王"更为重要。他们主张要培养经世致用的人才，将知识用于现实，追求知识的现实效用，史称之为"浙东学派"。它受到了朱熹等人的批判，被当做是离经叛道的"功利"主义。

浙东学派就地域分布而言，有三支：永嘉学派、永康学派及金华学派（也称"婺学"），其代表人物有陈亮、叶适、吕祖谦等人。无论发源地或代表人物，浙东学派均与越地无直接关系。但这仅就学术流派而言，并不是说越地未曾受到该学派的思想观点的影响。事实上，作为浙东学派的思想基础，事功之学在越地有着深厚的历史积淀，从越国时代开始，追求实际效用而不事浮夸，就已经内化为越地民众的文化性格。越地之所以没有成为"浙东学派"的发源地，恐怕只是与学术研究的特殊性有关，而与文化背景无关。

南宋时期，陆九渊的心学在浙东宁波有强劲的传播。南宋以后，宁波的心学与永嘉之学融合，流传到越地。明代中叶，王阳明继承陆九渊的心学传统，在越地创立了阳明心学，为心学开辟了新的路向，并使之成为中国思想发展的主流。明代后期，阳明心学被一些人变成了纯粹玄学，流弊明显。刘宗周开创蕺山学派，对阳明心学进行了重建，实现了阳明心学以开物成务为旨趣的精神回归。

阳明心学的核心思想是"致良知"和"知行合一"。"致良知"是一种道德修养方法。他认为"良知即是天理"①,是一种"不虑而知"的天赋的道德观念。若要恢复良知,一是将私欲等障碍去尽,二是将自己的良知推及到事事物物。"致吾心良知之天理于事事物物,则事事物物皆得其理矣"②,也就是说,将自己的一切行为和活动都纳入到既有规范的轨道上。"知行合一"与程朱学派的"知先行后"相对立。王阳明认为:"知是行的主意,行是知的功夫;知是行之始,行是知之成。"③他既反对"懵懵懂懂的任意去做",也反对"茫茫荡荡悬空去思索"④,主张"知行合一"。从他的阐述分析,这一命题良莠杂混,一方面,认为"一念发动处,即便是行了"⑤,"知之真切笃实处即是行"⑥,混淆了知行概念,另一方面,又说"知行并进","真知即所以为行,不行不足谓之知","食味之美恶,必待入口后知"⑦等,含有合理因素。蕺山学派创始人刘宗周,在蕺山讲学,有自称"蕺山之徒"者三百余人。他创"慎独"说,认为"工夫与本体亦一"⑧,力倡"诚敬",要求通过"克己"、"择善"来达到诚敬。他提出了辩证的"动静"观,认为"动中有静,静中也有动"⑨,并且认为"静以宰动",而"静"是"动而无妄"。

阳明心学的出现与当时越地的社会历史文化背景有密切关系。越地偏僻,较少受到程朱理学的思想束缚,易于产生"离经叛道"的新思想。明中期越地商品经济的发展和资本主义生产关系萌芽的出现,客观上也要求摆脱封建主义礼教的控制,张扬人的理性、个性和主体精神。阳明心学无疑满足了这种需要,对越文化精神产生了较大影响。这主要表现在三个方面:一是增强了越文化精神的理性成分。商品经济与资本主义生产关系具有天然契合性,这集中表现为对利润的崇拜和追求。利润是投入与产出之比,它是理性运作的结果,依托的是科学技术和经营管理。所以,崇尚理性,成了文化近代化的标志。阳明心学与朱熹理学都讲一个"理"字,也都

---

① 《传习录》中。
② 《传习录》下。
③ 《传习录》上。
④ 同上。
⑤ 《传习录》下。
⑥ 《传习录》中。
⑦ 《传习录》中。
⑧ 《诸说》。
⑨ 《语录》。

主张"存天理、灭人欲",但朱熹认为"理"外在于人,人性、物性均源于"理",这有利于使封建主义原则凝固化和神圣化,让人们对它顶礼膜拜。王阳明则不然,继承了陆九渊的"心即理"之说,主张"心外无物,心外无事,心外无理"①。他强调的是人的理性地位和作用。二是推动了独立性和个性的形成。商品经济开启了个人独立性的时代,而阳明心学通过"致良知"的方式,强调学贵自得,主张独立思考与敢于自主的精神,高扬了人的个体意识、能动性和主体性。三是肯定了实践、实用或效用的价值。从历史上看,以逐利为至上原则的商品经济,与功利主义和实用主义有一种"天然"的亲和力。阳明"知行合一"说,以比较曲折复杂的方式肯定了"行"的地位和意义,尤其在他的教育思想上,十分重视"身体力行"在成人成才中的作用。这对越地人重实效、轻浮华的精神倾向的培育和弘扬,有十分重要的促进作用。

(八)文化精神的定型

在隋初至清末约 1300 余年间,越文化作为中华民族的一个地域文化,沿着农耕文明的道路不断走向成熟。其显著标志是拥有发达的农业、手工业和商业,经济生活以自给自足的自然经济为基础;无论是作为府、郡、路或州,越地都归属封建政权"大一统"的管辖,政治生活以中央集权封建统治为基础;在精神生活方面,随着民族同化和文化主体的彻底"汉化",儒学、道学和佛学这三大培育中华民族精神的学说,在越地占据了统治地位,越文化精神已经成为中华民族精神的一个子类。

在这个时期,不难发现越文化中自强不息、包容和谐、崇尚统一、坚忍不拔、克勤克俭、务实乐观的精神品质,而这些精神品质正是中华民族精神的基本内涵。它既证明了越文化精神与中华民族精神具有高度的同质性,同时也表明在千余年间的发展中,作为一种区域文化精神,越文化精神已基本定型。当然,这种定型不能只从越文化精神与中华民族精神的共同性上加以理解,也应当从其作为一种区域文化所固有的特殊性方面加以分析。如上所述,在这个历史阶段,越文化精神中富有特性的进取精神、务实精神、求新精神、尚智精神、隐忍精神、主体精神等,也获得了充分发展,通

---

① 《王文成公全书》卷三,《与王纯甫书》。

过各种形式积淀下来,逐渐成为越文化的传统。

四、近现代:觉醒与创新

鸦片战争以后,越文化精神开始了一系列的嬗变,从总体上讲,处在觉醒与创新的状态中。所谓"觉醒",是指它开始从封建文化的"特化"状态中逐渐解脱出来,恢复了生机,古越文化精神的"慷慨"品质开始复苏。所谓创新,是指新中国成立以后,尤其是在改革开放中,"慷慨"品质与时俱进,又增添了新的内涵。在这一百多年间,对越文化精神发展具有重要意义的标志性事件,就其影响的深刻性、广泛性和持久性而言,主要有以下三件:

(一)太平天国运动与革命精神启蒙

太平天国运动,是中国近代伊始发生的全国范围的农民起义。清咸丰十一年(1861)九月,太平军南下攻占绍兴,同治二年(1863)正月离开绍兴北上,在绍兴历时一年又五个月。时间虽然很短,但是太平军在越地的政治、军事、经济、文化诸方面仍有许多作为。首先推行"乡官"制度。乡官均由越地人担任,负责稽查户口。其次,开科取士。同治元年(1662)正月,根据天王谕令,举行开科考试,选拔"秀士"和"进士"。再者,改革婚姻制度,追求男女平等,规定凡结婚男女双方,必须先由双方当事人向婚娶官禀明,再由婚娶官发给结婚证书。最后,严禁佛教、道教。在宗教信仰上,太平天国崇奉拜上帝教,对传统佛教、道教,采取严厉打击措施。此外,在太平天国政权掌绍期间,广泛征集船花师、彩画师和泥水师等民间艺人,在太平军占据的台门里彩绘各种各样的壁画,这在一定意义上推动了越地民间艺术的发展。

太平军猛烈扫荡了城乡反动地主武装,摧毁了清朝政权,建立了农民政权,采取了一系列新的施政措施,在沉寂了千年的越地点燃了革命的火种。早在 1858 年,诸暨人何文庆在家乡就组织民众,准备响应太平军起义。他们在襟带上系莲蓬钮作为标志,故称"莲蓬党"。1861 年,太平军大举进入浙江时,何文庆正式起义,率八千人参加太平军,先后转战新昌、天台、镇海和绍兴,与中外反动势力浴血奋斗,成为越地人崇拜的英雄。有民谣这样说："诸暨何文庆,眼睛似铜玲,眉毛似扛秤,起腿八百斤,攻上麻雀岭,从此天下立大名。"①在 1862 年 12 月底的"绍兴保卫战"中,太平军和绍兴民众一道,打死侵略军头目勒伯勒东、达尔第福等人,谱写了反帝反封建的光辉篇章。此外,太平天国政权对绍兴的政治、经济、文化各个方面进行了大胆改革,推陈出新,移风易俗,也极大地解放了越地人的思想,为辛亥革命时期越文化之慷慨精神的弘扬,奠定了良好的基础。

(二)辛亥革命与慷慨精神弘扬

辛亥革命时期的绍兴,在中国近代史上最为光彩夺目,这一时期的越地人,也最为慷慨大义。光复会革命义士为国捐躯的壮举,不仅弘扬了慷慨精神,也使之具有了新的时代内涵。光复会是在 20 世纪初中国反帝反封建的革命运动蓬勃兴起之际,由绍兴籍进步知识分子为主发起并以绍兴为主要活动中心的重要革命团体,与孙中山领导的兴中会和黄兴领导的华兴会同为辛亥革命三大革命团体之一。

光复会之"光复"一词,指驱除异族(指满清),是根据章炳麟为邹容《革命军》所作序文中提出的"改制同族,谓之革命;驱除异族,谓之光复。今中国既灭亡于逆胡,所当谋者,光复也"的主张而命名。该会公推蔡元培为会长。会员入会时要举行刺血和对天发誓的入会仪式,誓词是"光复汉族,还我山河,以身许国,功成身退"。这 16 个字的誓词,立民族复兴之大志,仗无私奉献之大义,行捐躯为国之大勇,其中包含的越文化的慷慨品质昭然若揭。光复会活动中心原先在上海,后因会长蔡元培去德国留学,徐锡麟、陶成章等在绍兴创立大通学堂,光复会会员又多为绍兴籍人士,该会的活动中心转移到绍兴。直到秋瑾遇难以前,大通学堂成了浙、皖、苏资产阶级革命活动的大本营。光复会组建了一支四五万人的反清地下光复军,着手组织反清的大规模武装起义。秋瑾、徐锡麟秘密制定了浙皖武装起义计划,不料因计划泄密,仓促起事,起义失败。徐锡麟、秋瑾等烈士为国捐躯。

光复会活动标志着古越文化精神之"慷慨"品质在越地的"复兴"。辛亥革命的志士徐锡麟,生于绍兴一个封建士绅家庭。自幼关心国事,崇拜

---

① 项竹成:《绍兴古今谈》,浙江大学出版社 1993 年版,第 27 页。

英雄,同情劳苦大众。光复会成立后,他很快就加入了光复会,并成为活动的积极分子。1905 年他创办大通学堂,培养和蓄积革命力量。为开展革命活动,他捐资为道员,分发安徽,行前与秋瑾约定在皖、浙两地同时举行起义。到皖后,鼓动学生,争取新军,准备起义。起义失败被俘,被斩首剜心。徐锡麟临死前大义凛然,视死如归,表现十分壮烈,时年 35 岁。比起同时代的革命党人,徐锡麟对"隐忍以成事,慷慨以复仇"的越文化精神品质作出了近代以来最为出色的诠释。他在打入敌人内部从事革命活动期间,与敌周旋而不露声色,用他的话说,这是他生平最艰苦的境地,但他为了革命表现出了超人的忍耐力。在生命的最后关头,当他看到陪斩的巡警学堂学生朱蕴山等人时,就向监斩官严厉指出:"杀恩铭者我一人耳,学生童年何知,系之何也,累及无辜不仁也。"同时急切地对学生发表临终演说:"满虏必灭,汉族必兴,我今天在安庆洒下一滴血,将来安庆要开无数之花。推翻虏廷,光复华夏,为期不远。"当他听到自己将被挖取心肝时,仰天大笑:为革命可身分万片,区区心肝何所顾惜。摄影师不经他同意拍了照,徐锡麟以未带笑容要求重拍,他要为后人留下大义凛然、视死如归的形象,表现了一个真正革命者的大无畏气概。如章太炎先生所言,山阴徐君,生当其辰,能执大义,以身救国,手歼虏首,名声远闻。

与徐锡麟不同,秋瑾是在越地起事,并在越地英勇就义的辛亥革命义士。秋瑾出身官僚地主家庭,出嫁湖南首富之家,本可以享尽荣华富贵,但她毅然献身革命,参加光复会,把个人安危置之度外,随时准备以身许国。她在致友人的信中说:"中国妇女还没有为革命流过血,请从我秋瑾开始吧。"她以自己的行动践行了"金瓯已缺终须补,为国牺牲敢惜身"的庄严誓言。她惊闻徐锡麟在安庆殉难的消息后,悲痛欲绝,婉言拒绝了王金发要她暂避风头、离开绍兴的规劝,毅然表示:"我怕死就不会出来革命,革命要流血才会成功。如满奴将我绑赴断头台,革命成功至少可以提早五年。牺牲我一人,可以减少后来千百人的牺牲,不是我革命的失败,而是我革命的成功。"她之所以甘愿自我牺牲,是要"以死唤起国人",在同志和女同胞中树立为国捐躯的榜样。

(三)改革开放与"胆剑精神"培育

斗转星移,苍海桑田。当历史的脚步迈入 20 世纪 80 年代,中国大地掀起改革开放的大潮之后,越文化精神便进入了活跃的创新期。创新仍旧沿着革新、进取的路向前进,最显著的标志,莫过于在越地民众自发孕育的"四千"精神的基础上,针对社会主义市场经济内在要求,提出的"胆剑精神"的构建目标。

改革开放初期,越地因计划经济体制和资源匮乏等原因,经济相对落后。农业方面,人多地少的矛盾十分突出,农民主要以务农为主,收入很少。工业方面,由于受到国家战略布局的影响,除绍兴钢铁厂外,没有大型企业,只有为数不多的以生产轻工业产品为主的中小型企业,如水泥厂、自行车厂、食品厂、丝绸印花厂、酒厂和瓷厂等,工业基础比较薄弱。正是在这样的历史条件下,越地民众抓住改革开放的时机,不等、不靠、不要,发扬自强不息的主体精神敢想、敢做、敢闯和敢冒,在计划经济的缝隙中寻找发展经济的路径,打开了思路,找到了门路,开辟了财路,走出了由"资源小市"成为"经济强市"的独特发展道路,孕育出了"走尽千山万水、吃尽千辛万苦、说尽千言万语、想尽千方百计"的"四千"精神。"四千"精神,蕴涵着越文化精神中的"勤"、"智"、"韧"、"闯"等优质品质,它的核心特质是积极进取、坚忍不拔,故而是古越文化之"慷慨"精神的现代翻版。它源自民间,具有自发性,是越地人集体无意识的产物,故而在一定程度上表明,自近代以来,越文化精神是以复兴"慷慨"品质为其基本趋势的。

进入 21 世纪之后,越地经济和社会发展面临新的挑战和任务。为了实现"率先发展、富民强市"目标,当地政府对"四千"精神加以总结和提升,提出要大力弘扬新时期的胆剑精神,广泛开展胆剑精神的教育,使胆剑精神成为落实科学发展观、推进绍兴经济和社会发展的强大动力。胆剑精神发轫于春秋末年越王句践"卧薪尝胆"的典故,是对越地文化发展所形成的人文精神的高度概括。在胆剑精神中,"胆"是指卧薪尝胆、奋发图强;"剑"是指勇往直前、以图大业。在新形势下弘扬胆剑精神,就是要弘扬卧薪尝胆、奋发图强、敢作敢为、创新创业的精神。它的提出,标志着越文化精神的发展被纳入了自觉的轨道。

第四章 越文化与秦文化之精神比较

至少在先秦时期,越文化与秦文化就以战争的方式开始了交往。公元前222年秦国大将王翦平定越国。12年后秦始皇南巡,上会稽山,祭祀大禹,立石碑颂秦德。后又改大越为"山阴",强迫移民,在越地促进了民族融合。隋朝时期,王羲之父子的传人、文学家王褒迁入关中。王褒入秦,不仅对关中文学的转变有重大影响,也将王羲之父子新书体传播到秦地。"二王"书法为当时长安贵族和文人阶层所推崇,盛极一时,为秦地书法艺术的发展奠定了坚实基础。

越文化与秦文化都有着悠久的历史,在中华民族文化的发展中都产生了重要作用,在中华民族精神的发展史上都留下了光辉印记。然而,这两种文化的生态环境不同,历史脉络各异,风俗习惯相远,文化精神呈现出较大区别。笔者曾长期在陕西生活和工作,对陕西群体人格作过较为系统的研究,出版了《陕西人格论》一书。由于在研究两种区域文化精神过程中,使用的是相同的概念系统和研究方法,所以,从事这两种区域文化的比较研究,具有较好的基础。

本章以秦文化精神作为参照,通过比较分析,旨在展示越文化精神的特质。

一、秦文化精神

(一)秦文化概述

本书使用的秦文化概念,指以陕西关中为核心区的陕西区域文化,而非特指秦朝时期的中国文化或那个时期的陕西区域文化。从时间讲,它上至神话传说时代,下至如今改革开放时期。

陕西古称"秦"或"三秦",其所辖范围相当于今日陕北和关中。今日陕西或"三秦"实指新中国成立后在行政区划上陕西省所辖的陕北、关中和陕南。从地图上看,陕西轮廓为南北长,东西狭,中间形成细腰,像一个跪着的兵马俑。陕西地跨黄河、长江两大流域,境内山峦起伏,彼此纵横,地形复杂,南北高而中间低。北山和秦岭把全省分为陕北高原、关中平原和陕南山地三大地区。关中平原介于秦岭和黄土高原之间,由渭河及其支流冲积而成,西起宝鸡东至潼关,长约三百多公里,号称"八百里秦川"。关中平原四周山水拱卫,群山环绕,古人称其为"四塞之国"或关中盆地。平原上土地肥沃,河渠纵横,物产丰富,人口稠密。特别是关中中部的西安市(古称长安城)是"千年古都",周秦汉唐时期为全国经济、政治和文化中心。陕北多为塬、梁、峁、川地形,川地水土条件好,被称为"米粮川"。陕南秦巴山地(秦岭和大巴山之间)有一条从西向东奔泻的汉江,把一连串盆地和峡谷连接起来。汉中盆地、安康盆地都有很好的农业生产条件,有"鱼米之乡"之美誉。陕西四周,西有陇山,南有大巴山,东有华山,北有毛乌素沙地,这"三山一地"像守卫陕西的四支"卫戍部队",使陕西易守难攻。陕西地处我国中西部,具有承东启西的战略地位,其文化核心区关中平原既是我国自然景观上南方与北方、东部与西部的交叉过渡地带,也是各种区域文化类型汇合交流的坐标轴心,在其文化本体的历史层面上,南方的稻作文化,北方的草原文化,东部的农业文化和西部的游牧文化,很早就在这里交流融合,对陕西地域文化的生成定型产生了深刻的影响。

陕西地域历史文化积淀深厚,有百万年前的蓝田人文化,数十万年前的大荔人文化,有仰韶文化的典型代表半坡文化、姜寨文化,有龙山文化的典型代表客省庄文化、康家文化。这些不同类型的文化遗存,在全国乃至亚洲北部,都有相当的地位。陕西是中华民族的始祖——炎帝和黄帝的发祥地。《国语·晋语》曰:"昔少典娶于有蟜氏,生黄帝、炎帝,黄帝以姬水成,炎帝以姜水成。"炎帝是发祥于渭水中游的一支古羌人氏族部落的首领。史传炎帝姓姜,号神农氏。以炎帝神农氏为首的姜炎族在渭水中游创造了原始粟作农业文化。自夏代跨进文明社会门槛,到封建社会鼎盛期的唐代,长达三千余年的漫长岁月,陕西地域文化从文化边缘走到文化中心,经历了从区域文化向主体文化的跨越。先后有西周、秦、西汉、王莽、隋、唐六个统一王朝以及刘玄、赤眉、东汉(末年)、西晋(末年)、前赵、前秦、后秦、西魏、北周九个政权在陕西建都。

夏王朝的活动中心在黄河以东地区,陕西处在夏文化的边缘区。到了殷商文化时亦如此,关中地区仍在末梢地带。公元前 11 世纪初,姬姓周人推翻殷商王朝,陕西的文化地位才发生了根本性的变化,成了全国政治、经济、文化的中心。各种政治势力在这里对抗、分解又重新组合;各种文化思想、行为准则和价值观念在这里碰撞、交融,又相互渗透;各种新的社会、政治、经济、文化制度、改革举措等在这里酝酿、策划并推行到全国。

周立国后,在社会、政治、经济、文化制度等方面的革新和建构具有划时代意义。其中尤以分封制度、宗法制度、井田制度和礼乐制度对中华民族的发展与文化培育,影响最为深远。分封制形成了政治统一,宗法制又造成了伦理统一,二者相辅相成,构建了政治伦理型文化。礼乐制度使西周社会尊卑有别,嫡庶各安其位、各守礼制,形成了以德、孝为核心,与宗法关系相适应的文化氛围。德国学者夏德在《支那古代史》中认为,周礼为后代之向导,永受世人之尊重。周礼倡导的中庸之道价值观,用于政治是威德并行,用于文化是求同存异,用于风俗是情理兼顾,用于人格是推崇诚信而鄙视机巧。这对中华民族精神影响极大。

嬴秦占据关中五百余年,在周文化的母体上,创立了以实用性和功利性为主要特征的秦文化。人们的价值取向和行为准则完全以世俗的实用为标准,较少受到西周诗书礼乐文化的影响与约束。所以,人们关心的是生产、作战等与日常生活密切相关的利害,而不注意仁义之兴废、礼乐之盛衰以及道德之完善。秦实行的军功爵制和什伍连坐之法,使秦人"勇于出战,怯于私斗"①。功利和实用作为秦文化的两只轮子,以其强大的内在动力奔腾向前,横扫六国,使长达五百余年之久的五霸争雄、七国并列的分裂局面归于一统,建立起中国历史上第一个中央集权制的封建国家。

秦亡后,刘邦以陕西为根据地,建立了统一的汉王朝。汉承秦制,不仅实现了政治统一,而且采取"罢黜百家,独尊儒术"的政策,完成了文化统一。"丝绸之路"的开辟,使长期封闭在黄河流域的汉人视野大开,中西文化交流给汉文化带来了更多的生机。从西汉末年到隋统一之前的580余年时间,陕西大地战争不断,烽烟四起,地域文化经历了一个长时间的痛苦裂变与民族融合过程。从三国时期开始,由于汉族内部忙于争斗,处在周边地区特别是黄河流域西境和北部的氐、羌、羯、匈奴、鲜卑等少数民族乘机不断内迁,逐渐形成了胡汉杂居的局面。《晋书·文帝纪》载,入居黄河流域的少数民族达870万之多,以至出现了"西北诸郡,皆为戎居","关中之人,百万余口,率其少多,戎狄居半"的局面。胡人的大量涌入,使得关中地区成为"胡"文化与"汉"文化冲突碰撞的主要舞台,最终出现了胡汉融合的历史大潮。胡文化中的尚武习俗、勇于进取的开拓精神、豪爽质朴的民风、平等互助的人际关系等塞外动态文明的野蛮精悍之血,注入了中原农业民族静态文化的颓废之躯,冲击削弱了中原文化中陈腐的门阀等级礼法观念、鄙薄武事、遗落世务、厚华虚诞的世风。然而,华夏文化毕竟博大精深,根深蒂固,具有巨大的历史惯性和吸纳能力,杂居既久,胡人便被同化其中。隋唐时期,陕西地域文化在中国封建社会的发展达到了巅峰状态。作为国都,陕西长安敞开胸怀,接受了来自更大范围的异域文化,如来自东方的儒家文化、来自中原的法家文化、来自南方的道家文化和来自西方的宗教文化。尤其是唐王朝对外采取开放政策,对内实行比较宽松的统治,使关中地区本来就高度发达的政治经济文化力量,产生了强烈的吸纳效应,不仅国内各地仁人志士、各区域文化和周边民族以长安为核心作向心运动,而且使日本、朝鲜、印度、中亚、西亚以至东罗马的文化也汇集于此,成为中国乃至世界文化交流与融合的中心。这在一定程度上造成了陕西地域传统文化兼容并包、适应性强的特点。公元904年,唐昭宗被迫迁都洛阳,从此,陕西失去了长达千余年的国都地位。

---

① 《史记·商君列传》。

政治中心东迁,导致了经济和文化重心的南移,使陕西失去了地理位置的优势,从影响全国的国都文化沦落为一般的地域文化,造成了杰出人才的缺乏并影响到人文环境的优化。东南航海贸易的兴盛,使得昔日繁忙的丝绸之路变得相对冷落,原来处在中原与西域、中华与异族的文化冲突地带与交汇点上的关中,从此较少地受到外来文化的影响,文化类型上也从开放外倾转向封闭保守。剽悍凶勇的北方草原游牧民族的南下冲击,西方列强的入侵,更加强化了陕西人的保守心态。当外部世界如火如荼地发展商品经济时,陕西却依然沿着自然经济的轨道蹒跚而行,始终未能走出农业文明的圈子,因而宋、元、明、清以至民国,陕西地域文化总体上呈现衰落的景象。

经过千余年的沉寂后,20世纪20、30年代,陕西逐渐成为中国共产党领导的中国革命的中心。30年代刘志丹、谢子长领导革命武装和人民群众,先后创建了陕甘边和陕北两大革命根据地。1935年10月,中共中央和毛泽东率领中央红军到达陕北吴旗镇,标志着中国革命的领导核心由南方转移到了北方,陕西延安成为革命的圣地。从1935年至1948年,延安一直是中共中央的所在地,是中国人民解放战争的总后方。延安从此成为中国光明和希望的象征,成为中国革命的政治军事圣地、文化教育圣地、思想精神圣地和革命人才的圣地。毛泽东、周恩来、朱德等人在这里领导了艰苦卓绝的八年抗日战争和两年解放战争,为全国解决奠定了基础,并亲手培育了伟大的延安精神。

延安精神是一种具有中国特色的无产阶级的革命精神。它是以毛泽东为代表的中国共产党人把马克思列宁主义的科学思想体系与中华民族的优秀传统相结合而产生的,是中国共产党和中国人民在长期的革命奋斗中形成的优良传统和宝贵精神财富。2002年4月,江泽民同志在延安视察工作时,对延安精神的主要内容进行了经典概括:"坚定正确的政治方向,解放思想、实事求是的思想路线,全心全意为人民服务的根本宗旨,自力更生、艰苦奋斗的创业精神。"其实质是克服困难,艰苦创业,奋发图强,开拓前进。延安精神自然汇聚了秦文化的优秀品质,也给古老的秦文化注入了新的活力。

新中国成立后,陕西是国家经济建设的投资重点地区之一。在国家第一个五年计划期间,工农业生产水平和教育水平均高出全国平均水平。60

年代陕西得益于国家大规模的"三线"建设工程,完成了 180 多亿元的基建投资,成为国家重要的工业生产基地。陕西创造出了共和国的许多"第一":第一块电路板在这里产生;第一支显像管在这里问世;第一条电气化铁路从这里延伸;第一架国产大型运输机从这里飞向蓝天等,有着令人骄傲的辉煌。由于陕西一度曾是计划经济的"宠儿",传统文化与计划经济结合,使得秦文化更加具有封闭、守恒、唯上和依赖的性质。

改革开放以来,陕西的社会经济和文化等各项事业取得了长足的发展。但是,随着市场经济体制的建立,陕西出现了较严重的"文化不适应症",在发展过程中同全国特别是沿海地区的差距不断拉大。秦文化当前面临的迫切任务,是全方位地尽快实现向市场经济文化的转型。

(二)陕西群体人格

1996 年,笔者主持了"陕西群体人格与经济发展研究"的重点科研计划项目研究工作。其间,为了最大限度保证刻画出的陕西群体人格模式具有客观真实性,不仅在所有问题的阐述上努力保持"零度风格",而且尽可能充分地占有第一手资料。为此,在陕西省范围内进行了抽样调查,获得五百余份有效问卷。还在宝鸡、咸阳和西安三个地区,对十种职业(国有企业负责人、大学生、工人、农民、个体户、打工族、政府公务员、知识分子、乡镇企业经理和私营业主)近百人进行了内容广泛的个别访谈。此外,我们还从《陕西日报》等报刊上收集了大量资料。

如同任何群体人格一样,陕西群体人格也是一个具体的、历史的概念,它在不同历史阶段具有不同的性态和特点。本书描述的陕西群体人格是以陕西人在漫长的自然经济社会中生成,并持续至今的传统人格为"原型"的。之所以如此,是因为这种人格虽然生成于过去,但已成为陕西群体人格的深层结构并仍然作用于现在,是传承秦文化精神的核心部分。

1. 行为模式

周秦汉唐深厚的文化积淀使陕西人具有很高的智商,对当代中国的走向看得清楚,但行动上总是"慢半拍"。有人说陕西人"醒得早,起得晚",这话虽属调侃,却也不无几分道理。不少陕西人缺乏现代的时间观念,他们总相信今天过去是明天,来日方长,不必在一朝一夕上论英雄。陕西人办事稳重有余,效率不高。在他们看来,凡事操之过急,必有疏漏;而一旦成了定局,后悔晚矣。所以,宁可牺牲效率,也要确保稳妥。陕西人决不是游手好闲之辈,但他们的勤劳总是合着舒缓的节拍。

1994年的一项调查显示,陕西人择偶范围远比广东人狭窄。陕西人在本县择偶者为81.4%,在本省为11.9%,出省占6.7%。广东人在本县择偶占44%,在本省是48%,出省为8%。据另一调查显示,陕西人与广东人在活动范围上也存在明显差异。活动范围不出本乡或本单位的,在陕西人中占14.5%,广东人则为零;活动范围不出本县或本市的,在陕西人中占32.5%,广东人则为4%;活动范围不出本省的,在陕西人中占55.5%,广东人则为20%。这些数字表明,陕西人大多是在封闭狭小的范围里活动着。

陕西人有计划意识,做事按部就班,但更多是注重短期计划,忽视中、长期计划。在20世纪80年代中期,陕西生产的"海鸥"牌洗衣机、"如意"牌电视机和"黄河"牌电冰箱,在陕西境内有很高的市场占有率。生产厂家原本应凭借地缘优势,注重产品的更新换代,创出名牌,冲出陕西,在国内市场上占据一席之地。然而,90年代中期,这些当年的"抢手货"已在各大商场中消失得无影无踪,取而代之的则是外省市的名牌家电产品。

陕西是中国封建社会早期的政治、经济、文化中心。周秦汉唐的灿烂文化使陕西人很早就被中国传统文化"特化"了,传统的生活方式和价值观在他们的行为中或隐或显地表现出来。陕西方言中保留着许多秦汉时期的遗风,如"嫌弃"(讨厌)、"骚情"(调情)、"栖惶"(可怜)等,据考证都是当时的"官话"。大多数陕西人喜欢熟悉的环境,不主动追求新的体验。对新观念、新事物要求严格,若没有铁的事实证明,他们往往持观望态度,绝不追赶时髦。

他们做事执著,灵活不足。对各种规定习惯于被动遵守,而不是想方设法用足、用活、用好这些规定,为实现自己的目的服务。对既定的东西,习惯于坚持,有韧性,不善于随机应变,经常是"一条道走到黑"。

尽管在不少陕西人的行为中都存在"失范"现象,但总体上呈现的是过分"规范"。对现有的规定不愿越雷池半步,不好事,不标新立异。

漫长的自然经济和浓厚的家族意识,为陕西人的依赖性提供了沃土。"在家靠父母,出外靠朋友",这对陕西人来讲是千古不变的至理名言。长期的依赖——对家庭的依赖,对朋友的依赖,对单位的依赖,使陕西人的效能感处在较低的水平上。他们缺乏信心,缺乏自立意识,也较少有自强的冲动。改革开放以来,很少有陕西人在外省单打独斗,创出自己的一片天地。

2. 观念模式

陕西人的观念在时间维度上是习惯以过去为取向,而不是自觉地面对现在和将来。"以过去为取向"的基本含义是,许多陕西人自发地以历史要求现实,以过去衡量现在,往往把自己的生活习惯、思维方式以及价值评价的标准都固定在过去某个历史阶段,也就是固定在自然经济的社会中,并在潜意识层次里把它们标准化、绝对化、凝固化。许多陕西人有一种守旧的本能,对于各种革新举措,实在是缺乏兴趣。因此,他们颇有点像张果老,用背对着将来,正面总是对着过去。

陕西人有三件"神器":第一是地理环境优越,八百里秦川,随便撒一把种子都会有好收成;第二是历史悠久,在三秦大地上,一锄头挖去,兴许就会创造出个震惊世界的考古新发现;第三是资源和人才优势,仅西安一处就有上千家科研院所和高校。有了这三样东西,陕西人便长期沉浸在一种深深的优越感中并变得麻木起来。"有啥了不起的?"这是许多陕西人对待外部世界的基本心态。与这种心态相联系的,是陕西人总想称"老大"。三人行,我必为人师。昔日,陕西是养皇上、埋皇上的地方,陕西人自然是中国的"一等巨民";如今,在西北地区,陕西的工业、农业和科教是首屈一指,自然是个"西北王"。妄自称大使陕西人陷入"面子"的误区中,放不下架子,难以超越自己的浅陋。而且唯我独尊者,总是我行我素的。我们的一项调查表明,大约69%的陕西人在工作和生活上,不喜欢与别人攀比,有一种相对主义的人生价值观。

许多陕西人干事情缺乏长远计划。他们通常把目标定在举手可得的高度,自我价值实现的需求处在较低的水平上。在调研中发现,有许多"不惑之年"的人,将成就动机迁移到下一代身上,自己只是盼着平安生活,无病无灾。不干大事,必干小事,一个人活着不能不干事情。小事情用经验就足够了。这使得陕西人在行事中自然带有较多的经验色彩和因循性质。

调查数字表明,77%的陕西人对自己的生活状况是不满意的。问题的关键是,他们在追求更好的生活的过程中,极不情愿承担风险,因而要求任何新的努力,无论如何不能危及现有的一切。否则,宁可守住现有的,也不去追求理想的。陕西人对"稳"字特别偏爱。办事讲究稳当,看人也注重是否稳重。一个人如果做起事来风风火火，多数陕西人会觉得此人不太成熟。办事上也是一样，讲究稳扎稳打，反对大成大败。陕西人主张做人必须安分。这里的"分"指本分，即属于自己的责任和义务。"安分"就是要安于并恪守自己的本分，不越轨，不妄动。背井离乡闯天下，不为陕西人所为。它意味着要抛弃现有的一切，从头做起，其结果也往往是不确定的，弄不好还不如过去。因此，三十六计"静"为上。

陕西人习惯于"唯上是从"，就是一切以上级领导的意图和好恶为转移，包括对上级机关制定的各项规章制度和政策的机械遵守，以及一切事情都必须经过上级明确表态在内。唯上是从的观念，是封建宗法制度和大一统皇权统治模式的产物。在陕西这块有着悠久农业社会历史和封建文化沉淀的黄土地上，这种观念早已扎根在陕西人的头脑中。"唯上是从"作为一种观念，有着各种表现形式：对待上级，采取"无忤"态度；处理问题先找文件规定，文件没有明文规定的就寻找惯例，没有惯例的就请示领导。陕西人唯上的心态还泛化为对传统观点、行为方式和价值观的恪守。

陕西人对"稳"字情有独钟，把稳当做目的，为了稳而不惜牺牲发展速度。在改革的力度上，很能表明陕西人求稳怕乱这一思维定式。众所周知，与东南诸省市相比，改革开放以来，陕西的步子总是迈得不大。同样的措施，让陕西人做起来，似乎少一点"狠"劲，一样的政策，让陕西人执行起来，又似乎多了一点"柔"劲。社会生活方面，陕西人这种求稳怕乱的观念特质有着多种泛化后的表现形式，如趋静厌动、喜旧厌新、重土恋家、墨守成规等，这些都隐含着对"稳"的祈求。

陕西人的效能感似乎与历史的发展相反。在人们普遍缺乏效能意识的古代，陕西是中华民族发祥地和六朝古都所在地，陕西人豪气、骄傲。如今中国实行市场经济，人们的效能感不断增强，陕西人的自信心却因经济和社会发展落后而跌入低谷。自卑是打开陕西人心灵这把暗锁的钥匙。也许，有人持相反看法，认为陕西人不是自卑，而是孤傲。孤傲其实是自卑的一种特殊表现。

3. 情感模式

陕西人追求安息，但"安"的是既得，而不是富足。"人的欲望是无止境的，钱多少是个够呢？"这是陕西人常挂在嘴边的一句话。他们对金钱的追求是适度的，够用就行。当陕西人在自己的基本生活需求得到满足之后，便将注意力转向对"闲逸"的追求上。正是在这方面,他们失望了。现代社会把快节奏的生活强加给了他们,把农业社会田园诗般的悠闲变成了一种梦幻。这给惯于传统生活方式的陕西人带来了一种精神痛苦,他们发现自己的身心越来越得不到安宁。

乡情是陕西人情感世界的一大支柱。陕西人对自己的故乡总是情有独钟,每每谈起家乡,赞美之情总是溢于言表。在他们的潜意识中早已把个人的尊严同他的故里联系在了一起。留恋故里原本是人之常情,但陕西人的这份感情太深厚了,他们把"父母在,不远游",演绎成了"故乡在,不远游"。

陕西人务实,崇尚讲实话;陕西人也求稳,讲究量力而行。干任何一件事情,不要把目标定得太高,不要"张",更不要"狂"。陕西人理解的"狂",除了这个词的一般含义外,还包括胆子大、敢想敢干的意思在内。由厌恶张狂出发,很容易演变为讨厌张扬,并且害怕张扬。陕西并不乏大款,但较之东南沿海的大款而言,较少一些派头。因为他们很清楚,"派头"足了,会招致别人的反感。

陕西人将"本分"视为做人的一项基本要求。一个人若被公认是"本分"的,这对他将是很高的评价。陕西人喜欢"本分"的人,自然也就厌恶不安分者。不安分者在行为上总是超越着既有的角色规范。你如果是一个老百姓,那么不谋国家大事,这就是本分。陕西人偏爱本分的这种情感,是与他们对秩序感的心理需求相一致的。漫长的农业自然经济以及与之相适应的宗法社会制度,在陕西人的心理上积淀下深厚的天道有常和等级意识,他们确信只要人人各司其职,忠于职守,共同维护既定的秩序,和谐社会就会到来。

陕西人祖祖辈辈固守在同一个地方,很少走出去闯天下。他们眼界不够开阔,应变能力较差,寻找新的生活体验的欲望并不强烈。因此,对于陕西人来讲,唯有恒久不变的东西才能激发起他们的热情,也就是说,只有对固定化、模式化或者程序化的东西,才可能产生好感。陕西人既不善变通,也不情愿变通。

在道德感、美感、理智感这三大情感类型中,陕西人最重视、最偏好的是道德情感。中国传统文化在陕西有很深的根基,在广大农村,在人们的实际生活中仍旧有一定市场,与之相适应的道德情感也仍旧能博得不少人的共鸣。有人说,陕西是一个出善人而不是出能人的地方,确有一定道理。

陕西人也欣赏矜持,讨厌矜夸。典型的陕西人平时总是庄重严肃,默默无语,近乎木讷。那种自我夸耀、目中无人、锋芒毕露的人,是很难被陕西人认可的。

4. 群体人格模式

陕西人的行为在不同的维度上蕴涵着不同的基本特质,其中,核心特质是因循守旧。陕西独特的历史文化和地理环境,为陕西人在行为上的守旧提供了所需的一切条件。首先,光辉灿烂的周秦汉唐文化使陕西人有旧可守,在这一点上,陕西人可谓"得天独厚";其次,相对封闭的地理环境和比较优越的农业生产条件使得陕西人趋向守旧和能够守旧。文化进化的非线型特征,也决定了陕西人在进入一个新的文化发展阶段后,相当长的时间里自发倾向于推崇保守性人格。在陕西人各种基本行为特质中,因循守旧这一特质具有最强的渗透力和巨大的组织功能。陕西人所因之"循"和所守之"旧",皆生成于自然经济或农业文明时期,而舒缓的生活、生产节奏和不讲效率的意识必然渗透在这一时期形成的行为方式中。在市场经济时代,恪守这套行为方式的结果,自然是反应迟钝,动作缓慢。在空间维度上,因循守旧使陕西人闭关自守、囿于狭小的天地间。若从行为变通的维度分析,因循守旧必然固守既有的东西,不善于根据变化了的情况主动采取灵活的处事方式。在市场经济条件下,因循守旧还表现为目光短浅,只注重当前而忽视长远,只注重经验而轻视理论。由于因循守旧,陕西人在改革开放以来自然处于落后状态中,难以获得较高的自信心。

如同陕西人的基本行为特质具有模式化的结构一样,在以上列举出的若干基本观念特质之间,也存在着非常密切的联系。这些观念特质由弥散在其中的核心特质——安息为本整合成为一个有机的系统,主宰着陕西人的观念世界。这里所说的"安息",是指安于既得,息于闲逸。安息为本渗透在陕西人各个基本观念特质之中。为了安息,必须对万千世事持一恒定的评价尺度。此尺度本身虽具有恒定性,但一定生成于过去,所以,在时间维度上,视野应移向过去。能安息者,其内心必然高度自信,这种自信一旦不与平等观念结合,便成为滋生"老大意识"的温床。老大意识带来的心理满足,必然要求人们固守而不是试图去改变眼前的一切。因此,在计划维度上,以安息为本的人自然不会有"凌云壮志"。同理,在创意维度上,以安息为本的人倾向于谨小慎微。固守旧制,才有既得可安,也才会有闲逸所息。因此,以安息为本者,必然不善变通。在规范维度上,以安息为本的陕西人自然将"求稳"摆在第一位,并将"怕乱"作为求稳的第一目的。长久的稳定和安逸的生活,导致陕西人个人效能意识的普遍弱化。对安息的追求,在客观上也无助于陕西人效能感的增强,因为安息本身并不是建立在较强的个人效能感的基础上。

在陕西人的情感世界中,"家"和"乡"是底蕴,也就是说,重土恋家是陕西人情感模式的核心特质。重土恋家情感在陕西人的基本情感特质中具有明显的整合功能。家庭的财产是祖上留下的,因此,先人有恩于后人,这使陕西人把情感的时间取向指向过去。后辈不能当败家子,必须保住先人的业绩,因此,人们普遍惧怕家庭遭遇变故。这种情感极易泛化为对一切变故的厌恶。为了避免变故,尤其是人为造成的动荡,人人都必须安分守己,维护现有的规范,这自然使得陕西人对本分者持有好感。而本分者首先必须是既有道德规范的模范执行者,其次必须具有强烈的道德情感,因为道德(尤指家庭伦理)是一种促使家庭稳定的因素。由此出发,家庭成员之间必须和睦相处,而要做到这一点,一则要遵守等级差别,捍卫家庭伦常;二则要倡导忍让谦和,化解矛盾。所以,陕西人很自然地欣赏矜持,反感张扬。

(三)秦文化精神的基本特质

立足于对当代陕西群体人格的提升,并结合秦文化的自然生态和人文历史的分析,我们将秦文化精神的基本特质概括为以下七个方面:

1. 开拓而守恒

陕西不甚丰饶的生活条件和有限生存空间,迫使生活在这里的人们世世代代与天地抗争,顽强生息,锻造出了开拓创新的精神品质。在历史上,无论在物质文明还是精神文明方面,陕西都做出了划时代的巨大贡献。北宋理学大家张载有一句名言:"为天地立心,为生民立命,为往圣继绝学,为万世开太平"[1],这既抒发了他济世安民的伟大抱负,也概括出了三秦人开拓进取的文化品格。然而,周秦文化的这种品质被过于成熟的农业文化所

---

[1] 《近思录拾遗》。

束缚,更多地表现出"守恒"的精神倾向。

陕西独特的历史文化使陕西人有恒可守。相对封闭的地理环境和优越的农业生产条件使得陕西人能够守恒。前者是指地理的阻隔使陕西地域文化较少受到外来文化的冲击,文化累积过程十分缓慢,惯性十足,生活在这种文化中的陕西人易于形成守恒的心态;后者是说至少在自然经济的社会形态中,固守百年、甚至千年之前的旧制,在陕西(尤其是关中地区)这块土地上,并不会使人们深切地感受到它的弊端。

美国学者塞维斯对四大文明古国在近、现代绝大部分成为时代落伍者的现象进行了深入研究,提出了一些很有价值的观点。他认为,当某种文化成功地进入适应阶段后,它就倾向于排斥继起的变迁。因此,"一种文化在某一阶段的发展处于'高位',也许在下一阶段就不会再向更高的层次发展了。其原因仅是因为它前一阶段的成功"[①]。在中华民族五千年的历史中,有近四千年是以陕西作为中心的。即使从中国的封建社会算起,陕西在宋以前也一直是中国的政治、经济和文化中心。据此可以断定,陕西的区域文化在中国封建社会的前期处于"高位"状态,它的复杂性、整合性、完备性以及适应性或特化程度是其他区域文化所不可比拟的。因此,当宋以后文明中心东进,陕西区域文化因其高度的特化性,加之地理环境和自然条件的作用,陕西人陷入既有的生存方式中而难以超越。

2. 兼容而自守

陕西地处我国内陆腹地,其文化核心区关中平原既是我国自然景观上南方与北方、东部与西部的交叉过渡地带,也是各种文化交流融合的坐标轴心。在其文化本体的历史层面上,南方的稻作文化,北方的草原文化,东部的农业文化和西部的游牧文化,很早就在这里交流融合,对陕西地域文化的生成定型产生了深刻的影响。在发展壮大的汉唐时期,更是敞开宽阔的胸膛,接受了来自更大范围的异域文化,故而具有兼容并蓄的博大胸怀。然而,从古至今,周秦文化在兼收并蓄的过程中,并没有丧失自我,始终保存着自周代以来形成的政治伦理文化的底色,重农轻商、尚德重义的基调也未曾发生重大改变。

3. 重农而轻商

陕西位于中纬度地带,温和的气候,深厚的土层,疏松的土壤,适宜于

---

① [美]E. R. 塞维斯:《文化进化论》,华夏出版社 1991 年版,第 10 页。

农业生产。所以,世世代代生活在这块土地上的三秦百姓,既没有东部海岸民族的幻想,也缺乏南方水泽之乡民族的浪漫,除了在现实的土地上播种自己的希望,通过实实在在的耕耘去获取收成外别无选择,故很早就养成了耕稼之长,世代相沿"尊先王遗风以务农为本"。从历史上看,周文化的重农轻商观念始于商鞅变法。商鞅变法中最主要的是农战政策,将农业视为国家发展的根本,发展农业成为强大国家的政治任务。因此,一切不利于农业发展的因素都是政府要加以抑制或打击的。由此确立了一套新的价值评价体系,即尚功利、贵农人而贱商人及其他职业者。宣传仁义的儒士、逐利的商人、巧辩之士、怠惰之人,都受到了道德的鄙视。商鞅变法确立的这种价值导向,对秦文化后来的发展起到确定基调的作用。

由于农本思想重视生产,轻视流通,鄙视商人,所以,尽管"丝绸之路"是一条通商大道,古长安很早就是世界级的商贸中心,但陕西人并不以经商见长,没有形成像"晋商"那样在全国有巨大影响力的商人群体,更谈不上形成一种传统。此外,政治伦理型文化也为商业文化在三秦大地的繁荣设置了巨大障碍。这种文化以"重义轻利"为根本,而"义"用于治国就是实践仁道,用于修身就是见利思义、去利怀义,必要时则须"舍身取义"。在言必称义的氛围中,以谋利为宗旨的经商活动和从事流通的商人阶层,自然是遭到鄙夷的。

以农为本、重农抑商的传统意识,在陕西人中至今依然存在。他们认为读书做官员、搞科研、当干部是"人间正道",经商是迫不得已的下策。在农村,有人数众多的农民,只愿意务农,不情愿外出经商。也有不少企业的厂长和经理,对市场、流通、商业有一种恐惧感或厌恶感,总认为无商不奸,这行当中没有好人。

4. 尚德而怀古

三秦大地素有尚礼怀古的淳朴民风。周公制礼作乐,建构了德性文化范式。这是维系中国封建社会秩序的精神支柱,更是陕西地域文化的精髓。作为一个内陆农业区域,这里的人们所从事的是周而复始、自产自销的农业生产,而这种生存方式必须以安宁和稳定作为基本保障。所以,他们期望用伦理道德规范来调整各方面的利益关系,以道德抑制人们因私欲而可能引发的冲突,这使得道德的作用在社会生活中被极大地凸显出来。由于三秦大地上大家族比较普遍,通常在一个百余户的自然村落中,同宗同姓者居多,宗法制度、宗法意识在这里有着深厚的社会土壤,故而这里的人们对以血缘为基础的"私德"非常重视,孔子的仁、义、礼、智、孝、悌、忠、信等许多道德规范,自古至今对陕西人都具有巨大的约束力量。人们用来处理人际关系的准则是祖先制定的,几乎成了"天理",所以,这里的民众对古代圣贤有一种崇拜心理,并由此生发出怀古之幽情。当然,陕西人的怀古还在于陕西有非常辉煌的历史,有道不完的炎黄二帝,说不完的秦皇汉武,夸不完的隋唐盛世。陕西人在精神世界中过于执著的怀古情结,实质上是一种文化心态的僵滞现象。

5. 安息而务实

如前所述,早在五四运动时期,"安息"一词就被用来对文化及人生价值取向进行评述,如陈独秀和李大钊等人就曾提出中国传统文化以安息为本的观点。① 他们所说的安息,主要指"息争"、"戒斗",这与我们对陕西人精神特质的理解尚有一定差异。我们所说的"安息",是指安于既得,息于闲逸。

按照儒学的世界观,人的生命只要一息尚存,就应让永无宁息的精神来支配自己。在这一点上,它与陕西人息于安适、闲逸的人生追求是不一致的。然而,在儒学理论中,作为宇宙造物的人,一旦立于天地之间,自然要无比珍惜这生命,以"保生"为务。"保生"就须满足人的基本需要,尤其是满足物质方面的需要。对此,儒学并不是一概加以否定,只是强调人们在这方面不可要求过高,否则,就会"失生"。从这个意义上讲,传统的陕西人安于既得的心态同儒家的"保生"观念是一致的。

道家主张追求无所不适的逍遥人生。但陕西人终日为自家利益奔波,并不想为了人生的逍遥、自由而抛弃一切,如功名利禄以及"保生"所需的物质条件等。或许由于过分珍惜这些东西,陕西人才变得胆小起来。然而,陕西人似乎深知老子"道法自然"的真谛,以守为攻,以静制动,以不变应万变。

安稳则须务实,只有脚踏实地,从实际出发,见之于行动,得之于实效,才可能"安"得下、"稳"得住。所以,务实而不尚空谈,注重功利,讲究实际,

① 参见《五四前后东西文化问题论文选》增订本,中国社会科学出版社1989年增订版,第12—13页。

追求实用,是陕西人的一贯作派。

6. 大气而言讷

大气,作为一种精神品质,指对宏大、慷慨、高雅的追求。秦文化之大气品质,在很大程度上得益于陕西在历史上是十三朝国都的地位。封建帝王居长安而号令天下的气势,早已内化为一种君临天下、英雄舍我其谁的心态,弥漫在秦地人的意识中。如今,陕西拥有一流的人才培养基地,一流的科技产品,一流的先进制造业,一流的名人名士,这使得秦文化更显阔大的气象。陕西人做事,从大处着眼,很少考虑细枝末节,也很少计较蝇头小利。与人交往,重情疏财,有一种"千金散去还复来"的慷慨之气。说话也是直来直去,一句是一句,绝少"弯弯绕"。大气还表现在对功利的超脱上,如对国事、天下事的热情关注。陕西人务实但并不俗气,文学、艺术、戏剧等在陕西有着广泛和深厚的民众基础,他们对高雅的文化有一种天然的感受力。

孔子曰:"君子讷于言而敏于行。"[1]他老人家明确表示讨厌"巧言、令色、足恭"。秦文化忠实地秉承了儒家的言讷精神。陕西人对不分场合说个不停的人,心生反感;对花言巧语的人,存有戒心;对言过其实的人,则心存厌恶。陕西人大多性格内向,寡言少语,不善言辞,外冷内热,情感深藏。对妻子儿女,纵然有满腔的感情,却不会挂在嘴上。他们既不如北京人能说会道,也不像南方人抑扬顿挫。无论老少,不说则已,一说就是直来直去,简明扼要。言讷精神倡导笃实,反对浮夸,这使得秦文化有一种敦厚、平实和素朴的风格。

7. 重土而恋家

重土恋家是陕西人情感的核心品质,这可以从陕西人最基本的情感需求和最高的价值目标上得到证明。陕西人是以安息为本的。在农业自然经济的历史条件下,个人不可能独立于家庭之外,他必须从属于某种天然共同体或自然共同体。在中国封建宗法制度下,家庭成了人们唯一能得到安息的地方。人从生到死,脱离不了家庭,尤其是脱离不了家庭的相互依赖。你可以没有职业,然而不可以没有家庭。你的衣食住都由家庭供给,你病了,家庭便是医院,家人便是看护。你是家庭培养大的,你老了,只有

---

① 《论语·里仁》。

家庭养你,你死了,也只有家庭葬你。因此,当人们在家庭中找到自己的安息之处后,自然也就把家庭作为自己情感的归宿。对于陕西人来讲,由于以下两方面的原因,使得他们对"家"和"乡"的感情达到了无以复加的程度,并成为主宰情感世界的唯一力量。其一,由于陕西具有良好的农业生产所需的自然条件,家庭在通常情况下能为其成员提供所需的生活资料,这使得家庭成员对家庭的情感依赖具有其他省的人所很少具有的物质基础。其二,陕西作为中国封建传统文化的基地,深受儒家的家庭伦常观念的影响,诸如"父慈子孝"、"忠厚传家"、"诗书继世"等,至今在广大陕西人当中,尤其在农民阶层中仍有很深的影响。特别是"孝"的观念,以及对父母行孝的一系列要求(如"父母在,不远游"、"养生送死"等),在陕西人那里已由外在的道德律令转化成为内在的情感需要,这种情感需要无疑强化了他们对家庭的情感依附。

二、两种文化精神的相似性

(一)两种区域文化的相似点

越文化和秦文化分属不同的文化区,彼此差异很大。但仔细比较可知,二者还是有许多相似之处。

其一,文化主体相同,即都是以汉族人为主体,而且都经历了多次民族融合的过程。在越文化是越族人与汉族人的融合;在秦文化则是胡汉及其他少数民族的融合。多种文化特质兼收并蓄,使这两种不同地域的文化都具有强大的创新潜质。

其二,在传统社会中,文化地位变化的趋势大致相同,即都经历了从边缘到中心再到边缘的变化。越国在成为春秋最后一霸时期,其文化地位第一次从边缘走向中心区。南宋时期,宋高宗在绍一年多时间,使越文化具有了国都文化的色彩。之后,越文化一直处在边缘地位上。秦文化在西周建立之前,是边缘化的一种文化。自西周到唐末,则一直处在华夏文化的核心区,长达千年之久。宋以后沦为边缘文化。大凡在历史上有过"抛物线"发展轨迹的文化,在两次文化发展高峰之前,注定要有一个漫长的休整或调整的"低谷"时期。

其三,在传统社会中,文化主题的变化也大致相同,即早期以"抗争"为主,中、后期则转向以"发展"为主。越文化主题的转变过程,此前已有阐述,不再赘言。秦文化的主题在神话传说时代,也是与自然抗争,神农炎帝尝百草而身中巨毒的传说即是佐证。周至秦朝,主题则是与人抗争。汉以后至隋唐之前,秦文化的主题处在转型期,其间虽然战争不断,但秦地的经济和社会发展呈现加速的趋势。隋唐时期,秦文化完成了从抗争到发展的主题转变。虽然宋以后政治文化经济中心发生了东移和南迁,使秦地的经济和社会发展变得缓慢起来,但基本走向不曾改变。正因为如此,这两种地域文化都或多或少地丧失了刚烈、勇猛的品性。

其四,在传统社会,这两种文化都达到了相当高的成熟程度。越文化自秦汉开始从民族文化向地域文化转型,至隋唐已达到繁荣,到了南宋时期,经济和文化都已成为南方乃至全国的中心之一。秦文化千余年间一直具有国都文化的身份,代表着中华民族文化的发展水平和前进方向,至隋唐时期达到了鼎盛阶段,其成熟程度是任何其他区域文化无法比拟的。一般而言,在某一文化形态中发展相对成熟的区域文化而言,都不可避免地具有保守性,因而在下一个文化形态的发展中,也都不可避免地具有一定的滞后性。这是越文化和秦文化共同面临并且需要破解的难题。

(二)两种区域文化精神的相似点

自秦实现全国政治统一后,尤其是西汉确立了"独尊儒术"的政策,在全国实现了思想和文化的统一后,在封建专制主义"大一统"政策的统治下,越文化和秦文化,尽管地处南北,但有着相同的政治、经济和文化背景,加之历史上人口迁徙、商贸交流和人员往来等,使得两种文化的精神品质自然具有不少的相似之处。主要有以下六个方面:

1. 开拓品质

在越文化和秦文化早期发展史上,开拓创新,锐意进取,是它们的共同品质。越文化从越君允常拓疆称王,建立越国,到句践击灭吴国,迁都琅琊,角逐中原,称霸诸侯,其积极向上的进取之势,锐不可当。在生产上也多有发明和创造,如兵器制造技术、陶瓷制作技术等,都具有国内领先水平。这种进取的品质,在秦以后被传承下来,在经济和文化上取得了累累硕果,为中华民族的发展做出了独特的贡献。秦文化在开拓和进取上,丝毫也不比越文化逊色。周公创制周礼,为中国封建社会的发展和繁荣奠定了基础。秦始皇虽有"急政"之嫌,但横扫六国,完成了祖国一统的伟业,使中华民族成为一体,成为千古一帝。隋唐盛世,处在中华文化核心区的秦文化,把中国封建社会全面推向了发展的顶峰,使中国成为当时世界最发达的国家。之后,这种精神品质在各个历史阶段,以不同的方式传承下来,在政治、经济和文化各个方面展现出来。

2. 崇稳品质

在这种精神品质上,越文化和秦文化有着极高的一致性。它们都把"稳妥"视为首选价值。做事不敢为天下先,不愿冒险,不想占先机之利,更不会争抢"头口水"。相反,这两种文化都有"跟进"的品性,也就是说,等等、看看,没有风险再跟着干干。用在做人方面,倡导稳健、稳重、沉稳的品格,排斥个性张扬、勇于创新、大胆尝试的人。崇稳的本质是胆怯。其实,如今的越地人和秦地人都有胆小的一面。在市场经济条件下,都表现为小打小闹,而不敢"赌一把"。这已经成为制约两地经济社会发展的隐性障碍。其实,越地人和秦地人的"胆怯",都不是吓出来的,无须从残酷的政治统治等方面去寻找根本性的原因。依笔者见,这种"胆怯"是由安息本位的价值观决定的。既然人应当安于既得、息于闲逸,而既得和闲逸又只有在相对静止不变的条件下才能存在,则对稳的追求就成了必然的行为倾向。与崇稳相联系,两地的民众也都具有喜"静"的心理倾向。

3. 内敛品质

在这种品质上,越文化和秦文化也出奇地一致。陕西人推崇做人要"内敛"、低调,反感夸张、张扬。他们把那种目空一切、狂妄自大、自吹自擂的人,说成是"太张了"(张,读作 zh′ang)。有一句秦地俗语说:"人狂没好事,狗狂挨砖头。"他们和越地人一样,总是喜欢不显山露水地做事情,讨厌张扬和狂妄自大。

他们厌恶张狂,由此出发,很容易演变为害怕张扬,明明家境很好,但总是对别人哭穷;明明正在著书立说,但总是对外守口如瓶;明明跑了一趟生意挣了上万元,但总是告诉别人赔了个精光。这倒不是说陕西人不诚实,而是说他们顾虑太多,担心落下个"太张"的恶名。不难想象,那些想大事、干大事的人,会在陕西人中落得个怎样的下场。内敛的精神品质,在衣着上也得到了比较充分的反映。陕西人衣着简朴,从陕西名人于右任、赵望云、杨虎城、吴宓、柳青,到张艺谋、陈忠实、贾平凹,再到那些普通百姓,无论名人还是凡人,都一概衣食平常,甚至略带些土气。比起广东的一些老板,这些人没有什么架子,也不摆谱,他们喜欢自然和寻常。这种状况在越地人中也是一种常态。与南方其他地方的人相比,越地人更崇尚自然和简单,他们的衣着简朴、行事低调,在浙江也是出了名的。当然,两种文化追求内敛的原因还是有区别的。越文化的内俭是隐忍性即自觉性的,以成事作为目的,多少带有功利主义的色彩。秦文化的内敛是自发性的,以赢得别人的好评为目的,更多地是一种伦理考虑。

4. 务实品质

越文化和秦文化都有一种务实的精神追求。秦文化的务实精神源自秦孝公。他在《求贤令》中说,有能出奇计强秦者,他愿意授其官职,分其土地。以强秦为指向,以官职和土地为奖赏,从目的到手段,无一不具有功利主义色彩。他任用商鞅变法,实行按军功大小给予爵位等级的制度,刺激军人奋勇杀敌,规定杀敌一人,授爵一级,奖田一顷,若能杀五个敌人,就可以役使五家隶农。杀敌越多,赏赐越厚。在战场上建立军功的贱民可以获得身份而编入户籍。同时,商鞅为了鼓励耕织,还规定生产粮食和布匹多的农户,可以免除徭役,并且规定"民有余粮,使民以粟出官爵"[①]。此外,商鞅还抑制工商业,反对儒家学说,认为商人和儒士不直接从事生产和创造物质财富,是有害于国家的"虱子"。商鞅变法的实质就是在秦国强制推行功利主义文化。尤其采用直接以耕战实际效果作为衡量标准和奖惩根据的功利性政策,给秦文化注入了凭实力、讲实用、重实效的基因,使之成为一种文化底色,对尔后的嬗变影响极为深远。北宋大哲学家张载,在创立"关学"过程中,把秦文化的务实品质上升到形而上的高度,主张学以致用,把学术思想与现实社会的政治、经济、军事等问题联系起来,力图为现实服务。张载十分热心于解决当时的社会矛盾,针对北宋时期土地兼并加剧的状况,提出了"均平"的主张;针对当时严重的民族危机,主张加强兵法的研究;针对当时不合礼仪制度的风俗,提出恢复古代祭丧婚冠的仪式等。尽管张载解决现实问题的对策有明显的复古倾向,也未必能取得效果,但有一点是可以肯定的,即秦文化的务实传统为关学打上了致用的印记,关

---

① 高亨:《商君书注译》,中华书局1974年版,第271页。

学反过来又进一步强化和提升了秦文化的务实品质。如今,务实的品质已经成为秦地人的深层意识,体现在他们生产生活的方方面面。说话,讲究实话;办事,讲究实际;交往,讲究实意;消费,讲究实用,生产,讲究实效;做人,讲究实诚。一句话,凡事皆以"实"字为先。其中,做人必须实诚,格外受到陕西人的青睐。陕西方言把"诚实"倒过来,说成是"实诚"。可见,陕西人把"实"放在首位,看得比"诚"还要重要。陕西人喜欢跟实诚的人打交道,不喜欢那种精明到家的人,更见不得趋炎附势的小人。显而易见,两种地域文化都推崇"务实",但从大众文化层面分析,越文化的侧重点在做事和功利上,而周秦文化的侧重点则在做人和伦理方面。

5. 守恒品质

越文化和秦文化都有一种守恒的自发倾向。表现为对传统习惯和旧制的依恋、对变革和新政的不安、以及对"静"的心理需要。按照美国学者E. R. 塞维斯在《文化进化论》中阐述的观点,越文化和周秦文化的守恒品质,并不是一开始就具有的,而是在它们自身的发展过程中逐渐形成的。也就是说,导致守恒的根本原因,就在于它们在传统文化形态中发展得过于完善和成熟,无论在文化创造力或文化心理上,都因为这种成熟而造成的"特化"或"专门化",从而抑制了求新的冲动,使人们的文化心态趋向于守成。

从越文化和秦文化的历史分析,在中国古代社会中它们都属于已经成熟了的文化。社会制度层面姑且不论,在物质文化上,二者分别代表了粟作文化和稻作文化的最高水平,与自然经济相一致的生产方式和生活方式,经过千百年的不断充实和完善,具有了超稳定的结构,已经完全与人们的生存方式融为一体,内化为他们的态度、情绪和价值标准。在精神文化层面上,王阳明的"心学"和张载的"关学",尽管分属对立的学派,但它们都是对农业文明、自然经济和封建主义的哲学表达,其中必然糅入了他们所处的地域文化的元素,因而也可以视为是对各自的地域文化精神的哲学表达。一种地域文化精神能获得有广泛影响的哲学形式,仅此一点就足以证明其成熟程度是非同一般的。

成熟的文化意味着提供了稳定的生存范式,而生活在成熟文化中的人们,对构成这种范式的理念、原则和准则,早已习以为常,丧失了反思和批判的能力。即使文化生态环境发生变异,如从计划经济转变为市场经济,习惯和传统的巨大惯性,也足以确保旧的规制在相当长的时期内继续延展下去,至少在文化观念和心理上能够做到这一点,除非这种对传统的固守导致了现实的生存危机。

6. 兼容品质

从历史上分析,越文化和秦文化共有的这种品格,起初都与人口迁徙有直接关系。越文化经过从秦汉至东晋多次人口迁徙,文化主体发生了实质性改变,养成了兼收并蓄的文化品格。秦文化亦是如此。《秦人的前世今生》的作者,以"谁是真正的秦人"为题这样写到,秦国崛起后,国都长安成为全国的中心,吸纳人才的作用开始显现。在秦始皇二十六年,"徙天下豪富于咸阳十二万户"(秦始皇迫迁越地的则是"天下有罪谪吏民")。刘邦建立汉朝后,从高祖九年(前194)起,"徙齐楚大族昭氏、屈氏、景氏、怀氏、田氏五姓关中"。据考证,仅西汉一代从关东迁入关中的人口即达到30万。南北朝时期是民族大融合,地处长城内外、陕北高原的游牧民族纷纷南下,迁入关中平原,据记载,前秦和后秦时期,先后有7万户、20余万人口迁移到关中。隋唐时期,全国各地乃至世界各地的人才汇集长安,国都长安人口逾百万。宋以来,长安丧失国都地位,人口日渐稀少。明初关中发生大地震,破坏极为严重,几乎造成人口"真空",山西、河北不少人迁入关中。近现代以来,由于自然灾害、战争、陇海铁路的修建、军工企业的建设等原因,陕西接纳了全国各地的人,而土著陕西人则很少流往外地。[①] 可见,秦文化在其发展过程中,不断吸纳其他区域文化的成分,具有很好的兼容品质。

兼容精神突出表现在对异文化的态度上。越文化在春秋初期,其发展水平低于中原地区,但越国时期,尤其是秦汉以后,积极接受先进的中原文化,发展十分迅速。秦文化虽因秦始皇采取了极端的文化专制主义政策,焚书坑儒,在秦代一度拒斥异文化,但西汉以来,三秦大地因其国都地位,成为百家学说、国内外各种文化的交汇地。这种状况在隋唐达到了极致。以宗教文化为例,佛教在西汉中期,经丝绸之路从西北传入中国新疆地区,西汉末期传到都城长安。魏晋时期,长安成为佛教要地。南北朝时,西魏岐山守令拓拔育首先开启法门寺塔基,供奉佛祖舍利。隋唐时期佛教达到

---

① 参见李满星:《秦人的前世今生》,陕西旅游出版社2007年版,第80—82页。

鼎盛,当时的长安,佛寺林立,出现了玄奘、杜顺、道宣、善导等一批著名的佛学大师。天主教在唐太宗贞观九年(635)传入中国,建寺长安,史称景教和大秦教。伊斯兰教在唐高宗年间(651)也传入中国,国外许多教徒集居长安,唐政府对于这些宗教采取了宽容态度,陕西各地也未曾引发宗教冲突。

时至今日,在市场经济的时代背景下,两种文化的兼容品质依然如故。譬如,两地都兴建了许多现代化的高楼大厦,但对历史遗存保存得相当完好;两地都有许多外来务工人员,当地人与他们能够和谐相处,不存在歧视现象;两地都有历史悠久的民俗,在现代生活中都得到了较好的传承等等。

(三)相似性的原因

越文化和秦文化之所以有诸多的相似之处,除了秦汉以来大一统的体制原因外,还在于每一个历史阶段,它们遇到的历史遇境、文化主题和可供选择的活动方式,有着共同性。也就是说,作为同一民族文化中的不同区域文化,其间的共通性在历史发展过程中呈现增长的趋势。这种共通性是导致两种区域文化精神相似性的基本原因。以下,从地理环境和历史境遇两个维度略作分析。

1. 地理环境

任何文化都是由处在一定自然地理环境中的人们创造的。自然地理环境的差异性,在某种程度上决定了文化创造方式及其结果的差异性,因而也直接影响到文化精神品质的特性。这种情况在人类文化创造的早期阶段尤其明显。所以,在分析文化精神时,不能抛开地理环境因素。当然,这种因素不是决定力量,也不可能单独对文化精神的形成和发展发生作用,它们只是作为人们实践的基础和对象,通过人的活动影响到文化的创造和精神的形成。

如果抛开地理位置的差异,单从地理环境与人的物质生产生活的关系分析,越文化与秦文化所处的自然生态环境,有一些相似的地方。首先,越地和秦地的自然条件比较适合农业生产,因而两地在历史上都创造了发达的农业文明。越地的稻作文化和秦地的粟作文化,都具有相当高的水平。发达的农业为两地传统文化的发展奠定了良好基础。其次,就农业生产的自然条件而言,越地和秦地虽然不算恶劣,但也算不上优越。越地的农业生态环境起初是治水问题,后来是人多与地少的矛盾。而秦地除"八百里秦川"之外,秦巴山区和陕北高原则相对差些。在这种自然条件下,要生存、繁衍下去,就必须靠辛勤劳动去挣得生活资料。所以,这种自然环境易于培养勤劳务实的品格。再者,由于越地和秦地提供的农业生产条件,使得人们通过勤奋劳动还可以过活下去,所以,历史上这两个地区迁入者多,迁徙他乡者少,除非发生重大的自然灾害或战争,所以,生活在两地的人们有兼容的胸襟,但也易生重土恋家、"安稳"和"喜静"的心态,养成守恒的精神品质。第四,据历史记载,越地和秦地都是洪涝、干旱等自然灾害易发地区。在自然经济时代,自然灾害对人们生存的危害极大,这既彰显了"安稳"对人们生产生活的巨大价值,强化了人们的"崇稳"心理,同时也磨练了越地人和秦地人的意志,培养了他们的坚韧品质。在与自然灾害抗争的过程中,两地的人民充分发挥了自己的聪明才智,培养了开拓创新、勇于拼搏的品质。最后,这两个地区的地理位置一个在西北一方,另一个处东南一隅,在封建社会晚期以后,都远离中国的政治文化中心。所以,无论越地还是秦地,新风不烈,古韵长存。

2. 历史背景

在神话传说时代,越文化和秦文化都有与自然抗争的壮举,且各自都有崇拜的偶像。大禹是越文化的表征,炎帝则是秦文化的符号。大禹治水三过家门而不入,而神农为拯救百姓于疾病,尝百草而一日遇七十毒。这些传说人物反映出秦地和越地先民敢与自然斗争,并且付出了难以想象的巨大牺牲。若将炎帝和大禹比较一下,不难发现有许多共同之处:其一,他们是敢于拼搏、奋不顾身的英雄;其二,他们是甘愿为民众奉献的道德楷模;其三,他们是勇于创新的开拓者。炎帝制耒耜、发明农耕,尝百草、创中华医学。大禹在总结其父治水教训的基础上,采用疏导方法治平洪水。这说明在文化发展的源头上,两种文化有着共同的价值取向——勇敢、奉献、开拓和智慧。

从先秦历史分析,越文化和秦文化都以"耕战"作为主题。越国时期,越与吴相互征伐,越王句践经过"十年生聚,十年教训",大力发展农业,终于战胜吴国,迁都琅琊,称霸中原。至越王无彊,拥有淮泗以东江南土地,国势强盛。公元前333年,楚国打败越国,夺取浙江以西土地,越国从此衰落。公元前222年秦军灭越后,越文化的主题就开始转向了"耕读"。

这个转型过程对秦文化而言要显得更加曲折和漫长。关中姬姓周人在周武王的统率下,于公元前1027年的"牧野之战",推翻殷商王朝,建立周朝。周立国后,推行井田制度,较之奴隶制度,一定程度上解放了农业生产力。此后,周公东征,平定武庚叛乱,把势力范围伸张到黄河下游,南及淮河流域。周与汉水流域和长江中下游的楚之间不断发生战争,与北面和西北面的一些游牧民族也是战事连连。秦本东方夷族,经历自东向西多次迁徙,才到达陕西关中立国。嬴秦占据关中五百余年,仍旧奉行"耕战"政策。秦在战国初年,任用商鞅变法,对民"致粟帛多者",可免除徭役或租税;不努力耕作,或弃本逐末者,全家都要被罚为奴隶。又鼓励人民立军功,实行军功爵制。宗室无军功者,便不能取得贵族身份。这些措施使秦人"勇于公战"①。自公元前333年开始,秦对外不断进攻,扩大疆土。公元前237年,秦始皇开始了横扫六国的对外战争,经过16年的浴血奋战,建立起了中国历史上第一个中央集权制的封建国家。秦亡后,刘邦以陕西为根据地,建立了统一的汉王朝。西汉时期,关中相对和平,经济、社会和文化的发展较快,文化主题开始了从耕战向耕读的转型。然而好景不长,从西汉末年到隋统一之前近6个世纪里,陕西大地上战火不断,烽烟四起,秦文化的主题再次被拖入"耕战"轨道。隋唐时期,秦文化的主题才开始了向耕读的真正转型。宋以后的政治中心东迁,标志着秦文化主题转型的完成。

经过"耕战"文化的洗礼,越文化和秦文化中积淀了"尚武"的品质,但随着岁月流逝,那种挥剑决浮云的英雄本色,在平和的生活冲刷下,逐渐消退了,变得依稀可见起来。取而代之的则是对和平、安宁的祈望。或许是战争的惨烈使人明智起来,在血与火的教训中更加懂得珍惜生命;或许是"耻于用武"的传统文化在两地浸润的太久,消解了人们的勇猛之气。无论何种原因,在这两种文化的现今形态上,都很难寻觅到一种伟岸勇猛的霸气。

越文化和秦文化都有"崇稳"的品质,这与两种文化有相似的经历有关。越地本来不是兵家必争之地,只是吴越相争,才使越人饱受了战争之苦。自秦汉以来,越地基本上不再有大的战事,是太平之地。这里的人过惯了平和的日子,久而久之,心态自然趋向于稳定。加之自然经济条件下

---

① 《史记·商君列传》。

有规律的生产生活方式,与外界交流的相对封闭等因素,使得越地民众很难生成求新、求变的意识。秦地处在西北一角,原本也不是什么战略要地,只是数个封建王朝建都于此,才"引火烧身"。唐以前几百年间绵延不绝的战争使秦人吃尽了苦头,一幕幕生灵涂炭、家破人亡的悲剧深深地留在了他们的历史记忆中,使他们把生活的稳定看得高于一切。宋以后秦地远离政治中心,也使秦人在一定程度上远离了刀光剑影。过上相对稳定生活的秦地人,备感安稳之珍贵。

越地和秦地,从历史上看,都是移民区。自秦开始到东晋止,越地民族大换班,于越人基本被汉化了。来自四面八方的汉人,将不同的地域文化带到了越地,在碰撞中实现了整合,并逐渐打上了越地的特色。所以,越文化作为一种移民文化,内在地就具有兼收并蓄的品质。秦地的移民特性更为明显,范围也更为广大。按翦伯赞先生的观点,秦地的土著人是周人。周是兴起在渭水中游黄土高原上的一个古老部落,相传周的始祖是后稷,名弃,他长于种植,古书说帝尧曾举弃为农师。嬴秦的远祖大费,相传曾与大禹一起平水土,原本活动在山东一带,后经过多次迁徙至关中,与周人融合而立国。陕西人自称为秦人,与秦的立国不无关系。西汉有大批齐楚人迁秦,南北朝时,北方少数民族入秦居住。这种外地人不断迁徙到三秦的状况持续到近现代,以至于有人提出了"谁是真正的秦人"这样的问题。所以,对于秦文化来讲,大度、宽容,是它的本色。

务实是越文化和秦文化共同的风格。这种精神品质的形成,在越最初是源自自然与来自吴国的生存压力,在秦则是最初源自横扫六国、一统天下的需要。句践采取文种的"灭吴九术",核心是重实力,促使吴越之强弱发生变化;而秦孝公任用商鞅变法,采取了一系列举措,无一不是强调功利的。这种品质在两种地域文化长期的发展中不仅经久不衰,反而日益得到强化,这与农耕经济有直接关系。两地的民众在农业生产中真切地感悟到,只有辛勤耕耘,才能有所收获。浮华、空谈、玄虚,无济于农事,用陕西人的话说,叫做"不打粮食"。正是由于有这样的民众意识作为基础,才催生出了追求事功的张载"关学"和主张知行合一的阳明心学,使两种地域文化的务实品质得到了哲学的升华。

越地人和秦地人都十分内敛。作为一种文化精神品质,它蕴涵着对和谐的祈求。从做人的角度讲,内敛能够使人减少人际交往中的磨擦和张力,营造宽松的氛围;从做事的角度讲,内敛能够使人以谦恭的态度和温和的手段解决彼此的分歧,促进事情向好的方面转化。诚然,内敛是以外部压力为前提的,从这个意义上讲,两地文化在历史上都形成了有强大约束力的规范体系,以及与之相一致的评价机制。譬如,在秦文化中,一个锋芒毕露的人,往往惹是生非,故而要受到他人的鄙夷。这种力量是巨大的,很少有人敢与之抗衡。

三、两种文化精神的区别

(一)两种区域文化的差异

越文化和秦文化分属不同的文化区域,各有自己的血脉,彼此的区别是不言而喻的。若从造成文化精神差异的角度分析,两种文化的不同点,主要有四个方面。

1. 文化类型不同

越文化和秦文化最大的区别是文化类型不同。"类型"一词,在文化分类理论上通常用来标志文化间的基本区别。斯图尔德认为,经济、技术和宗教的特征在区分文化类型上有着重要作用,但更有区别性的是社会的或政治的特征。所以,可以依照价值取向、社会结构和风俗习惯的不同来区分文化类型,如平民社会、母系社会、封建社会等。由于生产实践较之其他特征更具有本原性,加之文化价值取向具有多样性,所以,本书以实践活动和核心价值取向作为标准,将越文化和秦文化区分为两种类型。

秦文化是属于政治道义型文化。这意味着它的实践活动重心在政治领域,并且以道义论作为基本的价值取向。有一种传统观点认为,秦文化是"政治伦理型文化",这种概括最初只是针对周文化,后来被用以指称整个秦文化。若将秦文化与工商文化相比较,采用"政治伦理型文化"这个提法,其区别性是显著的;但若与越文化相比较,则区别性就不那么明显了,因为整个中国传统文化都具有伦理性。因此,在比较越文化和秦文化时,必须对"伦理"作出具体说明。从学理上讲,规范伦理学有道义论、功利论和美德论三种基本理论,指归各不相同。儒家伦理思想立足于对西周文化的辩护,持道义论的观点,对秦文化有广泛、深入和持久的影响,所以,使用

"政治道义型文化"一词,更加符合秦文化的历史和现实。

秦文化的政治性特质源自西周。西周作为我国历史上第一个封建领主制国家,其活动重心是在封建制度的创设方面。周朝创立的分封制度、宗法制度、井田制度等,虽然在后来的历史发展中发生了或多或少的改变,但分封而治、礼教天下的基本政治格局一直持续到封建社会的灭亡为止,故而对中国传统文化尤其是秦文化发展影响极为深远。秦始皇建立统一的秦帝国后,陕西一直是中国的政治中心,这种状态持续到隋唐,长达数千年。在中国新民主主义革命时期,延安作为中共中央的所在地,是中国革命的圣地,陕西又一次成为革命的政治中心。由于秦文化长期处在这样一种特殊的地位,秦人养成了关注政治文化、热心政治变革、敢于评判政策得失的传统习惯。他们对政治有着天生的敏感,虽说近代以来国都东移北迁,但对政治的热情和兴趣依然在他们身上保留下来。绝大多数当地人,包括生活在最底层的打工族,比如出租汽车司机、个体户,依然会为在南方人看来不着边际的、不会带来任何实际利益的政治热情所感染。上海作家潘向黎写了一篇题为《有所思,所思在长安》的散文,谈到对西安出租汽车司机的印象时,说:"那素质,是应该干大事的。"①

秦文化的道义伦价值观也源自周的礼乐文化。孔子创立儒家学说,政治上推崇周制,伦理上倡导周礼。周礼以天命论为思想前提,根据维护宗法等级秩序的需要,倡导"孝"、"友"、"恭"、"信"、"惠"等宗法道德规范,主张"修德配天"、"敬德保民"。其后秦王朝虽推行功利主义价值观,但时间不长,随着西汉"独尊儒学"局面的形成,儒家道义论占据了统治地位。在秦文化中,道德义务在民众生活中起着重要作用,尤其是父子有亲、君臣有义、夫妇有别、长幼有序、朋友有信的"五伦"道德规范,深刻地影响着秦人的行为、思想和情感,以至于如今的陕西人在外地人眼中很有些"古风古韵"。

越文化则属于经济功利型文化。它的活动重心集中在经济领域,以功利论作为价值取向。从历史上看,自越国灭亡以后,越地基本处在中国政治中心的边缘区,民众的政治意识缺乏培育的土壤,对政治的关注和参与意识很难形成传统。所以越文化不具有政治性特质。由于越文化主题很

---

① 转引自李满星:《秦人的前世今生》,陕西旅游出版社 2007 年版,第 96 页。

早实现了向"耕读"的转移,加之中国经济中心在隋唐后向南方下移,越文化的重心便集中在经济活动领域。封建社会中、后期,越文化在农业、手工业等方面多有建树,越地在南方甚至全国的经济上占有重要地位。

越文化的功利论取向,早在越国时期就已形成。越王句践本人就是一个十足的功利主义者。他签订屈辱的城下盟约、在吴为奴期间使用的种种麻痹夫差的手段、返越后为报仇雪耻采取的种种措施等等,无一不体现了以实际功效或利益作为标准的思想,这对越文化的发展影响巨大。秦汉以后,越地远离战事,文化也以耕读为主题,功利论在和平的农耕经济环境中获得了充分的发展,加之发达的商业文化和浙东事功学派的影响,广大民众注重功利,逐渐成为越文化的一个基本特色。

2. 经济活动不同

陕西农业的产生,当始于炎黄时代甚或更早。后来兴起于关中平原西部的周人,继承了祖先炎黄以来重视农耕的传统,出现了以擅长耕稼著称的后稷。陕西古代农业发展的高峰,则是在秦孝公时期。孝公任用商鞅,推行新法,奖励耕战,招引境外贫民入秦垦荒,开阡陌,封疆界,承认土地私有,调动生产积极性。再加上这一时期秦国广泛使用铁制农具和牛耕,秦国农业生产跃上了一个新的台阶。西汉时期,京师长安是当时全国乃至世界上最大的商贸都会。随着以长安为起点、贯穿中亚内地进而联结欧洲及北非的交通干线——丝绸之路的开通,一批批携带精美绝伦的丝绸、漆器及金属工具等物品的汉朝商人,风尘仆仆地行进在东西大道上,把中国的特产带到了中亚细亚,乃至黑海、里海之南。而与此同时,中亚细亚国家满载西域货物的商队,长途跋涉,云集长安。当时的长安,来自西域的明珠、文甲、通犀、翠羽之珍品,盈于后宫;蒲梢、龙文、鱼目、汗血马,充于黄门;巨象、狮子、猛犬、大雀之群,食于外囿。可谓"殊方异物,四面而至"。隋唐时期更不待言,长安城规模有周围70里之大,有东、西两市(商业场所),在市内出售同类货物的店肆,集中排列在同一区域,称做行,堆放商货的称为邸。《长安志》卷八《东市》载:东市有"二百二十行,四面立邸,四方珍奇,皆所积集"。西市则更为繁华。然而,如此繁荣的商业文化几乎没有给秦文化留下什么东西。以农为本为历代统治者所倡导,也为历代秦人所遵从,其结果之一,就是造成了秦文化经济活动方式的单一性。不仅如此,以农为本逐渐演变为"以农为荣"的道德价值观,在民众中形成了一股强大的舆论力量,使得大多数秦人不好经商,甚至鄙薄商人和匠人,严重抑制了商业、手工业的发展。所以,尽管陕西长安长期作为国都,商业文化十分发达,但秦文化始终没有"商"味。

越地农耕同样起源较早。越国时期,人们开垦荒地,兴修水利,种植黍、赤豆、稻、粟、麦、大豆等粮食作物,发展蚕桑业和养猪、鸡等畜牧业,出现了淡水养鱼场。手工业中的冶炼业、纺织业、酿造业、造船业、建筑业、制陶业,门类齐全,技艺精湛。但总体上讲,越国时期农业发展水平明显低于秦文化,尤其在生产工具方面。秦汉以后,水环境得到了初步治理,中原铁制农具和牛耕技术也传入越地并得到推广使用,农业生产发展很快。由于越地面海临江,从事农耕的地理条件不如秦文化优越,加之远离政治中心,封建主义主流文化倡导的农本思想,对越地影响远不及秦地。所以,越文化经济活动种类,除了农耕外,捕鱼、狩猎、商业和手工业等也比较发达,很早就呈现出多样性的特点。西汉时期,会稽成为全国铜镜的制造中心。南宋时期,制茶业进入全盛时期,产量居全国第一。植桑养蚕遍及乡村。纺织业已成为全国重要的基地之一。明清两朝,绍兴纺织、酿造、制茶、锡箔等已形成优势,丝绸、老酒、腐乳、锡箔、平水珠茶已大批出口欧美及东南亚地区。在越文化中,农本主义没有市场,相反,商人在社会上还具有相当的地位,人们并不以经商为耻,这为商业的发展营造了良好的社会环境。

3. 在中华民族文化中的地位和作用不同

秦文化曾凭借"国都"或"中心"的优越地位,使自身处在中华民族文化的中心区,在中华民族文化发展中起着引领和指导的作用。陕西的长安在封建社会有千余年的国都历史,秦文化凭借这一优势,在中国封建社会发展的初、中期,发挥着重要的引领作用。可以说,中国封建社会的基本政治、经济和文化制度,中国传统的核心价值观体系,基本上都是在以陕西作为国都时期创建的,个中自然融入了秦文化的因素。在近现代,尤其是抗日战争和解放战争期间,延安作为"红色首都",使陕西在沉寂了千年后,又一次成为中国的革命中心。毛泽东等人在延安亲手培育的延安精神,作为中华民族精神的现代发展,直接成为中华民族精神的重要组成部分。

越文化因历史、地理诸原因,与秦文化相比,既不占国都之优势,亦无改变中国历史进程之重大事件发生,带有"平民文化"性质。然而,就是这个平凡的地域文化,在中国历史各个发展阶段上,培育出了许多在国内外有重大影响的名士,他们在科学、教育、文化艺术等方面取得的卓越成就,有力地推动民族文化的发展。这批越地名士还升华了地域文化精神,并将它传播到各地,间接地影响了中华文化精神的发展。如王充为追求和捍卫真理而献身的大无畏精神,陆游、王思任爱国主义精神,徐锡麟以身许国、视死如归的精神,秋瑾临危不惧、勇于牺牲的精神,陶成章艰苦踏实、克己奉公的精神,鲁迅"横眉冷对千夫指,俯首甘为孺子牛"的精神,蔡元培律己不苟、兼容并蓄的精神,周恩来全心全意为人民服务的精神,马寅初敢于追求真理、坚持真理的精神等等,均已融入中华民族精神之中。此外,越文化在中国封建社会后期以及改革开放以来,经济发展上一直处在高位,为我国物质文明发展也做出了巨大贡献。

4. 文化近代化转型的速率不同

秦文化在中国封建社会中期达到了鼎盛之后,自宋开始逐渐出现衰退迹象,至民国初期,仍旧是自给自足的自然经济占统治地位。在三秦大地上,自西周建立起的耕作制度和技术,数千年基本没有改变,人们的思想观念基本没有改变,生活方式也基本没有改变。由于地处内陆腹地,相对封闭,关中平原也很少受到西学的影响,在东南沿海开始与西洋各国通商的时候,秦人还处在"日出而作,日落而息,凿井而饮,耕田而食"的农业生产生活方式中。这种状况直到抗战前后,因民族工业的兴起和沿海工厂的内迁,陕西单一的农业经济格局才真正有所改变,秦人才开始真正"睁开眼睛看世界",秦文化也才开始真正呼吸到现代工业的新鲜空气。

与秦文化不同,在明代随着商品经济的发展,越地的丝织业和纺织业中出现了手工工场,机户与机工之间的雇佣关系也随之出现,这标志着已经出现了资本主义生产关系的萌芽。清代越地商品经济非常繁荣,越地商人遍布全国。鸦片战争以后,根据丧权辱国的《中英南京条约》的规定,宁波、上海被迫开埠。绍兴距离宁波、上海两个通商口岸仅一百至二百余公里,资本主义国家的棉纱、布匹等商品大量倾销到我国,严重冲击了绍兴民间手工业,同时也加速了越地自给自足的自然经济的解体过程。光绪年间,绍兴出现了近代工业,少数商人开办工场,仿制日用舶来品,如毛巾、肥皂之类。

(二)两种区域文化精神的主要差异点

如上所述,越文化与秦文化在文化类型、经济活动内容、近代化转型速率等方面存在的诸多不同,必然反映在精神层面上,从而形成文化精神的差异。这种差异反映了两种文化精神的"个性"。以下,从五个方面略作分析。

1. 崇智与尚德

越文化崇智,秦文化尚德。崇智不排斥对德性的要求,只是在二者当中,对智慧更为推崇。同样,尚德也不拒斥对智慧的追求,只是在二者之间,更加注重德性的完善。

越文化崇智传统,最初皆因在以抗争为主题的阶段,面对的都是异常强大的力量,如自然界的洪水灾害和强大的劲敌吴国。在力量彼此悬殊的条件下,弱小的一方,除了以智取胜之外,是别无选择的。这在吴越战争期间表现得十分明显。智慧是人类生存和发展的法宝,它能使人力和物力获得超常的发挥,因而是一种力量。这种力量被越人用在了战争、政治、物质生产、精神生产和日常生活和交往等方方面面,在大多数场合下它使越地人变得更加有力,更能实现自己的目的,所以,智慧和智者受到越地人的广泛推崇。

秦文化尚德传统,发轫于西周宗法制度的建立。宗法制是周人在社会政治制度构建上的一大创举,它由父系家长制演变而来,在周代达到了完备。周王自称天子,王位由嫡长子继承,庶子则分封为诸侯。天子和诸侯除了君臣关系外,还保持以血缘为纽带联结起来的宗法关系。如果说君臣关系靠法律维系,宗法关系则靠伦理支撑。因此,周人创立了以德、孝为核心的礼乐制度,使嫡庶各安其位,尊卑有别,各守礼制。道德政治化的结果之一,就是对家庭伦理道德的极端推崇。孔子创立的儒学把家庭伦理系统化,并实现于与政治伦理的对接。中外学者一致公认,虽然分封制度随着周的灭亡而废弃,但其精神犹存,在中国社会发生着持久的影响。这一点在秦文化中尤为明显。秦人崇尚之德,多为"私德",即以血缘关系为基础而形成的道德规范体系,如仁、义、礼、信、忠、孝等。在他们看来,遵守这些规范,是做人的道德底线,也是做事的基本原则。也就是说,在秦人的价值体系中,"德"是排在首位的,其他价值都须以这种价值的实现作为前提。

2. 重商与轻商

越文化重商,秦文化轻商。重商不意味着放弃农耕,而是在从事农业生产的同时,重视商业活动,对商人没有偏见。同样,轻商也不是拒斥商品经济,不从事经商活动,而是在价值判断上,对商业和商人抱有鄙视的态度。

无论传统社会还是现代社会,都市都是商贸中心。越文化地处东南一隅,但文化中心区绍兴自建城后 2500 余年未改动城址,商贸活动一直非常繁荣。在传统社会中,以商品交易为生的商人,在政府农本政策和儒家伦理学说中是受到限制和被人鄙视的,但越地则不然,这批人被越地人称为"店王"。"王"者,或指称权力者,或指称杰出者,一句话,能为王者,必是出类拔萃之人。将一个小小的杂货铺的老板称为"店王",足以说明越文化对商业和商人的尊崇。

秦文化则不然,尽管它有六朝古都的历史背景,古长安在千余年间是全国乃至世界的商贸中心,但重农轻商的传统一直没有改变。早在商鞅变法期间,秦推行耕战政策,规定不努力耕作或弃本逐末者,全家都要被罚为奴隶。西汉刘邦为了恢复农业生产,采取抑商政策,不许商人衣丝、操兵器、乘车骑马,不许他们做官,加倍征收他们的税金。商业和商人在秦汉时期受到了抑制,被看做是另类职业和下等人,这对秦文化后来的发展影响很大。儒家思想也是造成秦文化重农轻商的重要原因。农业自然经济是儒家学说的经济基础,也就是说,孔孟的伦理道德规范维护的是以农业生产为核心的社会秩序,没有为商业和商人提供伦理支持。譬如,"诚实"这个规范,在农业生产中则表现为踏实、辛勤,与人相处忠厚、坦率,若用这个标准要求商人,由于他们的生存依赖商业利润,而这种利润又是通过贱买贵卖实现的,故而很难得到人们在道德上的肯定。

3. 权变与固守

越文化善于权变,秦文化长于固守。权变不意味着机会主义,而是使用各种变通的方法,实现确定的目标。同样,固守也不是拒斥变通,而是坚守既定的目标和原则。

在分析越文化精神内涵时曾经说过,越文化的"权变"品质,并非自然所致,而是既追求事功又祈求稳妥使然。事功倾向易于导致行为失范,增加风险成本,危及安稳;而稳妥倾向又易于束缚手脚,减少成就空间,伤及事功。而两全其美之术就是权变,也就是说,权变在越文化中起着消解事功和稳妥之间张力的作用。为事功而权变,即当规范妨碍事功的实现时,就变着法子去维护和发展自己的利益;为稳妥而权变,即不蛮干、硬干,讲究干的方式和方法,力求做到既实现目的,又规避风险。所以,越文化之"权变"具有"阴柔"的气质。

秦文化的"固守"品质,是指对理念、目的的执著和对规范的恪守。多数陕西人都有"一条道走到黑"的倾向,爱认死理,认准的理是不会轻易放弃的。在他们的身上总是透着一种倔强、认真、不屈服的个性,大有不达目的誓不罢休的味道。电影《秋菊打官司》中的秋菊就是这种精神品质的符号。恪守规范的品质,从源头上讲,或许与商鞅有关。变法前的秦国,法度废弃,私斗盛行,兵弱而主卑。故商鞅在变法中采用了残酷的连坐法,"令民为什伍而相收司连坐,不告奸者腰斩","匿奸者与降敌同罚"。实行几年后,强悍的秦人"怯于私斗,乡邑大治",法律的冷酷从此留在了秦文化的历史记忆中。时至今日,陕西人对规范仍然怀有一种敬畏之感。所以,秦文化之"固守"具有"阳刚"之气。

4. 精明与大气

越文化以精明著称,秦文化则以大气闻名。精明不意味着开明和高明,容易趋近苛细。大气也不意味着宏大和充盈,容易流于粗疏。

越文化之精明品质,此前已有阐释。这里只想指出,在与秦文化相比较时,"精明"不是用来表达越文化的聪慧或睿智,而是指一种机巧、细致的态度。若就聪慧或睿智而言,越文化和秦文化并无差别。但在机巧、细致方面,二者的差异是非常明显的。有人这样评价陕西人——聪明而不显精明,如古语所说"大智若愚"。大凡与陕西人有关的经济案件,一般都是陕西商人被骗。在生意场上,陕西人的诚实、善良是出了名的,但过分诚实,在许多情况下就走向了"愚钝"。

秦文化之大气,若与越文化之精明相对,则"大气"一词不是用来表示大方、重情谊、具有古道热肠和侠肝义胆,而是指一种宏大、粗疏的态度。做事,从大处着眼,好大喜功,很少考虑细枝末节,故而有粗疏之嫌;做人,超脱功利,重义轻利,豪放直爽,简单直接,故而也有粗心之弊。抓大放小,拿得起、放得下,这种超脱、潇洒的作派,在很大程度上得益于"秦中自古帝王州"的历史地位。

5. 重理与重情

越文化重理,秦文化重情。重理不排斥对情感的需求,只是在二者当中,对理性更为推崇。同样,重情也不拒斥对理智的追求,只是在二者之间,更加注重情感需求的满足。

越文化具有浓郁的理性主义色彩。这可从三方面印证:其一,越文化在越国时期就以足智多谋著称,越王句践之所以能以弱胜强,灭吴雪耻,主要是因为采用了范蠡、文种和计然的谋略。而任何谋略都是审时度势的产物,是在利与害、得与失之间进行理性分析的结果。与中国传统主流文化视计谋为异端不同,计策在越地民众中,自古至今并没有得到否定性评价,相反,还受到推崇。这种尚智的文化底色和绵延不尽的传统,给越文化精神打上了深深的理性印记;其二,越文化自古以来就有事功倾向。对功利的追求,使人们必然在手段与目的之间、投入和收益之间进行权衡和决策,其行为和观念日益趋向理性。其三,商业文化传统也为越文化精神的理性品质做出了贡献。商业是理性的。商业利润取决于经营状况,而经营状况又取决于对市场供求关系的理性判断。大至国事、天下事,小至刮风下雨、气候变化,都关切到这种判断的准确性,故而商业为越文化的理性精神提供了源源不断的滋养。

秦文化则具有鲜明的感性主义色彩。这也可以从三方面加以说明。其一,历史上秦地宗法关系和礼乐文化发达,以血缘关系为基础的伦理纲常,培育出秦地人对情感的强烈需求,这种需求在他们的生活中占据重要的位置,以至于人情——亲情和友情胜过了一切。所以,从一定意义上讲,人情是理解秦文化的一个核心概念。其二,秦地自宋以后,逐渐远离中国的政治中心,除重大自然灾害外,人口流动趋缓,秦文化基本上处在"熟人文化"氛围内。这种文化的显著特点是讲究和谐,"人敬我一尺,我敬人一丈",交往中注重的是情感而不是利害。其三,秦地人自尊心强。或许因为陕西是养皇上、埋皇上的地方,陕西人的祖辈是中国的"一等臣民",长久以来,陕西人养成了一种"老大意识",敢于蔑视一切。他们把自尊转换成"面子",为了维护面子,不惜一切代价。

(三)相异性的原因

越文化和秦文化毕竟是在不同地理环境和不同历史进程中形成的两种区域文化。彼此差异的原因,可以从地理环境和历史境遇两个方面加以说明。

1. 地理环境

从地理环境与人的物质生产生活的关系分析,越文化与秦文化所处的自然生态环境的区别还是十分明显的。首先,远古时代,越地因海潮影响,自然条件要比秦地更为恶劣,与复杂多变的自然环境的抗争,有助于养成越人因势利导、精明权变的品质。秦地处于内陆腹地,四季分明,秋收冬藏,这种变化不多的环境易于养成秦人的守恒性格。其次,就农业生产的自然条件而言,越地适于多种经营,而秦地则适于单纯的农业,所以越地为商业发展提供了良好的条件,而秦地则为农耕发展准备了一片沃土。再者,越地由于处东南一隅,在封建社会早、中期,都远离中国的政治文化中心,受儒家文化影响相对较轻,封建礼教和道德伦理的根基也相对较浅,加之地处沿海,商贸发达,近代又受到西方文化的影响,所以,越文化具有崇智、重理的理性主义因素。秦地则不然,在封建社会早、中期,都是中国的政治文化中心,深受儒家文化的影响,封建礼教和道德伦理有很深厚的根基,加之地处内陆,商贸不发达,近代也很少受到西方文化的影响,所以,秦文化具有尚德、重情的感性主义色彩。

2. 历史背景

从先秦历史分析,越国在以耕战作为主题的阶段,与吴国相互征伐,因其弱小,只得以计谋克敌,从而孕育了越文化的机巧、权变的品质。公元前222年越国灭亡后,随着越文化主题向耕读的转变,越地农业、手工业和商业逐渐发展起来,越人在战争期间形成的以"智"为核心的种种品质,在封建社会几千年的发展中,被用于生产生活而得到了传承和进一步发展。农业方面,为了提高粮食作物的产量,越地人不断引入优良稻种,改进耕作技术,积累了丰富的经验。自明代开始,越地人多地少的矛盾日益突出,为了缓解粮食压力,玉米、蕃薯等杂粮开始引入。与此同时,越地也发展了经济作物的种植,如麻、棉花、茶、桑等,为手工业的发展提供了基础,使越地一度成为全国的麻织工业中心和重要的蚕桑业基地。此外,越地的茶叶生产、水果种植、水产业也十分发达。工业方面,先秦时期冶金工业非常发达,汉代至三国,越地是全国铸镜中心。明代又兴起了锡箔业,从业者众多。越地陶瓷工业闻名全国,在唐末宋初达到了鼎盛。纺织业除麻纺织品外,隋唐时期兴起丝织工业,产品闻名海内外。酿造工业发轫于春秋,经过不断的工艺改造,黄酒的品质不断提升,明代以后"越酒行天下"①。此外,

---

① 万历《会稽县志》卷三。

造船业、造纸业、制盐业等也十分发达。商业方面,发达的农业和手工业有力促进了越地商业的发展。南宋时期,北方商人常来越地贩籴,绍兴城内已有八大集市,商贸活动非常活跃。从清光绪年间开始,越地商业欣欣向荣,一派繁荣景向。城内商贾云集,店铺林立,钱庄银楼散布各处,酒店、旅馆、茶楼一应俱全,从事商业活动的越人数量激增。农业、手工业和商业的发展,一方面得益于越文化的崇智传统,另一方面,也反过来进一步培育、提升和强化了重商、权变、精明和理性主义的精神追求。

三秦大地建立的第一个封建王朝是周朝。周立国后,推行了一套分封制和宗法制相结合的社会政治体制,把基于血缘关系的家庭伦理政治化,构建了一种"政治伦理文化",使得"德"的地位跃升到政治的高度,为秦文化奠定了"尚德"的底色。秦国商鞅变法,奉行"耕战"国策,以农为本,对"致粟帛多者"奖,对弃本逐末者罚,抑制了商业活动。西汉政权为了发展农业生产,对商业和商人采取了歧视性政策,儒家文化又在道德价值判断上把商人放置在了"下九流"的位置上,至此,轻商便成了秦文化尔后发展的基调。秦王朝鼓励民众立军功,实行军功爵制。绵绵不绝的战争,孕育了秦人好大喜功的品格,加之历史上与北面和西北面的游牧民族战事连连,尤其是三国以来这些游牧民族人口不断内迁,造成了关中胡汉融合的局面,使得秦文化具有了更多的豪爽质朴、宏阔粗疏的特点。宋以后政治中心东迁,经济和文化中心南移,使得秦地仿佛成了"弃儿",从此秦人固守在封闭的三秦大地,年复一年地重复着"昨天的故事",态度、情绪和价值观的变化陷入停滞状态。

越文化
通论

第五章　越文化精神的价值

　　价值是文化精神的固有属性。文化精神的研究不能只满足于事实认识，必须上升到价值分析的层面上。以往的研究，由于把文化精神等同于文化的优秀精神，缺失对文化精神的价值分析，而离开价值分析，文化精神的研究必然是不完备的。

　　本书认为，一种文化的精神，就是它实际具有的态度、情感和价值观的总和。同任何事物一样，它不可能是单质的、无矛盾的，而是既有精华，又存在糟粕。所以，价值分析对文化精神研究而言，意味着文化精神的传承性和发展性的统一，是文化精神实现自我超越的必由之路，本质上是创新的、变革的和富有建设性的工作。这项工作的基本任务是：以批判性思维为基础，发现它的精华而弘扬之，找到它的糟粕而克服之；以确立理想目标为宗旨，使文化精神与时俱进，永葆青春活力；以提出切实可行的途径为己任，使人的主体性在精神的发展上得到充分体现。

一、越文化精神的当代境遇

（一）生存境遇

对精神作抽象的评价，是一件毫无意义的事情。任何精神的价值，只有在对人的实践活动的效用中才能存在并显现出来，故而只有针对人的具体实践才可言及。人的实践是在特定的人与自然、人与人的关系中进行的，这些关系的具体的、历史的展开就是人的生存境遇。将越文化精神置于当代生存境遇中进行价值反思，既是精神之价值的内在要求，也是推动越文化精神发展的必要前提。

社会主义市场经济的建立，使当代中国人所处的环境、面临的任务和实际具有的需要，他们的活动方式、解决问题的方法及其现实条件等，不仅与生活在社会主义计划经济时期的中国人不同，也与生活在社会主义市场经济之后的中国人相异。因为社会主义市场经济是一种历史性的存在，在将来必然会被新的经济形式的取代。

这种独特性其实就是当今中国人"生存境遇"的独特性。

"境遇"的语词解释是"境况和遭遇"。"境况"一般指人"所处地位的状况"，而"遭遇"则是"碰上，遇到"的意思。人们在"遭遇"到的某种历史条件下的生存和发展的状况，大致就是生存境遇的含义。

一般而言，生存境遇包括作为人的生存和发展基础的经济形态，如自然经济、商品经济等；人们生活于其中的政治形态，如封建专制、民主共和制等；人们所传承的文化形态，如道义本位的文化、功利本位的文化等（这些文化形态总是通过文化心理、国民性格、道德价值观等体现出来）；以及人自身发展的形态，如人的依赖性、人的独立性等。此外，它还包括人们生存和发展面临的一般问题和特殊问题，如资源问题、经济增长问题、人的发展问题、生态环境问题、人口问题、效率与公平的关系问题、贫富分化问题和男女平等问题等等，当然也包括历史提供的、可供选择的解决问题的途径、方法和手段。上述各种因素的有机统一，回答了何种人在何种环境下从事着何种活动并致力于解决何种问题，而这正是生存境遇概念本身所要反映和把握的事实。

一定历史时期的经济形态、政治形态、文化形态和人的发展形态的有机统一,构成了这一时期人的生存境遇。其中,经济形态起决定作用,其他各种形态都受其制约和规定。这些形态对人的生存和发展发生影响,是通过它们自身蕴涵的各种问题实现的。每一历史时期都有相同的问题,亦有不同的问题。相同的问题就是人类生存境遇的基本问题,它表明了生存境遇变化的连续性,不同的问题则是这一基本问题的特殊表现,它体现了生存境遇发展的阶段性。问题及其解决的手段和方式不同,人们的生存和发展状态也就不同。所以,问题不仅应当包括在生存境遇中,而且是生存境遇研究的核心。

生存境遇是一个具体性、历史性概念。构成生存境遇的每一个要素,都是人的活动的产物,是文化而非自然的存在。由于人的活动是一个历史过程,在不同的时代,有不同的基础与条件,不同的主题与问题,不同的目的与手段。所以,生存境遇不是固定不变的,它既作为实践的基础又作为实践的对象,在实践活动的不同历史时期,表现为不同的类型。

当代中国实行的社会主义市场经济体制,是社会主义给中国人提供的一种新的生存境遇。与计划经济相比,它按照市场经济的规则组织整个社会的生产,其显著特征是通过市场在各个生产者(生产单位)之间建立起竞争关系,利用优胜劣汰法则营造强大的生存压力,以推动社会生产力的发展。与此同时,它实行以按劳分配为主、多种分配形式并存的分配政策,以充分激发生产者(生产单位)的积极性。在社会生产组织上,各个商品生产者以市场主体的角色定位自身,按照市场需求优化生产要素组合,即主要是通过市场价格的涨落,了解市场的供求关系,有权据此调整生产经营方向、品种、数量和规模。市场是商品生产者安身立命之本,亦是决定他们是否生存以及生存好坏的至高无上的力量。在这里,生产什么,生产多少,完全是商品生产者自己的事情,"超经济"的强制力量已经荡然无存。他们只看市场的"眼色"行事,而且在价值规律的作用下,不断强化内部管理,降低成本,提高效益,开辟新的市场和产品,以灵活的内部机制应对千变万化的市场变化,使自己在竞争中做大做强,以便在优胜劣汰机制中处于更加有利的位置。这种生存境遇在中国历史上是前所未有的,它以竞争、发展、开拓、创新作为时代精神的主旋律,在价值观上实现了从伦理本位向能力本位的变革,人的发展也从封闭的依赖的状态中解脱出来,获得了更多的独立性、自主性。

从历史上看,生存境遇的变化有两种基本形式:一种是以观念变革作为先导,通过文化革命引发政治革命和经济革命,如英国资产阶级革命,经历了文艺复兴到产业革命的过程,最终导致了生存境遇的变化;另一种是先变革经济形态,进而引发文化形态的变化,如中国社会主义市场经济生存境遇的建立,经历着体制变革在先、进而促发思想观念变革的历程。第一种形式呈现一种"自然必然性",文化形态的变化为其他形态的变革提供了所需的支持,故而人们对新的生存境遇在思想观念上基本不存在拒斥现象。第二种形式具有"自上而下"的性质,由于民众的思想观念变革具有明显的滞后性,所以,人们对新的生存境遇表现出程度不同的"不适应症"。当然,这种不适应只能是相对而言的,也就是说,也存在着程度不同的相适应的方面。

就越文化及其精神而言,这种情况同样存在。一方面,由于人类实践的共通性、生存境遇的相似性等,越文化及其精神必有与新的生存境遇相一致的方面。另一方面,越文化及其精神都生成于以往的生存境遇,带有那个时期的烙印,必有不相适应的方面。正确区分哪些精神品质是符合新的生存境遇要求的,哪些精神品质是需要改造甚或抛弃的,这是实现越文化精神与时俱进的前提性工作。

(二)越文化精神的优势

由于越文化具有悠久的重商主义传统,功利主义的价值观和理性主义的人生态度在越文化中有深厚的积淀,自身具有的精明、理性,稳健、务实等精神品质与市场经济要求也具有很高的一致性,加之地处东南沿海,所以,在社会主义市场经济的生存境遇中,相对于地处内陆地区的其他区域文化,越文化精神具有明显的优势。

区域经济发展离不开区域文化精神力量的推动,区域文化精神的力量必然体现在区域经济发展的速度和水平方面。所以,这种优势可以通过越地经济在改革开放以来的发展中得到确证。改革开放三十几年来,越地人面对人多地少、经济结构"两头在外"、自然资源匮乏、工业基础薄弱、资源技术缺少的状况,不等不靠,自强不息,锐意改革。靠着勤劳和智慧,靠着坚忍不拔的奋斗精神,艰苦创业,办起了一个又一个企业,开发了一个又一个市场,抓住了一个又一个机遇,克服了一个又一个难题,进行了一次又一次的赶超,推动了绍兴经济从小到大、从弱到强的蓬勃发展,形成了鲜明的绍兴经济特色,走出了从"资源小市"成为"经济大市"的独特发展道路。20世纪80年代初,绍兴人率先兴办乡镇企业、创办家庭工厂,闯市场、跑供销、搞贩运,开辟新的经济增长点;80年代中期,利用本地产业优势,率先发展了一批专业市场,成为闻名遐迩的市场大市;90年代中期,率先在全省进行了国有企业改革,基本上完成了一般竞争性领域的国有及城镇集体企业改制。为加快市场化步伐,率先进行了事业单位改革,最大限度地发挥市场在资源配置中的基础性作用。大力推进股份制改造,全市上市公司超过20家,令国人瞩目。经济总量位居全省第3位,在全国286个城市中位居第42位,赢得了2004年度中国大陆最佳商业城市排行榜第9位和十大最佳中国魅力城市之一。一句话,绍兴三十多年的改革开放历史,是一部敢于争先、不断创新的历史。

越文化精神的优势主要体现在以下几个方面:

1. 越文化精神的事功品质与市场经济的价值取向一致

市场经济是一种追求价值的经济。在市场经济中,生产商品不是为了使用价值,而是为了实现其价值。每一个商品生产者都是一个利益主体,彼此独立,各有其特殊利益。维护自己正当的利益,也就是维护自己作为商品生产者的权利和资格。因此,商品生产者不必"耻于言利",而应该用正当的手段积极主动地谋求自身利益的实现。

越地悠久发达的经商传统培育了越地人的事功取向,他们追求事功,不图虚名,唯求实利。自己做事,最大限度地提高收益,与人共事,想方设法尽量使自己的利益最大化。无利可图的事不做,蚀本的事更不做。因此,在义利观上,儒家"去利怀义"的思想在越地没有根基,相反,墨家的"兼相爱、交相利"的主张则为人们信奉。人们不讳言利益,追求功利在民众中也不会受到否定性的评价。显而易见,越文化精神与市场经济的价值取向有较高的契合度。

2. 越文化精神的坚韧品质与市场经济的竞争取向一致

市场经济是一种竞争经济。竞争是商品经济的一般规律。优胜劣汰是商品经济特有的一种现象。商品生产者想要生存并求得发展,就必须根除在自然经济条件下形成的息争戒斗的心理定式,代之以敢于竞争、不怕挫折、自强不息的精神风貌。

越文化具有坚忍不拔、发愤图强的精神品质。越国时代句践的卧薪尝胆精神，历经数千年而世代相传、文脉不断。改革开放中形成的"四千精神"就是这种精神在当代的创新。在发展乡镇企业的过程中，越地人依靠"四千精神"——"涉尽千山万水，想尽千方百计，说尽千言万语，吃尽千辛万苦"，在各种资源短缺、身处困境的情况下，百折不挠，硬是从计划经济的夹缝中办起一个个企业、一个个市场，成为全国闻名的乡镇企业大市和市场大市。不仅如此，面对"零资源"和经济结构"两头在外"的现状，坚持以市场为导向，不等不靠，艰苦创业，"既当老板，又睡地板"，依托越地丝绸纺织的传统产业优势，坚持以轻纺产业为突破口，不断改造提升，终于成为国内外闻名的轻纺大市。所以，市场经济的竞争性，为越文化精神弘扬其坚韧品质提供了良好的条件。

3. 越文化精神的务实品质与市场经济的效率取向一致

市场经济是一种效率经济。效率指消耗的劳动量与所获得的劳动效果的比率，高效率则意味着当劳动时间一定时，劳动效益高，在竞争中处于优势。而劳动效益又是以商品的价值量来衡量的。由于商品价值量是由社会必要劳动时间决定的，商品生产者必须树立效益观念，千方百计地提高劳动生产率，降低单位商品中所包含的个别劳动时间，在交换中力争获得较大的利益。

越地悠久发达的经商传统培育了越地人的务实取向，他们崇尚实干，谋求实效，追求事功，不把时间花在没有实际效果的事情上。改革开放以来，在创新创业中，以"实"字为先，怎么好就怎么干，不图虚名，唯求实效。乡镇企业的应时勃发，大型专业市场的抢占先机，产业集聚的兴旺发达，上市公司的"板块"效应，以及"枫桥经验"、"民情日记"、"便民服务中心"闻名全国，都是绍兴人在务实基础上不断创造的实践业绩。在他们看来，做事是做人之本，事功是做事之道。凡事都应求功利、讲效益。反映在自家做事上，要讲究成本，多动脑子，尽可能提高收益；与人合作共事，要想方设法尽量使自己的所得最大化，蚀本的事不做，无利可图的事也不做。求实利，凭的是实力，所以，做人必须自立、自强，要靠自己的本事吃饭，靠自己的努力发展。显而易见，越文化的务实精神与市场经济的效率要求是不谋而合的。

4. 越文化精神的精明品质与市场经济的理性取向一致

市场经济是一种理性经济。与农民在自然经济条件下追求基本生存不同,与封建社会中的手工业者享受行业特权也不同,在市场经济中从事经济活动的人是一种平等关系。价值规律要求商品交换按等价原则进行,而商品交换的等价性,也就是交换双方地位、权利和人格的平等性。它要求人们不仅把经济活动,也把其他一切活动都置于平等、公正的基础上。再者,市场经济把不同的人的要素、物的要素整合为一个巨系统,各种要素间的交互作用增强了偶然性,给人们运用必然性以实现自身目的造成了困难。因此,人们之间的竞争就只有依赖于理性和智慧,也就是说,必须合理地构建生产组织,通过严格的核算控制生产过程,运用科学的方法预测市场形势的变化,从而富有远见地实现想要达到的经济目标。

越文化精神的精明品质,突出地表现为智慧和精细,以理性而非情感的态度处理问题。冷静地分析,客观地权衡,在投入和产出之间精打细算,不冲动,不感情用事,不盲目决策,越地人具有的这些人格特质,能使他们在错综复杂的市场变化中保持清醒的头脑,在激烈的竞争中擅于积蓄自己的力量,在稍纵即逝的机遇面前能乘势而上。所以,市场经济给越文化精神施展自己的崇智、理性精神提供了良机。

5. 越文化精神的权变品质与市场经济的动态取向一致

商品经济是一种动态经济。与自然经济的静态性质形成鲜明对比,在价值规律的作用下,商品的生产和销售状况处在不断的变化之中。这就要求人们破除自然经济条件下养成的静止的文化心态和僵化的行为品质,树立机遇意识,培养应变能力,善于随机应变,及时调整原有的思路和安排,占取先机。

传统历史文化造就了绍兴人刚柔相济、外圆内方的行为方式,逐步嬗变为"有胆识,权机变"的精神品格。这种品格使越地人在市场经济的大潮中屡屡成为"弄潮儿"。20世纪80年代初越地发展乡镇企业,主要借鉴以集体经济为主的"苏南模式",90年代中期越地人敏锐地把握邓小平同志南方谈话精神,大刀阔斧地实行产权制度改革,发挥"权机变"的特长,走出了一条介于"温台模式"和"苏南模式"之间的混合经济新路子,个私、民营和股份制经济快速发展,基本形成了以民营经济为主体、多种所有制经济共同发展的格局,为越地经济社会发展注入了新的活力。

（三）历史局限性

越文化精神在市场经济下具有的优势,是相对而言的,即一方面相对于其他地域文化,尤其是相对于像秦文化这样的内陆性区域文化,越文化因其在传统社会中没有实现彻底的、完全的"特化",受传统主流文化的影响相对较弱,故而在新的生存境遇中实现精神转型的难度相对较小;另一方面,那些与市场经济各种取向一致的越文化精神品质,如事功、坚韧、务实和精明等,也是生成于自然经济时期,具有那种生存境遇的特点,不可能做到完全一致,也就是说其内涵还存在着拓展、充实、丰富和提升的任务。从文化类型上讲,越文化精神绵延至今,总体上还处在一个由传统向现代的转型过程中,农业文明给它打上的崇稳、因循、内敛以及苛细的精神烙印,使它明显地与现代社会的要求之间存在不小的张力。

1. 越文化精神的崇稳品质与市场经济的冒险精神不相符合

市场经济的竞争性,对每一个商品经济的生产者都造成了巨大的生存压力。缓解这种压力的唯一途径,就是另辟蹊径,或采用新的技术工艺手段,制造出价廉物美的产品,或是创新研发出升级换代的新的商品,以占领市场。这即是说,不能固守既有的东西,敢为天下先,做别人没有做过的事情。做任何事情都有成本,做前人未做的事情,除了一般成本外,还存在很大的风险成本。这种成本的存在是必然的,所以,市场经济内在地要求人们要有风险意识和冒险精神。

越文化精神的崇稳品质,使得越地人处在既想创新又怕风险的两难境地,于是选择了"适时跟进"的策略。这个策略的实质是"跟着别人前进",让别人去承担风险成本,自己则见好就学,坐享其成。"从众模仿"是"适时跟进"在工业发展上的一种典型表现。它促使了绍兴轻工业块状经济的崛起,快速形成了基于价格优势的产业集群,但同时也导致了绍兴产业内部过度的价格竞争,使得企业资本积累缓慢,难以爬坡,长期在低层次上徘徊。不仅如此,"从众摹仿"还造成了越地工业经济在发展中对路径的过度依赖,这种依赖不但使产业结构的调整变得异常困难,而且也直接抑制了新的产业、行业的发展。事实上,改革开放这么多年来,越地很少有真正意义上创新创业的企业,自主研发的品牌更是凤毛麟角。所以,即使越地经济发展得再好,也永远做不了"老大",抢占不到先机。美国一位著名的篮球明星说过,美国人只承认第一,不承认第二。这同样适用市场经济,在这里,要么是第一名,要么什么也不是。

如今,自主创新已成为企业发展和区域经济发展的推动力。越地企业科研能力特别是自主开发能力不强。原因之一,是缺乏自主创新的文化精神。传统文化精神对稳的推崇,使人们缺乏胆量,不愿承受风险。所以,在完善自主创新机制,强化企业创新主体,突出科技创新重点,采用原始创新、集成创新、消化吸收再创新等多种自主创新形式,着力提升产业整体技术水平的同时,必须下大力建设创新文化,千方百计让越地人的胆子大起来,唯其如此,才能真正做到从"绍兴制造"向"绍兴创造"的转变。

2. 越文化精神的因循品质与市场经济创新精神不相符合

在市场经济中,创新永远都是人们在激烈的竞争中立于不败之地的法宝。在市场经济发展的早期阶段,竞争主要表现为价格之争,它要求人们创新管理,节约成本,提高生产率;在市场经济发达的阶段,竞争则主要表现为质量之争和品种之争,它要求人们千方百计提高产品的科技含量,创造出新的品种以满足人们不断增长的新的需求。20 世纪 80 年代,传呼机"铺天盖地",到世纪之交时已"消声匿迹",这个事例生动地表明,因循、守恒等这类适用于传统的、静止的社会的品质,在日新月异的市场经济条件下,必须被永不停息的创新精神所取代。

然而,越文化精神中的因循性质根深蒂固。它在人们一次次的变革中,总是作为一种向后拉动的力量,使创新的步伐变得迟缓起来,最终停滞在某种既有的状态中。譬如,改革开放初期,在致富型创业中,迫于生存压力,越地人及时"跟进",取得了显著的成就。随着温饱问题解决之后,行为上便开始趋向于守成,心态上也变得满足和保守起来。事实上,随着市场经济体制改革在全国各个地区、领域、行业和层面的深入推进,越地改革初期的"先发优势"正在逐步丧失,取而代之的则是体制缺陷、机制缺陷、资源缺陷、要素缺陷等影响经济社会发展的因素正在逐步凸显出来。绍兴经济社会发展正处在攻坚克难、二次创业的关键时期。但是,在事业型创业中,"小富即安"、"小进则满"、因循守旧等观念,习惯在已有的产业、产品和方式中运作的惰性力量,已成为改革向前推进的阻力。

3. 越文化精神的内敛品质与市场经济开放精神不相符合

市场经济是一种开放型经济。自然经济时期,社会分工不发达,生产者对外联系少,人们的生产生活都具有封闭性。市场经济则不然,它建立在发达的社会分工的基础上。社会分工使原来单一的生产,分化成许多互相独立而又相互依赖的部门,劳动者所需的知识、技能、生产经营的信息、自身所需要的生产资料和消费资料要由外界提供,同时,他也为外界提供这些东西。这种交换一旦中止,商品生产活动就无法正常进行。它打破了人们在自然经济条件下形成的狭隘性、孤立性和封闭性,要求商品生产者克服"万事不求人"、"老死不相往来"的狭隘观念,抛弃"小而全"和"大而全"的传统陋习,对外开放,以市场为媒介互通有无,与外界保持经常的、广泛的联系,积极吸纳新的观念、新的行为方式和感觉,确立注重联系与合作的开放精神。

越地改革开放三十多年,区域经济发展有一个明显的缺陷,这就是"走出去"做得不够,越地企业家在国内其他地区和国外开办企业、公司者寥寥无几。绍兴开放竞争力属于中等水平。经济国际化和区域化程度不高,外资企业比例和对外贸易依存度较低,对外经济所占比重较低。这成了越地开放的一条"短腿"。以境外企业投资为例,2005 年有关统计表明,世界上境外投资平均规模,发达国家约 600 万美元,发展中国家约 200 万美元,我国的平均境外规模约 100 万美元,而绍兴市对外投资平均投资规模只有35. 7 万美元。境外投资企业的投资规模大大低于全国平均值。吸引外资方面,与苏州等城市相比,绍兴引进外资额少得可怜。2005 年全年合同外资历史性突破 20 亿美元,实到外资突破 9 亿美元,分别占历年累计总额的24. 9% 和 22. 8%。① 同年,苏州市注册外资 153. 3971 亿美元,实际利用外资 60. 5 亿美元。② 除了区域环境、相关政策等方面的原因外,从思想观念和文化精神方面分析,直接原因在于"内敛"品质不符合市场经济开放精神的要求。这种品质反映在企业家的行为中,就是守住越地做文章,不习惯走出绍兴闯天下,眼睛只向内看,不向外瞧,参照系只是周边的若干企业,而不是国内和世界上的名牌企业,只想做越地的霸主,不想做全国和全球的老大。"螺蛳壳里做道场",这句越地俗语形象地描述了内敛品质导致的行为取向。所以,要加快"走出去"步伐,推动企业开展对外投资和跨国经

① http://www.sxftec.gov.cn。
② http://www.szhboftec.gov.cn。

营。特别是要跳出绍兴发展绍兴,加强国内经济合作与交流,实现"走出去"与"引进来"的良性互动。

4. 越文化精神的苛细品质与市场经济大气精神不相符合

在激烈的竞争中,市场就是战场,不仅需要理性判断,而且需要激情拼搏,运筹帷幄再加勇冠三军,才能有大作为、大出息。这也就是说,市场经济需要人们具备这样的精神气质:有英雄主义气概,敢为人先、敢闯敢冒,攻坚克难、英勇顽强,不患得患失,不畏首畏尾,输得起、放得下,有大胸怀、大气量、大境界、大魄力、大手笔。这就是大气精神。

越文化的精神气质偏重于精明和苛细。这类气质原本也是市场经济所需要的,与市场经济条件下的有效实践活动并不冲突,然而,在越文化精神的构架中,精明和苛细由于缺少高明和粗犷的支撑和制衡,其固有的弱点被凸显出来,导致越文化精神走向了片面性。过于精明,凡事都谋求以智取胜,弱化了必要的勇气,在"狭路相逢勇者胜"的处境中,必然胆怯和懦弱。从小处着手,久而久之就忽视了从大处着眼,在细微处下功夫,日积月累就抑制了在宏观上的战略思考。所以,要摒弃历史上越地人求稳守旧的心态,少一点瞻前顾后的沉稳,多一点敢闯敢冒的勇气,弘扬越国先祖的"胆剑"精神,培养英雄主义的气概。

二、当代越文化精神的培育

(一)基本依据

当代越文化精神的培育目标,从可能性角度看,可供选择的类型是多种多样的,似乎有很大的选择余地。其实,在现实性上,这个目标是由越文化精神在当代发展的必然性决定的,本质上是"自然历史过程"的产物。我们提出的目标,充其量也只是对这一过程内在要求的自觉反映而已。

只有将现时代作为背景,立足于社会主义初级阶段这一基本事实,以社会主义市场经济的内在要求作为基准,并充分考虑越地群体人格的历史和现状,才有可能对当代越文化精神的培育目标作出科学的阐释。所以,我们将时代特征、社会主义初级阶段、社会主义市场经济和越地群体人格的现状作为制定越文化精神培育目标的基本依据。

1. 时代特征

当今世界是新科学技术革命推动社会变革的时代。新科技革命和社会改革已经成为世界性的潮流。20世纪中叶兴起的新科技革命浪潮，至今处于方兴未艾的阶段。它的影响几乎波及世界所有地区和国家，使各个国家和地区的经济、政治、文化、教育以及人们的生活、心理、思维方式、价值观、行为、情感，人际关系等等都发生了重大变化，是最具有全球性的社会现象。若就新科学技术革命导致的经济、社会和人的重大变革来说，主要表现在三个方面：

第一，它通过引发社会技术形态的进步，推动世界各国社会形态的转型。纵观人类社会历史，任何一种社会形态都依赖于一定的社会经济形态，而任何一种社会经济形态都以一定的社会技术形态为基础。农业社会对应着自然经济，而自然经济又对应着青铜器、铁器和农耕技术。工业社会则对应着商品经济，而商品经济又对应着蒸汽机、电力和机械技术。每当社会技术形态发生重大飞跃，社会经济形态乃至于社会形态或迟或早都会发生相应的变化。当代，在新科学技术革命的作用下，现代信息技术使物质型社会经济向信息型、智能型社会经济发展。与此相应，已经实现工业化的国家正在步入"后工业社会"或信息社会，尚未实现工业化的国家也加快了从农业社会向工业社会转型的步伐。社会形态这一变革的趋势表明，当今时代已经将农业社会、自然经济以及"人的依赖关系"和依赖型人格与青铜器和纺车摆在了一起，共同陈列在历史的博物馆中。

第二，新科学技术革命极大地改变了人类的活动方式。首先，它使生产工具发生了革命性的质变，在原来由工具机、发动机、传动机三个部分组成的机器体系中，又增加了自动控制机，从而使工作过程实质上变成了加工和处理信息的过程。这空前凸显出智力因素在价值创造中的地位和作用，真正实现了马克思的"工人不再是生产过程的主要当事者，而是站在生产过程的旁边"[①]的预言。劳动者从事简单重复性工作的机会日益减少，而从事复杂创造性劳动的可能性日益增加，劳动活动的自由度越来越大。其次，它使社会的结构由过去的硬性金字塔式变成人们自主的网络式。社会

[①] 马克思：《1857—1858年经济学手稿》，《马克思恩格斯全集》第46卷下册，人民出版社1980年版，第218页。

生活呈现分散化趋势,个人的活动和交往也日益多样化、个性化、独立化。最后,求新、求变、活动的节奏加快是信息时代的重要特征,它要求人们必须具备强烈的求新意识、即时的应变能力和敏捷的思维能力。不言而喻,我们正处在一个要求人们开拓进取、不断创新的时代。

第三,新科学技术革命加速了世界一体化过程,对人类的经济活动产生了深远影响。一方面,扩大了世界经济活动的空间,使人们有可能在全球范围进行投资、商贸等业务活动;另一方面,加快了世界经济活动的节奏,促使人们在大尺度的空间中快捷地进行各项决策和调度。当代经济的这些特点以及解决诸如环境污染、生态平衡、人口、粮食、能源、卫生与健康等与经济发展直接相关的全球性问题的需要,要求人们借助于日益扩大的信息网络,使自己的活动不断冲破自然经济时代闭关自守、安土重迁的束缚,不断超越个人、集团、民族、国家的直接活动范围的限制,从区域性居民变为世界公民。

综上所述,当今时代最重要特征之一,是信息化的飞速发展。尽管目前我们还处在研究信息化对社会发展影响的初级阶段,有许多问题还有待于进一步探讨,但有一点是完全可以断定的,即人类社会已经进入信息时代,而信息时代对文化精神的要求,就是永不停顿地创新和不厌其烦地求异。

2. 社会主义初级阶段

确立当代越文化精神的培育目标,还必须从中国的实际出发。"最大的实际就是中国现在处于并将长时期处于社会主义初级阶段。"①中共十一届三中全会以来,中国共产党正确分析国情,作出我国还处于社会主义初级阶段的科学论断。江泽民同志在党的"十五大"报告中,结合近年来我国改革开放的实践,对什么是初级阶段的社会主义进行了精辟论述,指出,我国进入社会主义的时候,就生产力发展水平来说,还远远落后于发达国家,这就决定了必须在社会主义条件下经历一个相当长的初级阶段,去实现工业化和经济的社会化、市场化、现代化。这是不可逾越的历史阶段。

根据党的社会主义初级阶段的理论和马克思关于三大社会形态的理

---

① 江泽民:《在中国共产党第十五次全国代表大会上的报告》,人民出版社 1997 年版,第 15 页。

论以及社会形态的发展和人的发展相一致的思想,我们认为,从人的历史发展视角看,社会主义初级阶段是人从"人的依赖关系"向"以物的依赖关系为基础的人的独立性"转型的阶段,是人们从狭窄的范围和孤立的地点中走出来,"形成普遍的社会物质变换,全面的关系,多方面的需求以及全面能力的体系"的阶段,也是人们用独立型人格取代依赖型人格,从而由传统人变成为现代人的阶段。由于社会主义初级阶段面临着实现工业化,建立和完善比较成熟的充满活力的社会主义市场经济体制,使科技教育文化比较发达的历史重任,以自强不息、锐意进取为核心特质的文化精神,必然会获得有效实践的肯定和全社会的推崇。

3. 社会主义市场经济

建立社会主义市场经济体制,是中国共产党在新的历史条件下对马克思主义经济理论的重大创新。市场经济是一种竞争经济,只有通过激烈竞争,才能优胜劣汰,实现资源的优化配置,从而提高劳动生产率。市场竞争是残酷无情的,我们要在激烈的市场竞争中站稳脚跟,求得生存,谋得发展,就必须有一种与之相适应的精神。若把自然经济和产品经济作为参照系,从生产力的角度,对各种性质和水平的商品经济进行最抽象概括的考察,可以从中得到商品经济的一般特征。这些特征及其蕴涵着的文化精神,在分析越文化精神的当代价值时已有论及。我们认为,只有与商品经济一般特性相适应的文化精神,才能在社会主义市场经济条件下满足有效实践活动对人的要求。所以,这些特征也是我们用以确立当代越文化精神培育目标的根据。

应该看到,商品经济虽然将人从"人的依赖关系"中解放出来,但却将人置于物的统治之下,受物化的社会关系的摆布。因此,我们在制定当代越文化精神的培育目标时,既要充分考虑商品经济条件下有效实践的基本要求,又必须注意它可能产生的负面效应。要通过继承传统文化中优秀的道德观念,确保这一目标的先进性。

4. 越地群体人格现状

建构当代越文化精神的培育目标,必须以越地群体人格的现存状况作为立足点。从越地群体人格的现状出发,结合时代特征、社会主义初级阶段的特点以及市场经济的基本要求,才可能使目标的构造满足现代化事业的要求,才会有可行性,也才能体现出越地的特色并得到大多数人的认同。

（二）目标

基于上述种种考虑，我们认为当代越文化精神的培育目标是：开拓创新的态度、四海为家的情怀和自强不息的观念。

2004年，绍兴市政府提出要大力弘扬新时期的"胆剑精神"，广泛开展"胆剑精神"教育活动，使"胆剑精神"成为落实科学发展观，推动绍兴率先发展、富民强市的强大动力。所谓"胆剑精神"是指一种崇尚进取、积极有为、富有阳刚之气的精神，其基本内涵是卧薪尝胆、奋发图强、敢作敢为、创新创业。

绍兴学界召开了一系列有关"胆剑精神"的研讨会，编辑了《胆剑精神文集》，对"胆剑精神"的内涵、主旨等进行了较深入的研究。有人认为，"胆剑精神"中的"胆"，本义是指卧薪尝胆，引申为艰苦创业、励精图治的胆识，反映出绍兴人敏慧善谋的"柔性"；"剑"，本义是指越王宝剑，引申为披荆斩棘、战无不胜的勇气，蕴含着绍兴人强悍豪爽的"刚性"。两者的结合点就是绍兴人文化性格中刚柔相济的"韧"性。这种"韧性"是绍兴新世纪发展的不竭动力。也有人认为，"胆剑精神"是绍兴特有的人文精神，它是不断被建构的。所以，我们要自觉地整合、重构绍兴人文精神，谱写新时期的"胆剑"篇，从越文化精神现状出发，遵循缺什么补什么的原则，对越文化精神进行整合重构。在弘扬绍兴优秀传统文化的同时，要剔除、克服绍兴传统文化中的消极、保守的东西。如比较守旧、求稳，不够大气、开放，过于精明，创新不足，惯于模仿、"搭便船"。因为现今绍兴人较多地丢失了古越先民时期的敢闯敢冒、开疆拓土精神，也少了一些包容博大的胸怀等等。当然，也有人对"胆剑精神"的提法持质疑态度，认为它不足以概括越国时期越文化精神的丰富内涵，其内容也过于狭窄，不能满足当今越地经济社会发展对文化精神的全面要求。

"胆剑精神"源自于句践复国雪耻的实践，是古越文化精神的一种核心品质，它在历史上曾经存在过，原本就属于越文化，与越文化精神的整个嬗变过程有内在的关系。从越文化精神的历史上发掘适合当今实践需要的品质，使古老的精神成为推动当代人们从事有效实践的精神力量，在当代实践中彰显出时代的风采，这是文化精神发展的一种合乎规律的现象。早在抗日战争胜利后，当中国面临两种前途和命运的大决战时，毛泽东用神话传说中的愚公移山的故事教育全党,号召全党全国人民发扬愚公移山的精神,用全力去争取光明的前途和光明的命运,为打倒蒋家王朝、解放全中国,夺取革命的胜利提供了强大的精神武器,也为我们树立了发掘传统文化精神资源,为现实提供精神力量的光辉典范。如今绍兴经济社会的发展已处于二次创业的攻坚阶段,客观上需要有一种能使人们冲破守旧、求稳传统束缚的精神力量,在这样的历史背景下提倡"胆剑精神",其意义和价值是不言而喻的。

"胆剑精神"生成于越国时期,在漫长的历史嬗变中时起时伏,但总体趋势是不断弱化的。所以,对于当下越文化精神而言,它是应然的、是有待恢复或者重新确立的理想品质。其所以具有理想性,一则是由于当下越文化精神在胆气和勇气上的缺失造成的,二则是因为"胆剑精神"能满足当下越地人在市场经济条件下开展有效实践活动的内在要求。诚然,"胆剑精神"只是历史上生成、现实中又亟待弘扬的一种优秀品质,它并不等于越文化优秀精神品质的全部,无须也无法将越文化精神的各种优秀品质都归置在"胆剑精神"之中。所以,弘扬"胆剑精神",必须处理好各种优秀文化精神品质之间的关系。

从文化精神的内涵出发,本书认为,"胆剑精神"应当包含开拓创新的态度、四海为家的情怀和自强不息的观念。

1. 开拓创新的态度

态度是人们在自身道德观和价值观基础上形成的对事物的评价和行为倾向。开拓创新是"胆剑精神"应有的态度。它的基本内涵是指人们在从事各项活动中奋发进取,不满足于现状,不怕风险,勇于创新,敢说前人没有说过的话,干前人没有干过的事,涉足前人没有涉足过的领域。显然,具备这种态度的人,会在活动中表现出强烈的生命冲动、旺盛的创造欲望、高度张扬的个性和独立自主的主体精神。在越文化经历了漫长的个人缺乏独立性、创造性和自由的自然经济社会之后,作为对因循守旧态度的否定,开拓创新理所当然地被视为一种理想的态度。

开拓创新是现代有效实践活动对文化精神的根本要求。如前所述,在新科学技术革命的推动下,世界各国普遍加快了社会发展的步伐。随着经济转型、文化转型乃至于社会转型速率的加快,人类面临的新的生存和发展问题急剧增加。这一方面表明原有的理论、经验和行之有效的方法日益失去其对现实的指导意义,从而在根本上否定了因循守旧的价值,另一方面它又要求人们必须用开拓创新的态度去从事富有创造性的活动。在信息社会中,信息、知识和智慧成为经济、社会和个人发展的最重要因素之一。国家的富强、民族的兴旺、企业的发展和个人的进步,无一不依靠对知识的掌握和创造性的应用。这必然要求当代社会有更多的革新开拓之举和更大的创造力,要求人们围绕开拓创新重构自己的行为方式。

同样,开拓创新也充分体现了社会主义初级阶段对人的基本要求。邓小平曾说过,我们现在所干的事业,是一项新事业。马克思没有讲过,我们的前人没有做过,其他社会主义国家也没有干过。所以,没有现成的经验可学。我们只能在干中学,在实践中摸索。这就要求我们不能因循守旧,不能墨守马克思主义著作中个别论断而裹足不前,或用不合时宜的条条框框去束缚生动的实践。要把我们的事业全面推向 21 世纪,就必须"开拓进取而不可因循守旧"①。

确立开拓创新的态度,也是我国社会主义市场经济发展的必然要求。我国在建国前是一个半殖民地、半封建的社会,自然经济长期占统治地位,商品经济虽有一定程度的发展,但很不发达。新中国成立以后,由于种种原因,我们没有大力发展商品经济。因此,在人们的行为中,自然经济时代形成的闭关自守、画地为牢、因循守旧、墨守成规的品质占相当大的比重。这对像越地这样的自然经济根基深厚,因袭的小生产思想包袱比较沉重的地区来讲,就显得更是如此。改革开放以来,与其他地区的人相比,绍兴人比较守旧、求稳,不够大气、开放,过于精明,创新不足,惯于模仿、"搭便船",较多地丢失了古越先民时期的敢闯敢冒,开疆拓土的精神。这种状态显然与市场经济的要求不相符合,所以,若不以开拓创新的态度取而代之,实现由自然经济半自然经济占很大比重,向经济市场化程度较高的转变的历史任务就难以完成。

显而易见,开拓创新的态度符合时代潮流,符合国情,也符合越地社会、经济和人的发展实际。

开拓创新的态度,落实在行为上就是树立敢作敢为、创新创业的品质。

---

① 江泽民:《在中国共产党第十五次全国代表大会上的报告》,人民出版社 1997 年版,第 1 页。

从文化性格看,绍兴人比较精明、理性、稳健、深沉,这是越文化精神的优势所在。当前,面对绍兴经济发展从"制造型"向"创造型"转变,从"创业型"向"创新型"提升,不仅需要发挥传统文化的固有优势,更需要弘扬敢作敢为的品质,培育创新创业的气魄。

敢作敢为就是要立足现实,超越自我。要有勇往直前的勇气,永不退缩的毅力,去直面困难,敢于突破。面对日益激烈的市场竞争,要主动适应,化压力为动力,化挑战为机遇,努力做到紧中求活,稳中求进,好中求快。要敢和强的拼,敢跟快的比,敢与高的争,急起直追,不断提高综合竞争力。创新创业就是要拓展思路,优化提升。要千方百计激发人民群众的创业冲动,把崇尚创新创业作为新时期"胆剑精神"的主旋律。要在全社会营造"想创业、敢创业、会创业、创大业"的氛围,埋头苦干,孜孜以求,不事张扬,以发展积聚能量,以创新增添动力,以智谋拓展空间,勇于开拓,敢为人先,再创辉煌。

2. 四海为家的情怀

四海为家是"胆剑精神"所倡导的一种情怀。它不应被简单地理解成以背井离乡为美,或以四海漂泊为荣。它的底蕴是指人们要将自己的情感从自然经济条件下形成的血缘情结和地缘情结中解放出来,使它变得更加阔绰、充实、丰富,与现代生活更加和谐。因此,四海为家的基本内涵是指,将创新创业、实现人生价值作为我们的最大需求,在满足这一需求的过程中,不为血缘或地缘情绪所困,对有助于这一需求满足的一切均持肯定性的情感评价。

或许有人认为重土恋家是人之常情,无论社会发生怎样的变化,这一点是永远也改变不了的。这种观点抹杀了人类情感的社会内容,否定了情感的历史性。我们知道,情感是人对客观事物是否符合自己需要的态度的体验,而人的一切需要,从需要的内容到满足需要的方式,都受到社会历史条件的制约。在传统社会中,人们的需要总体处于较低水平,基本上是一种生存的需要。由于受到生产力水平的限制,人们满足需要的活动方式局限在血缘关系和狭小的地域空间中。家庭和家乡自然成为人们情感的寄托对象。在现代社会中,人们的需要正由生存的层面跃升到发展层面。血缘和地缘在满足需要中的价值日益降低,它们在人的情感世界中的统治地位发生了动摇。这从信息化社会目前展示的趋势中可以看得十分清楚。

信息社会开始转向重视人的精神发展,并以人的发展作为直接目标。重视人的精神发展,这不仅包括文化的丰富,智慧的创造,也包括情感的培养和升华。就情感发展而言,一方面,世界一体化趋势使人们对地域的依赖转向对全球的依赖,个人实现人生价值的活动空间也随之超越了特定地域的界限。这种变化使得地缘情结失去了继续存在的理由,人的情感自然也就不再囿于其中了。另一方面,如果说工业社会通过解放人的体力使人获得了独立于血缘家庭而自存的能力,那么信息社会则通过解放人的智力,加剧了血缘和家庭在个人发展上的贬值过程,使得个人与家庭之间逐渐变成了一种纯情感的联系,人也因此有了博大的情怀。

从中国社会目前的发展看,尽管总体上处在工业化和建立商品经济体制的历史阶段,但工业社会和市场经济的一般要求决定了人们不可能在狭小的范围内进行生产和生活。随着现代化进程的不断推进,人们的流动性不断加强,地域观念和家庭观念不断淡化,重土恋家的情感终将成为历史。

灵芝镇是绍兴城区的一个典型城郊乡镇。该镇有一批富有实力的企业,有的受比较优势的吸引想到外地去发展,有的受镇域内发展空间的制约想另找空间,有的因城市化的推进要实施搬迁。面对这些新情况,镇政府有开放的胸怀,克服面子上的难堪、感情上的难舍和利益上的难受,从企业长远发展的角度,树立"男大当婚、女大当嫁"的开放新理念,让其放开手脚,更快更好地"成家立业"。在他们看来,只要能富裕村民,改善生活,在什么地方赚钱,并不显得重要。

但从全市的角度看,在开放方式和范围上,与"引进来"相比,积极"走出去"是有所欠缺的。事实上,经过三十多年的改革开放,绍兴的经济实力大大增强,已基本具备了"走出去"的条件和基础。之所以有许多企业走不出去,或走不远,除政策、技术和人力资源等方面的因素制约外,缺乏四海为家的情怀是重要原因之一。

3. 自强不息的观念

自强不息是开拓者共同的人生理念,也是"胆剑精神"的实质所在。如果说开拓创新的态度塑造了一种昂扬壮美的人格形象,那么,四海为家的情怀是这一人格的躯体,自强不息的观念是这一人格的灵魂。

中华民族素有自强不息的进取精神。《周易》云:"天行健,君子以自强不息。"我国著名学者张岱年先生将其归结为"刚健"二字,以之概括中华民族精神。怎样才算是"强"呢？或者应该"强"于什么呢？儒学作为一种根植于自然经济土壤中的礼乐文化，本能地将解决个人与群体、社会的矛盾作为立论的最高原则，因此，儒学家理解的"强"主要不是指向自然界和社会，要求人们成为这两个领域中的强者；也不是指向人们的生产活动和物质利益，倡导人们以取为德，不计中正；而是直接指向人自身，即指向人的内在品性——仁、义、礼、智、信，要求人们成为道德实践领域中的强者。所以，儒家所谓的自强，其内涵不外乎是机能的发展和品性的扩充，尤以后者为自强的指归。

在个人没有独立性、直接依附于血缘的自然发生的或强制的人群共同体的条件下，当这种共同体还是个人从事物质资料生产活动的前提时，人作为道德主体的价值便被历史地凸显出来。当道德价值成为人的最高价值时，道德实践也就自然成为体现自强不息精神的主要领域。所以，不难理解儒学为何要将中华民族自强不息的精神导向对道德完美的追求上。可是这样一来，由于自强的价值取向是道德完善而不是物质财富的丰裕；是以牺牲个性独立为代价去接取群体对自我的接纳和认可，而不是增强自我改造世界的本质力量，加之自然经济条件下人们只是在孤立的地点和狭窄的范围发生着地域性的联系，缺乏引进技术和改革的刺激因素，所以，当人们最基本的生存需求有所满足后，与道德实践中自强不息精神形成鲜明对比的，则是人们在物质生产实践中普遍采取了以安息为本的人生态度。

因此，我们必须依据时代的要求，赋予自强不息以新的内涵。具体讲，自强不息是指自立自信、锐意进取、生无所息。自立自信指凡事立足自身，自主、独立，不妄自菲薄和怨天尤人，有高度的自信心；锐意进取指有强烈的成就欲望和进取意识，不仅追求自我道德价值的实现，而且也追求自我物质利益和其他社会价值的实现；生无所息指永远不满足已有的一切，靠自我努力持续不断地赶超他人和超越自我，不断提出更新、更高的奋斗目标。

进入 21 世纪之后，我们正处在一个比以往任何时代都更加推崇自强不息的时代。首先，世界正在由工业化社会向信息化社会转变。从目前展示的发展趋势分析，它虽然从单纯追求物的占有和享用转向追求人与自然界的和谐、协调，但丝毫没有否定人对自然和社会的主体地位，更没有否定自强不息精神对人类生存和发展的价值。相反，新科技革命的发展已经和将要给社会生活方方面面带来的巨大变化,需要人们以更加成熟和自觉的主体意识,对原有的社会生活方式进行创造性的重构,需要人类更加弘扬自强不息的精神。其次,人类社会在 21 世纪所面临的人口、环境、发展的重大基本问题,也迫切需要人类通过主动和持续不断的努力去加以解决。总之,信息时代的到来,以及它所推崇的人与世界的和谐原则,并不像有些人断言的那样,使得人的主体地位从此消失了;恰恰相反,它使人的主体地位得到了进一步提升。换言之,信息时代只是否定了工业社会人对自然的片面性占有,否定了那个时代人类确立自身主体地位的某些方式,并对人类在这方面的努力提出了更高的要求。

确立自强不息的观念,也是我国社会主义初级阶段实践的必然要求。如前所述,我国社会目前正处在由农业国逐步转变为工业化国家的历史阶段。从世界范围看,工业化过程也就是用商品经济取代自然经济的过程。商品经济的自主性、市场性、竞争性、开放性以及动态性等,无一不要求人们自立自信,锐意进取,生无所息。不言而喻,只有富于自强不息精神的人,才能真正满足当前有效实践活动对人的要求。

若从越地群体人格的现状分析,确立这一观念的必要性就更加明显。我们在分析越地群体人格时已经指出,越地传统人格的观念是以安息为本的。它虽然在如今越地人的观念中不占绝对统治地位,已被不少人所抛弃,但在普通人中,尤其在农民阶层中仍旧有众多的信奉者。这种观念生成于过去,但危害现在,还会影响到将来。它既严重制约越地社会和经济的发展,又严重影响越地人的现代化进程。唯有以自强不息的观念对其进行彻底否定,才有希望实现经济发展和社会与人的全面进步。

(三)基本途径

当代越文化是"胆剑精神"化育的母体,"胆剑精神"是当代越文化的灵魂。"胆剑精神"为越文化精神的培育提供了价值导向,最终必须落实到越文化成员人格的塑造和培养上。所以,培育以"胆剑精神"为特征的当代越文化精神,其基本途径是重构越地群体人格。

人格重构,是使人格"应然化"的过程,其中必有一个理想人格作为目标。什么是理想人格?美国学者本尼迪克特和米德等人,从"实然"角度,将一个社会中大多数人所显示的人格共同性称之为理想人格。这种界定以大多数人为依托，故而这种人格受到社会的认可和倡导，有了"理想"的色彩。但是，这种理想人格并不是建立在对现存人格进行价值反思的基础上，它自身也不体现对现存人格的超越。因此，尽管这种人格最典型地体现出该社会文化在历史上形成并持续至今的价值观，但它并非就能满足当前实践对人格的要求。再者，若对理想人格作上述界定，也无法将它与民族性格、国民性等概念区分开来，极容易得出任何群体人格都是理想人格的荒谬结论。

也有人不同意本尼迪克特和米德的观点，认为理想人格只是一个社会或文化所构想的人格类型，它与该社会中大多数人实际拥有的人格共同性尚有一定差距。这也就是说，它作为一个社会或文化所推崇的人格，本身就是对现存人格的超越，因而未必会被当下大多数人实际拥有。显然，这种观点已经将价值评价和理想人格联系起来，并将理想人格与现存人格区别开来。

我们原则上同意后一种观点，但须对之作出补充说明。理想人格之为"理想"，就在于它被认为是最有价值的人格，即最能够满足有效实践对人的要求的人格。所以，一种人格是否被看做理想人格，从根本上讲，这不是由该社会的观念文化决定的，也不是由制度文化决定的，而是由实践决定的。有效实践活动对实践者的人格要求，是决定一个社会理想人格的最终力量。

诚然，这里所讲的实践首先是指人们的生产实践。人们是怎么样的，"这同他们的生产是一致的——既和他们生产什么一致，又和他们怎样生产一致"①。随着生产的不断发展，人们"生产什么"和"怎样生产"也不断变化，在不同的时代，有效实践活动对实践者的人格必然会有不同甚或相反的要求。因此，不存在普遍适用于一切时代的理想人格。换言之，理想人格只能是一个具体的、历史的范畴。所以，我们必须从当前时代背景和实践活动的内在要求出发去建构越地人的理想人格，而不能把它建筑在抽象的人性论或道德理念的基础上。

越地群体人格的转型，是在现代科技革命和我国社会主义市场经济的

---

① 马克思、恩格斯：《德意志意识形态》，《马克思恩格斯选集》第1卷，人民出版社1995年第2版，第68页。

推动下,促使思想观念转变、行为方式更新和情感态度变迁,突破传统人格束缚,建构起现代人格,从而实现越地人的现代化的过程。若从越地群体人格发展趋势分析,它事实上也正处在从传统人格向现代人格的转变之中。以观念转变为例,一些与现代人格相一致的新观念,如开放观念、自立自强观念、平等互利观念、竞争观念等,正在逐渐成为越地群体人格中的特质因素。尽管这个转型因其符合社会和人的发展规律而具有必然性,但我们不能任其停留在自发状态中。为了自觉地加速实现转型,必须明确越地群体人格重构的目标模式,为"胆剑精神"真正成为推动绍兴经济社会发展的精神动力提供保障。

基于以上分析,我们认为,越地群体人格的理想模式是:开拓创新的行为模式、自强不息的观念模式和四海为家的情感模式。

考虑到只有将各种模式具体化为各种基本品质,才能为人们自觉实现人格转型提供真切的帮助,以下仍从七种维度入手对三种模式做出具体阐发。

第一种:开拓创新的行为模式。

1. 在时间维度上,开拓创新主要表现为能抓住机遇,不失时机地发展自己。它要求人们珍惜时间,讲究办事效率,加快生活和工作的节奏,变迟缓为快捷。

2. 在空间维度上,开拓创新主要表现为不断拓展活动空间,能冲破地域限制,超越地区、民族、国家的界限。它要求人们克服狭隘的地域性,破除壁垒意识,使自己的行为与大生产、大市场、大流通接轨,变封闭为开放。

3. 在计划维度上,开拓创新主要表现为敢想大事,敢干大事,不热衷于小打小闹,也不满足已有的成绩,而是目光远望将来,并以务实的态度和顽强的意志去追求更大的成功。它要求人们克服小农意识和心理,树立远大的奋斗目标。

4. 在创新维度上,开拓创新主要表现为对传统的行为方式持革新态度,追求以新的方法、思路、程序和风格处理问题。有敢为天下先的大无畏精神。它要求人们冲破传统习惯的枷锁,改变守恒的心态,变保守为积极进取。

5. 在变通维度上,开拓创新主要表现为不固守教条,不受不合时宜的条条框框的束缚,不以上级领导的意见或建议作为决策的最高根据。它要求人们对具体问题进行具体分析,善于根据实际情况灵活调整自己的工作布置,在工作中采取灵活务实的态度。

6. 在规范维度上,开拓创新主要表现为既严格遵纪守法,又敢于在过时的规范面前采取"越轨"行为。它要求人们克服怕担风险的小农意识。破除循规蹈矩的旧习,树立风险意识,培养大成大败的英雄气概,以超前的思维和超人的胆识进行创造性的活动。

7. 在效能维度上,开拓创新主要表现为独立,有主见,行动果断、坚定,能经受住失败和挫折的打击,不把成功的希望寄托在别人身上,始终能以良好的心态迎接来自各方面的挑战。

第二种:自强不息的观念模式。

1. 从时间维度看,自强不息主要表现为不以过去为取向,不拘泥传统观念,注重现实,关心未来,价值观及其评价尺度有鲜明的时代性,亦具有一定程度的超前性。它要求人们以未来作为取向,不断更新观念,始终与社会的进步保持一致。

2. 从空间维度看,自强不息主要表现为不妄自称大,有强烈的平等意识,勇于正视现实。崇尚以实力在公平的基础上进行竞争,也乐于在平等的基础上与别人进行合作。它要求人们心胸开阔,变老大意识为平等意识。

3. 从计划维度看,自强不息主要表现为志向高远,理想宏大,有以"天下为己任"的历史责任感和成就大业的强烈愿望。它要求人们增强活动的计划性,注重战略研究,尽量减少活动的盲目性。

4. 从创意维度看,自强不息主要表现为富有想像力和创新性,对先进的东西,不一味地模仿,而是在模仿的基础上创新;对传统的东西,不一味因袭,而是持批判、革新的态度。它要求人们要有独到见解,敢于同旧的观念决裂,变谨小慎微为敢想敢干。

5. 从变通维度看,自强不息主要表现为不固执己见,乐于接受新观念,能够根据实际情况的变化及时修正自己的观念或舍弃不合时宜的观念。它要求人们不唯书、不唯上、只唯实。

6. 从规范维度看,自强不息主要表现为有规范意识,但能对现存的规范进行理性评价,不盲从,不盲动。它要求人们正确处理遵守规范与开拓进取的关系,稳中求进而不是求稳怕乱。

7. 从效能维度看,自强不息主要表现为相信自己有能力把命运掌握在自己手中,注重不断增强自身的"本质力量"。它要求人们崇尚自立、自存、自助和自强。

第三种:四海为家的情感模式。

1. 时间维度上,它表现为以追求新的体验为乐。因为在当代社会变化加快的条件下,唯有不断采取新的行为方式,吸纳新的思想观点,采用新的思维方式,才能最有效地从事价值创造。

2. 空间维度上,它表现为以到处创业为荣。因为在市场经济条件下,人们可以自由选择活动空间,加之机会分布的不均衡性,人们只有四处去捕捉机遇,才能求得自身的充分发展。

3. 计划维度上,它表现为喜好冒险。因为市场经济也就是一种风险经济,不冒风险就不会成功,不冒大风险就不会有大成就。

4. 创意维度上,它表现为以创新为快。因为在现代社会中,创造性劳动正在成为人们创造价值的最有效的活动方式。

5. 变通维度上,它表现为善于变革。因为随着社会生活节奏的加快,人们只有不失时机地改变自己的思维方式和行为方式,才能创造更多的价值,从而更好地实现自我价值。

6. 规范维度上,它表现为道德感和理智感并重。因为一方面,商品经济虽然使人脱离了"人的依赖关系",获得了独立性,但人仍然处于物的统治之下,受物化的社会关系的摆布,所以,人的行为必须受到道德规范的约束。接受这种约束是人们从事价值创造的基本条件。因此,我们必须继承中华民族诚实、纯朴、待人热情礼貌、富有同情心、尊老爱幼、扶弱济贫、推己及人、敬业修德等优秀特质。另一方面,商品经济以及在现代的发展,大大提高了理智因素在社会生活中的地位和作用。这不仅表现为智力在价值创造中成为决定的因素,也表现为理性(法律、法规)成为规范社会的最高原则。

7. 效能维度上,它表现为赞美个性。因为在现代社会中,人们之间的联结方式已由过去金字塔结构变为相对自主的网式结构,商品经济的发展也需要人们以主体资格从事各项活动,加之信息时代所推崇的创造性活动也依赖于人的个性培养,所有这一切都使得人们对张扬的个性产生了美感。

附录　关于越文化精神的民俗学印证

在第二章里,我们对越文化的精神品质进行了集中阐释。尽管这是以当今越地群体人格作为事实依据,较之于单纯凭借典籍文献所做出的概括,要真实得多,也可信得多,但毕竟还是有些单薄。古人云:孤证不立。尤其在越文化精神的研究上,若囿于它的某种单一的载体(即使是最主要的承载者),得出的结论难免有武断之嫌。其所以如此,是因为文化精神作为"普照之光",散见于与人相关的一切方面。因此,有必要在越地群体人格之外,为越文化精神的当代概括的科学性提供进一步的证明。

越文化精神,除了通过越地群体人格之外,还通过其他方式表现出来,如生产工具、工艺、建筑物、文学、艺术、哲学等。这些表现形式在越文化精神研究中都有意义。然而,相比之下,越地的传说故事、民间谚语和风俗习惯,因其具有极其广泛的大众性,在个体的态度、情绪和观念的形成上具有先入为主的优势,因而在群体人格的演变过程中发挥着广泛、深入和持久的影响。所以,选择它们能够为越文化精神提供更加真实有力的印证。

一、传说故事

民间文化渊源深厚,内涵丰富,形式多样,风格各异。以口头传承的神话、传说、故事为主体的民间文学,在一定意义上就是这种民间文化的艺术展现。我国学界习惯将其冠之"俗文学"的名称。所谓俗文学就是不登大雅之堂,流行于民间,为大众所喜好的东西。一般而言,民间故事保留着原始艺术所固有的实用和功利的性质,是由认识功能、教育功能、审美功能构成的一个不可分割的整体。与作家创作的作品不同,民间故事不是个人创作的,它的创作主体是群体,因而是集体意识的结晶,凝聚着群体共同的情感和价值观,是一定地域群体意识的素朴表达。不仅如此,它还不只是一个时期人群共同体的共同心愿,而是许多代人共同认可的集体意识的表现。民间故事之所以跨时代、超稳定地传承不息,就在于它们潜藏着和传承着群体固有的集体意识和心愿,共有的审美情趣和价值判断。这也正是本书选择越地传说故事以印证越文化精神的缘由。

越地流传的民间故事众多,已有学者做了收集整理和编辑出版工作,如周航、王全吉主编的《浙江民间故事》等。分析这些民间故事不难发现,有许多故事不为越地所独有,在其他地区也广为流传。因此,首先必须从中筛选出富有越地文化色彩且主要流传在越地的民间故事,然后再从中挑选若干典型的民间故事作必要的评析。①

1. 大禹三过家门

大禹治水,三过家门而不入。

一过家门是在早晨。大禹老远听得他的母亲的骂声:"父亲治水,丧命在羽山;儿子治水,一去四载。父亲是呆子,儿子是笨蛋!"

这时,屋里传出小孩子的哭声,又传来了涂山氏抱哄小孩的声音。

母亲骂得更凶了:"新婚四天,丈夫出行。一去四年,不找不寻。名是新媳妇,实是活寡妇!"

---

① 本书引用的越地民间故事,多出自周航、王全吉主编的《浙江民间故事》,限于篇幅,对引用的民间故事作了文字的简约处理。

只听得涂山氏长长地叹了口气。

大禹想进去答话，又怕拉扯进去没个完。于是悄悄地离开了。

二过家门是在中午。离乡背井该有六七年了。当他走近家门时，屋里突然传出了母亲爽朗的笑声和愉快的说话声："孙儿呀，要是你爹回来，他不认识你，怎么办？"

"不认识，我就打他。"

"为什么要打呢？"大禹听出是妻子温柔的声音。

"连自己的儿子也不认识，不该打吗？"孩子尖着嗓门撒娇的声气。

接着又是一阵笑声。

大禹寻思：家里好端端的，我还进去干吗？于是，大禹便向治水工地奔去。

三过家门是在傍晚。那是二过家门三四年后的事。偏偏天公不作美，乌云滚滚，雷声隆隆，哗哗哗哗的大雨，简直像天河漏了底儿！大禹骑马直奔家门，看到屋檐下有个八九岁的男孩，正用小锄头在疏理屋前的廊檐沟水。那小孩一见来了生人，便尖着嗓门招呼："喂，大伯，您见过我爹爹吗？"

大禹故意问："你爹爹是谁呀？"

"大禹嘛。大伯，请捎个信给他，叫他回来看看，帮我挖挖廊檐沟，

这时，屋里传出大禹母亲的声音："你这小鬼头，乱嚼舌头！你爹爹治水，听说现在正见点成效，你却要他回来挖廊檐沟。"

接着是大禹妻子的声音："你奶奶讲得对，叫你爹治平洪水再回家。"

小孩天真地扬头说："对，叫我爹治平洪水再回家。"

大禹对儿子说："好！我一定把口信捎给大禹！"说着，转身上马离去。

这个故事流传很广，赞美了大禹公而忘私的利群精神和坚忍不拔的顽强精神，是越地人育儿的"基本教材"。其实，关于大禹治水三过家门而不入的故事，在不同的地区有不同的版本，每个版本都体现了各自地域文化的特色。越地版本的特色在于凸显了越文化追求事功的精神品质。一过家门听到了母亲的骂声和妻子的叹气声，是因为治水功效不显，治愈洪水的前景不明。二过家门听到笑声，是因为经过了六七年的治理，已初见成

效,家人为之欣慰。三过家门听到的是家人希望他再接再厉的嘱咐,因为治水已大见成效了,家人期望他功德圆满。

2. 蒸谷还债

以前,绍兴农民早稻种得很少,因为早稻米煮饭味道勿太好。但是若把早稻谷堆蒸发热后再晒干,这种谷舂出来的米,微微有些发黄,煮起饭来却香糯可口。

蒸谷据说是句践发明的。当时,越国向吴国纳贡称臣。有一年,越国早稻歉收,饥荒流行。文种向越王献策,向吴国借粮。句践应允。

文种带重金买通吴国太宰伯嚭,并在西施的帮助下向吴国借到了粮食,并承诺明年稻熟,新谷奉还。越国最终度过了荒年。

第二年,越国田稻大丰收。田稻大熟就得还债,越王心里又犯了愁。因为越王一心要报仇雪恨,打败吴王,还粮给吴国,就是帮了吴国的忙,可是借来的东西又总得还。西施得知后,派人带信给越王,越王就照西施的意思办,让人选出上好的谷子,堆蒸发热后晒干去还。

吴王夫差见越国还来的稻谷饱满,煮来的饭又香糯可口,就命令百姓用这批谷子去作种子。结果,堆蒸发热后的谷子不会发芽,吴国第二年颗粒无收,大闹饥荒,国力便转弱了。越王乘机发兵,打败了吴国。

弱小的越国要战胜强大的吴国,不能硬拼,只能智取。"蒸谷还债"就是以智取胜的范例。不过,为了达到目的,不惜采用一切手段,甚至包括"蒸谷"、"尝粪"之举,实不为儒、道、佛等文化所认同。这使得古越人在世人眼中显得阴险、狡诈。另外,夫差在越国困难之际提供了帮助,有情于越国,而句践以复国之"大义"灭情,以"蒸谷"还债,设下陷阱,给吴国造成了人为的灾荒。这为越文化"事功而疏情"提供了绝好的注脚。

3. 只有一"点"像羲之

一次,王羲之吃饭时,用筷子在桌上写字,不料把酒杯碰翻了,他就用手指头蘸着酒写字。他的儿子王献之见到哈哈大笑,说爸爸是个"字疯子"。他妈听见了,说道:"只要功夫深,'泰山顶高不过脚面儿'。你爸爸苦下功夫,书法一定会胜过古人的呵!"

这时,王献之认为自己的字已经写得很好了,他问道:"我的字再写三年也够好了吧?"

王羲之站起来,走到窗口,用手指着院子的大水缸说道:"你呀,能写完这十八缸水,字儿才有骨架子,才能站稳腿呢。"

王献之听了心里很不服,下决心显点本领给爸爸看。他天天照着爸爸的字练笔画,足足写了两年,捧来给他爸爸看,他爸望望没声响。给妈妈看,他妈点点头说道:"嗯,有点像铁画了。"

王献之再回到书房,天天光练钩。又足足写了两年,捧来给爸爸看,他爸望望没声响。给妈妈看,他妈点点头说道:"有点像银钩啦!"

第五年,王献之这才开始练字,足足写了一两年,把字都捧出来给爸爸看。王羲之拿来翻了一翻,仍然摇头叹气没声响。只是见字里面有个"大"字,嫌架势上紧下松,于是在下面点了一点,就成为"太"字了。

王献之又把所写的字捧给妈妈看。他妈把字放在桌子上,一张一张,看了三天才看完,最后叹了口气道:"我儿写字两千日,只有一'点'像羲之。"王献之走近一看,原来妈妈指的那一"点",就是爸爸加在"大"字下面的那一点呵!

王献之这才感到自己的字不行呵!一头栽进书房里,安心下苦功练字,连书房门也不肯出。

有一次,王羲之来到书房里,悄悄走到王献之身后,猛然间拔他手里的笔杆,没拔动。王羲之大喜,他知道王献之写字有手劲啦,于是悉心教导他习字,亲笔写了一本《乐毅论》让他临摹。到后来,王献之真写完了十八大缸水,也成为我国一个著名的书法家。

看完这则传说故事,读者对越地人擅长精细的特质应当有所感悟了。王献之练习的是书法,自有其特殊要求。抛开这种特殊性不谈,他花了四年时间习字,居然在母亲的眼里只有一点像羲之(这一点是王羲之本人写的),这说明王献之的母亲非常精明。她虽然不是书法家,但对丈夫的字了如指掌,判断精准,着实令人折服。"铁画"、"银钩"之比喻,也说明她对儿子的要求非常苛刻。越地人有追求精细、精致的传统,这使他们在生存竞争中获得了许多益处。从历史上看,绍兴从清代开始从事锡箔(一种封建迷信用品)生产和运销,城里有一半人靠它维持生计。胡廷玉《绍兴之锡箔》云:"考锡箔之起源,始于杭,继于甬,即俗称为杭箔、宁箔者。嗣绍人仿造之,以其能精益求精故,是以绍箔骎骎焉驾于杭箔、宁箔之上,而执箔界之牛耳矣。"如今,有许多产品,其原产地也并不是绍兴,但这里的人凭借精细之品质,使产品更加完善、精美,为自己赢得了市场。

4. 对课

徐文长(徐渭)是明代杰出的文学家、书画家。小时念书,功课出名,还常常难倒塾师,有好几个塾师负气离去。徐长文的母亲不知内情,总以为儿子调皮,不能成器,因此叹息。

徐文长十四岁那年,有个姓姚的塾师,学识渊博,喜欢教聪明有为的学生,得知这个情况,主动前来任教。

有一天,姚先生想试探一下徐文长的功底,便在课堂上出了一个十五字的课题:"高山弯竹,劈直篾,打圆圈,箍腰子脚桶。"当时学生都面面相觑,徐文长不慌不忙地答道:"低山矮草,搓长绳,搭方棚,生猪头南瓜。"众学生都把头转向他,露出了钦佩的神色。姚先生却不露声色,尽管他知道徐文长的课对得很工整,已窥见他的水平,但还想考考他。刚巧,远处飞来一只喜鹊,停在屋外一株冬青树上鸣叫。姚先生便出了一个更长的课题:"喜鹊叫,尾巴翘,越叫越翘,越翘越叫,叫叫,叫叫,翘翘,翘翘。"这可是相当难对的课了。一袋烟工夫,徐文长又对出了下联:"蚂蚁游,身子缩,越游越缩,越缩越游,游游,游游,缩缩,缩缩。"这下可真把姚先生惊倒了。为不失师长风度,姚先生再出一课,还有意出了一个不符合自然规律的怪题:"一只喜鹊飞过九座山头,变成一只黑燕。"徐文长随即回答:"一条泥鳅钻过三支田塍,变成一条黄鳝。"姚先生问:"泥鳅怎么会变成黄鳝?"不料徐文长出口反问:"姚先生,那喜鹊怎么会变成黑燕?"姚先生诙谐地说:"因为这九座山头都是煤山,喜鹊飞过时沾上煤灰,故而像只黑燕。"徐文长答道:"那条泥鳅钻过的三支田塍都是黄泥,近朱者赤,近墨者黑,所以泥鳅挤长变成了黄鳝。"在座的同学都笑了起来,姚先生也开心地笑了。他深深佩服徐文长的聪颖敏捷和随机应变的能力。

对课,全靠才思敏捷,类似于现在的智力测试。将这种题材编成传说故事,本身就足以表明越文化的爱智倾向。故事中讲到徐母聘塾师,为不能成器而叹息等,说明越地民间自古就非常重视教育,对科举制度情有独钟。作为例证,《绍兴府志》载:"下至蓬户耻不以诗书训其子。"

5. 金丝猫

一个箍桶师傅的女儿,天资聪慧。一天,石二店王(店王,指店主)

请她爹去箍桶，一早就来敲门。恰巧这天只有她一人在家，听见敲门声就问：

"是谁？"

"是我！"

"你叫啥名字？"

"我的名字叫一斗半，二斗半，三斗五升，四斗半。"

"呵！是石二店王！有什么事？"

"叫你爹爹明天来箍桶！"

第二天一早箍桶师傅就到石二店王家，石二店王笑着对他说：

"你的女儿真聪明，是个女才子！"

"是的，她真是样样晓得！"箍桶师傅笑嘻嘻地说。

石二店王有意要难一难他的女儿，就对他说："你给我箍个半夜桶，孩儿桶，有底无盖桶，有盖无底桶，直弄通，宕宕桶，有底无盖加柄桶。"箍桶师傅听不懂，连忙回去问女儿。女儿说："半夜桶就是马桶，孩儿桶就是囹窠（囹窠，是小孩冬天坐的用木头做的东西），有底无盖桶就是脚桶，有盖无底桶就是镬盖，直弄通就是米抽，宕宕桶就是吊桶，有底无盖加柄桶就是挽斗。"

他问明之后急忙跑回石二店王家。石二店王问他到哪里去了？他说：

"实在是我不懂店王说的东西，就回去问我囡了。"他把女儿的话对石二店王说了一遍。石二店王一听，心里欢喜极了，对箍桶师傅说：

"你的女儿聪明极了，我一定要她给我做小媳妇！""店王！真笑话了，你们是大户人家，我们是同'小讨饭'一样的，怎么好结亲呢！"他说。石二店王一定要他答应，他没有法子，而且他心里也想，他的女儿能在大户人家做媳妇也是难得的。所以就应承了。石家择了一个黄道吉日娶了箍桶师傅的女儿。

她的阿婆因为她没有嫁资，不喜欢她，连两个妯娌也都瞧她不起。一天，两个妯娌都晒衣服了，只有小媳妇没有东西好晒，只得把许多书本拿去晒。石二店王看了这些书。阿婆问他是什么书？他说是相骂本。

阿婆听了立刻发怒说："石家不好了！要拆家了！"

阿婆一定要石二店王把小媳妇离出(指离婚),石二店王只好把小媳妇赶出去了。小媳妇回到娘家,箍桶师傅也没有什么话,同他的女儿仍旧一块儿过活。

一天,石二店王的大媳妇把间壁的石三太娘的一只猫打死了。石三太娘不见猫回来,就大骂道:

"有人还我金丝猫,拨伊("拨伊"就是"给他")做官做府做勿了;有人打死金丝猫,拨伊坐监坐牢坐到老!"

一个小孩子看见石二店王的粪池里有一只死猫,就告诉了石三太娘。她看见自己的猫死在石二店王的粪池里,就断定是石二店王他们打死的,于是拿了砧板菜刀,走到石二店王的家门口坐下,一只手拿着砧板,一只手拿着菜刀,把刀空斩着砧板,一面哭骂(这是绍兴一种最凶毒的谩骂,是表示断命的谩骂;被骂的人认为是奇耻大辱):

"石家有介凶呀!谋我家私犹且可,还要谋我的金丝猫!我的金丝猫,日里拖金条,夜里拖银条呀!我要鱼吃拖鱼来,我要肉吃拖肉来!前年有人来收宝,还过我银子九千条。若还勿赔我的金丝猫,拨伊坐监坐牢坐勿了,十日八夜哭勿了骂勿了!"

她哭骂了三日不肯歇,石二店王他们也被骂得烦煞了。大媳妇对阿公说:"我看还是去请三婶婶来,她既然有'相骂本',当然学会了的,来同她对骂对骂也好,或者还可以赢得来!"

石二店王也以为不错,就差人去接小媳妇,小媳妇不肯回来,他们去请石家的族长去接,她总算来了。到了石家,公婆妯娌都讲好话给她听。大媳妇说:

"三婶婶,间壁三叔婆同我们闹相骂,她的一只金丝猫偷食,被我们打死了。她说前年有人来收宝,还过价,值九千条银子,她还不肯卖。她要我们赔她,如果不赔,她要将我们的屋封钉了。"

小媳妇问他们,从前三叔婆有没有东西借去?他们说只有一个镬铲,她借去用破了没有还。小媳妇听罢就到石三太娘那里去了。

"三叔婆!为什么动气?"

"三大娘!石家媳妇有介勿好,把我的金丝猫打死了,现在我要他们赔,你知道我的金丝猫多少好,日里拖金条,夜里拖银条,我要鱼吃拖鱼来,我要肉吃拖肉来;前年有人来收宝,还过我银子九千条,现在我一定要他们赔！"

"三叔婆,你有没有向他们借过东西?"小媳妇问。

"只有一个镬铲,向他们借来用破了,他们不要我赔。后来我把柄头拿来烧火了,镬铲换得糖吃了！"

"呀哟！三叔婆不好了,我家婆婆时常说起这个镬铲,柄头是婆娑树里的头一条,镬铲凿一凿,无米好煮粥;镬铲铲一铲,无米好煮饭。去年有人来收宝,还过银子一万四千条！"

"三大娘！真的吗?"石三太娘心中疑惑地问。

"自然真的！他们说要三叔婆赔呢！"小媳妇说。

"三大娘！你去打打圆场！金丝猫不要他们赔了,那个婆娑树我也拿不出来了！"石三太娘说。

"三叔婆！有句话:有借有还,再借勿难！公公说三叔婆要找他五千条银子！"小媳妇说。

"呀哟,可怜呀！石家哪会有好人呀！连我老太婆卖了都不值五千条呀！叫我怎么好呀！"石三太娘大哭起来。

后来石家的族长出来打圆场,大家都不赔了。

箍桶师傅的女儿,以其聪慧见长。因此这个传说故事是属于"崇智"型的。故事的内涵丰富,立足社会基层,多方面地反映了越文化的特质。首先,故事对箍桶师傅的女儿没有做任何容貌描写,石二店王单凭其聪明就心里欢喜极了,要娶她做小,这把越地人的爱智发挥到了极致。其次,石二店王要纳箍桶师傅的女儿做小,箍桶师傅的第一个反应是攀高枝了,第二个反应是十分难得,所以很痛快地答应了。这说明他很势利。第三,箍桶师傅的女儿给人做妾,无反抗之意;石二店王在母亲的逼迫下无奈赶走了小媳妇,说明了越地人的因循守旧性格。第四,婆婆嫌贫爱富,妯娌相互攀比,小媳妇都能忍气吞声,不动声色;甚至被赶回娘家,也没有什么怨恨,说明她极其善于隐忍,以屈求伸。第五,石三太娘歹毒的谩骂方式,贪婪的索赔数额,展示出越地人刁钻奸诈的不良习性。第五,箍桶师傅的女儿是在家长太公的劝说下回到石家的,说明她有尊严感。虽然她喜欢看"相骂本",但和石三太娘对话中,没有一句粗话,而是采用以其人之道还治其人之身之术,文质彬彬。尤其是当公婆妯娌讲好话给她听,她见好就收,妥善处理好了与石三太娘的冲突。想必石家事后一定会请她回来,而且从此要

· 223 ·

高看一眼,她做到了"隐忍以成事"。最后,在石三太娘赔不起五千条银子,央求小媳妇的情况下,石家的家长太公出来打圆场,化解了矛盾,火候把握得很是时候。

6. 孝媳妇

村中有个叫阿九的媳妇,因为阿公的名叫阿九,所以她永没有说"九"字的,连与九字同音的字都不带着说;因此村中的人都称她为孝媳妇。

一天,她的公公与别村里的几个老太公谈起他媳妇如何的孝,连说话时也永不带着"九"字的;这几个老太公虽然都晓得阿九的孝媳妇,然而总不大相信,都说天下有多少的"九"字的同音的字,她哪里能避得许多呢! 阿九走后,他们就商量道:

"我们可以去试她一试;今天恰恰是九月初九,我们可邀集九个老太公,各人手里拿一把韭菜,等阿九不在家里的时候去对她说,叫她等阿九回来对他说:'今天是重九,有九个老太公,手里拿得九把韭菜,来请阿九去喝酒。'"

他们等到阿九出门之后,就去邀了九个老太公,各人手里都拿了一把韭菜,到阿九的家里去叫阿九,阿九刚刚走出,不在家里,九个老太公就对阿九的媳妇说:

"等阿九回来,你可对他说:今天是重九,有九个老太公,手里拿了九把韭菜,来叫阿九去喝酒!"

他们说完就回去了。一会儿阿九回来,他的媳妇就对阿公说:

"今天有四双零一个老公公,手执一把扁扁葱,说今天是重阳节,请你公公喝一盅!"

阿九听完就到他们那里去了,他们问他:"你的媳妇怎么对你说?"他就说:

"她说:今天有四双零一个老公公,手执一把扁扁葱,说是今日重阳节,请你公公喝一盅!"

他们听了一齐说:"真是个孝媳妇!"

大多数民间故事都以"孝"为主题。这则故事与其说是颂孝,不如说是赞智。为尊者讳,这是孝的要求。阿九的媳妇因阿公的名字中有"九"字,故而从不言"九",这是孝的体现。问题在于,她是如何讳忌"九"音而又准确地与人交流呢? 这正是本则故事的"看点"。"九个老太公"被说成"四双零一个老公公","韭菜"被说成"扁扁葱","重九"被说成"重阳节","喝酒"被说成"喝一盅",阿九的媳妇既成功地回避了五个"九"音(含偕音),又准确地转达了九个老太公的话,聪明过人。

7. 十八只飘飏船

从前有个富翁,一天全家上坟去了,第二天才能回来。家里只剩了一个小姐和烧饭的老虎。

第二天早晨,老虎把烹茶的风炉生着了火,就到街上买菜去了。小姐起床后到楼下打洗脸水,看见风炉里的火快熄灭了,就用吹火的竹管吹火,不料她脸上过夜的脂粉沾在吹火管上。老虎买菜回来后,恰巧风炉又要熄灭了,他也用这个吹火管去吹,那吹火管上的胭脂粉,就染在他的嘴边上。

老爷上坟回来后,看见老虎脸上的脂粉,就疑心老虎同小姐有暧昧的事情。于是,他想了一个神不知鬼不觉的方法,要把小姐与老虎无形地赶出。

一天,老爷对全家人说:"明天要扫坟,家里十八只飘飏船一齐开出去,家里不必留人,饭食都在船里煮着吃。"

第二天开船前,老爷故意叫老虎上小姐的那只船上,并且将菜蔬柴米都搬到小姐的船里,叫老虎理值饭食。又吩咐小姐多拿几件衣服及要做的绣绷。

开船后,行了好多的路,来到一个很大的江中,老爷叫大少爷把小姐的船的索子解开,船如飞一般地飘去了,小姐和老虎吓得魂不附体,连呼救命。船后来飘到一处荒凉的海边,搁浅在海滩上。

海边有个村庄,小姐把绣好的花枕等物,叫老虎拿到村中去卖,村里的人从来不曾看见过这样的好东西,人人都要争买。他们叫他俩到村中的一所空屋里来住。晚上,小姐困在房中,老虎困在外间。他们都做了同样的梦:

一个白胡须的老太公对他们说:这里有许多财宝,我替你们管了多年,今天你们来了,我的责任满了,你们拿去,自己去保藏,钥匙在门后⋯⋯

他们醒来后,彼此都觉得奇怪,就往门背后去看,只见有个耙头在那里,他们二人也就会意了,晓得掘下去,大约有钱在地底下,就把泥土掘了一个洞,果然露出金银来,得到的金银不计其数。

一天老虎到茶店里去喝茶,听人讲起本村某当店亏了本,要寻个东家来继续,只要几千银子。老虎回去同小姐商量,拿了几千银子,那当店就归他们了,他们也迁到那当店里去住了。这当店的生意很好,他们赚了很多的钱,后来这村里的两当店都由他们开了。

过了好几年,有一天,一个白发苍苍的叫花子,拿了一柄破碎的芭蕉扇到他们的当店里来当钱,朝奉先生不准他当,正在争执的时候,恰巧老虎从里面出来,就问他们是什么事情?朝奉先生说这个叫花子硬要当一把破芭蕉扇,老虎听得叫花子的口音很相熟,就走到柜头一看,见那叫花子的面貌,正是他从前的老爷一般,而且口音也对。老虎就留他进去吃饭,一班朝奉都笑了。

老虎请小姐亲自调一碗羹(这碗羹是她的爹最喜欢吃的,而且一定要小姐亲自做)。她做这碗羹时想起她的爹,哭了起来。

老虎把这碗羹给叫花子吃。叫花子吃着这羹,也想起从前的女儿来,不觉也掉下泪来。老虎见他哭了,就晓得他是老爷无疑了,故意问他为什么哭起来?他就把从前疑心他的女儿与烧饭的老虎私通,如何把他们赶出,后来儿子如何腐败,家道如何不好,现在穷得一贫如洗,只得出来讨饭的话一情一节的说了出来。老虎告诉老爷说,他就是老虎,小姐也在这里,并且立刻去请小姐。小姐知道爹到了,连忙跑出来,父女一见,就抱头大哭。

老爷问他们,有没有结为夫妇?他们说从前并没有这么一回事,现在还是主仆相称,并无结婚。老爷听了才痛悔从前的疑心,立刻叫他们结为夫妇。

多思必多疑,多疑则多虑,多虑自然也就主观臆断了。越文化尚智,故疑心重重是越地人之常性。故事中的老爷的确"精细于事",发现了老虎脸上的脂粉,立即怀疑自己的女儿干了出格的事,这说明他对任何人都缺乏基本的信任。其实,有疑问可以询问,但老爷自以为是,将此事"隐忍"在心,不动声色,暗地里起了将他们赶出家门的"杀机",十分"慷慨"。与家庭的名声相比,女儿的性命和幸福是微不足道的。老爷对女儿的疏情,令人匪夷所思。尤其是老爷想出的那个神不知鬼不觉地赶走女儿和老虎的方法,既达到了目的,又保全了家庭的面子,可谓机关算尽。

8. 师爷救寡妇

有个寡妇,积了点钱,托阿叔做中人,买了几亩田。谁知阿叔串通代笔,把买主写成阿叔,中人写成寡妇。阿嫂不识字,老老实实画了押。因儿子年幼,契纸托阿叔保管,田让阿叔种。

几年后,儿子大了,阿嫂向阿叔去要田。阿叔拿出契纸,说田是他买的,只不过请她当中人。叔嫂俩你争我辩,闹到县里。县官看了契纸,说白纸黑字写得明明白白,把田判给了阿叔。

阿嫂半生心血白劳碌,又气又伤心,在桥头痛哭一场,要跳河自尽。恰好有个师爷路过,问她为啥事想勿开。她把阿叔谋产的事讲了一遍。师爷觉得这阿叔也太狠心,就对寡妇说:"侬放心,我一定帮你把田还过来。先把契纸拿来让我看看。"寡妇去向阿叔要契纸,阿叔觉得契纸老爷已看过、判过,还怕什么,就把契纸给了她。

师爷拿到契纸,把阿叔、阿嫂的名字用小刀镂下来,再照原样粘好交给寡妇,如此这般地教了一番。第二天,寡妇又告到县里:"启禀老爷,小妇人买田四邻皆知,怎敢平白诬赖别人田产,因为契纸一向托阿叔保管。如今买主、中人调换,不知可有涂改,望老爷明鉴。"

县官接过契纸,左看右看看不出什么,后来用放大镜一照,果然发现两个名字镂过贴过,气得一拍案桌:"好个刁徒,移花接木。"令衙役速传阿叔到堂。

阿叔传到公堂,县官说他改契霸田,要他从实招来。阿叔头颈石硬,说他有田契为证,是阿嫂诬赖他。县官扔下田契要他自己去看。阿叔拾起田契,振振有词地说:"喏,买主是我的名字,中人是她的名字,这难道是假的?"县官一拍惊堂木,"混账,你当老夫瞎了眼,想瞒天过海!"命令衙役拖下去重打四十大板,这家伙胆大,硬要县官讲清楚,哈地方瞒天过海。县官问他为啥把名字镂下来换了位置。他说根本没有镂过,要镂也是阿嫂镂的。县官冷笑道:"你阿嫂辛辛苦苦买了田,为啥要把你的名字换到买主栏下去,难道她自己买田不想当买主?"阿叔一时答不上来,衙役马上将他拖倒,噼噼啪啪一阵板子,打得他皮开肉绽,只好老实招供。谋财真相大白,寡妇还到了田,收回阿叔十年佃租。县官还罚了阿叔一笔银子,奖励那个仗义执言的师爷。

师爷名声一直不好,被人们认为是阴险狡诈、诡计多端,一肚子坏水。其实,在师爷群体中,多数还是仗义执言、不为权势所动的有品位的人。本则故事中的师爷就是一位义士。阿叔置阿嫂的亲情和孤儿寡母的艰难处境于不顾,改契霸田,实属可恶之极。这位师爷路见不平,运用自己的智慧,为弱者伸张了正义。这位师爷的精明之处在于,他把阿叔、阿嫂的名字用小刀镂下来,再照原样粘好,而不是调换买主和中人的位置。个中的玄机是:一则县官已察看过地契,且地契现在阿嫂手中,调换位置会引起怀疑;二则县官虽察看过地契,但未必详尽周全,若地契上买主和中人的位置不变,且有镂刻的痕迹,必定是阿叔而非阿嫂作弊。因为,按常理若阿嫂作弊,一定会把自己的名字换到买主位置上。师爷智谋之高超,由此可见一斑。

9. 父子报荒

南宋时光,诸暨有个姓蔡的知县,蛮体贴老百姓。

俗语说:"诸暨湖田熟,天下一餐粥。"皇帝就蛮看相这餐"粥",皇粮国税特别重。这一年,老天爷四个月勿肯落雨,晒得湖田里的裂缝脚底板介宽。老百姓全靠挖草根剥树皮挨日子。这辰光,皇粮派落来了。

老百姓人都饿成柴爿了,皇帝应该开国库放粮才对,为啥还好征粮呢?身为父母官,总勿能勿管老百姓的死活,应该向皇帝报荒,请求开国库。蔡知县晓得写写奏章是没人理睬的,说勿定勿到皇帝手上,老早就被人团团拢丢掉了。他就自己赶到京城,去向皇帝请命。

皇帝召见,问:"你来做啥?"

"我来向万岁报荒讨皇粮。"

皇帝勿高兴了:"讨皇粮?我要你交皇粮,你倒向我讨皇粮!个个县官都像你一样向我讨皇粮,我向谁要皇粮?"

"万岁呀,诸暨今年百日大旱,庄稼统统晒煞,实在交勿出皇粮,老百姓都逃出去讨饭了。"

"收成多少,如实回报!"

蔡知县老实,皇帝问他收成,他老老实实回答,半句空话也勿讲:"稻收四成,麦收四成,豆也收四成",肚皮里还叽里咕噜想:诸暨一总收了三股之一,朝廷就是勿救济,这皇粮国税总好免了。

"哈哈哈哈!"谁晓得皇帝一听,哈哈大笑,随后脚一蹬,眼珠凸出,面孔放落,大骂:"大胆知县,竟敢欺蒙寡人!稻四成,麦四成,豆四成,诸暨一共收了十二成,明明是丰年,你还要来报荒?老实告诉你,诸暨一粒皇粮也勿能少!来人!拉下去,治他欺君之罪,痛打五十大板,轰出朝廷!"

蔡知县气得北斗归南,心想怎会有这种断命皇帝的?算账是这样算的?比三岁毛孩子还会耍无赖!还勿顾百姓死活,硬要在糠里榨油?我身为百姓父母官,能为百姓做个屁主!好,我这顶乌纱帽也勿要了,索性硬碰硬要弃旧图新为百姓做个主,有事你来寻我好了。他一回到诸暨,就下令免去全部皇粮,还打开国库救济百姓。

皇粮免收,国库还要救济,诸暨人高兴然了。可是蔡知县晓得祸闯大了,这条命横直是保勿牢了。他有个儿子叫蔡明,今年八岁。这一日,儿子见爹呆咕咕坐着,而且一把抱住自己:"爹害了你了……"哭得气都透勿过来。

蔡明伸手揩揩爹的眼泪:"爹,勿要哭,勿要哭,还有办法呢!"

"唉!你到底还勿懂事,还有什么办法呢?"

"爹,让我再去报一次荒。"

"你去?"知县一听又好气又好笑,"万岁连我的话都勿肯听,还会听你的话?"

"或许要听也说不定。爹,反正没办法,你让我去一趟吧。"

蔡明到了朝廷。皇帝一听有人报荒,勿得勿召见。一看是个奶毛都未褪尽的小孩,气然了。旁边头的文武官员,看到万岁面孔放落,也连忙跪下,屁都勿敢放一个。皇帝桌子一拍,讲:"小小年纪,老三老四也来报荒?我问你,你今年几岁了?"

"八十有八。"蔡明眼睛亮了亮,毕恭毕敬地回答。

"八十八?"皇帝气也勿是,笑也勿是,"胡说八道,你有八十八了?"

"伢爷爷五十岁,伢爹三十岁,我八岁,加拢来勿是八十八岁?"

皇帝听得胡须都翘起来了:"哪个教你的?有这个算法?"

"哎呀!万岁忘记了?是你教的呀!"

"乱话三千!我昏了,还好当皇帝?"

"诸暨稻四成,麦四成,豆四成,加起来收成十二成,可是万岁算的?"

"……是,勿是……"

"诸暨年成只有四成好算,对勿对?"

"四成收成,是大灾年。万岁是仁君,一定要免除国税,还要开仓放粮,是勿是?"

皇帝眼睛呆笃笃定牢,过了好一歇,才硬榨出两个字:"是,是……"

蔡知县一家人的命保牢了。蔡明回到屋里,对爹讲:"爹,这种官没做头的。我们还是走了好。"

知县真的带着家小弃官而走了。

敢与皇帝老儿叫板!这则民间传说无疑是一曲"慷慨"之歌。天下大旱,百姓靠草根和树皮过活,皇帝还要照收皇粮国税,分明是不让人活下去了。蔡知县体恤民情,在为民请命无果的情况下,不顾身家性命安危,下令免去全部皇粮,还打开国库救济百姓。此等情节,反映了越地民众刚烈和反叛的品性。故事中的蔡明是智勇双全的化身。他在回答皇帝为什么自己今年"八十有八"时,采用了以其人之道还治其人之身的方法,这同《金丝猫》中的箍桶师傅女儿如出一辙,使得皇帝哑口无言,此乃智也;敢于代父上殿为民请命,不畏强权,拼命一搏,此乃勇也。更可贵的是,他面见皇帝回家后对他爹讲:"这种官没做头的。我们还是走了好。"这在一定程度上反映了越地人对官位的蔑视,对读书做官这种传统社会规则的不屑一顾。

10. 绍兴霉豆腐

绍兴人有一个怪癖,喜欢吃霉过的食物,如霉豆腐、霉千张、霉干菜、霉苋菜梗等等,并且认为越霉越香越开胃。

早在几百年前,绍兴有一家叫"谦泰"的酱园。这家酱园的宋老板十分精明,他看到市上豆腐很贵,常常自己做豆腐吃,一时吃不完,便藏起来过几天再吃。有一次时间长了,豆腐竟长出了白花。宋老板实在心痛。他眼睛近视,加上心里懊恼,一不小心撞倒了一坛老酒。这时候,一个工人正端着一匾出白花的豆腐来问老板如何处置。宋老板一气之下,就命令工人把这匾白花豆腐一起倒进撞破的酒坛中算了。后来工人怕白花豆腐发出臭味来,随手撒了一把盐进去,拖到酱缸旁边存放起来了。谁知过了几天,破酒坛里发出阵阵香味,原来,白花豆腐竟变成了"霉豆腐"。宋老板壮着胆子一尝,味道很不错,就又叫工友们来尝尝。工友们每天吃的是冬瓜、白菜,正感到淡而无味,一尝这霉豆腐,都觉得鲜美无比,胃口大开。

宋老板喜出望外,认为发财的机会到了,就打出牌子,大做广告。绍兴人便纷纷前来购买。从此,谦泰酱园的醉方霉豆腐也就出了名。后来,绍兴城的许多酱园如同兴、咸亨、王源诚、鲍顺泰、沈通美等,也都以做醉方霉豆腐作为一个主要的经营项目,流传至今,成为美食。

在越地,关于霉豆腐的传说故事有很多种,这是其中一个流传较广的版本。越地人在饮食上十分节省,而且擅长精打细算,其精明程度是其他地区很少能比拟的。故事中的宋老板为人精明,发现买豆腐不如自己做豆腐合算,因此不仅掌握了做豆腐的方法,而且自己动手做。豆腐发霉,造成了浪费,这当然使得节俭过活的宋老板心痛和懊恼。白花豆腐变成美味的"霉豆腐"后,精明的宋老板从中发现了商机,认为发财的机会到了,把"霉豆腐"变成了为自己赢利的品牌产品,其权变意识和能力之强,着实令人佩服。

二、越地谚语

一个地区的语言,是该区域文化精神的重要载体。之所以如此,是因为语言固有的共通性、交际性特征,把人群共同体广泛认同的经验、态度、情绪、价值倾向等记载下来,传播开去,使之成为一种集体的意识。更重要的是,在文化的代际传承方面,语言发挥着不可替代的重要作用。

俚语和谚语不同于一般的语言,它经过长期筛选和千锤百炼,浓缩着一种文化的丰富内涵,折射着一种文化的价值取向,映照出一种文化的心态和情感。作为俗文化,它的源与流,都潜藏、散布在广大民间,流行甚广,影响极大。因此,在印证越文化精神上,越地的俚语和谚语具有不可替代的作用。由于越地的俚语和谚语数量巨大,本书只能选择其中很少的一部分,作为越文化精神的印证材料。

1. 搓衣要有石板,做事要有心眼

在越语中,像此类倡导人们多动脑筋的谚语,比较典型的还有:

多剥几层葱头嫩,多想几层脑子灵。

前半夜想想自己,后半夜想想别人。

做事要有心眼,并非仅指如何算计别人或不吃亏上当,也包括从做事的过程中寻找窍门,积累经验,提高做事的能力等。由于提倡思考,越文化的理性主义色彩较浓,这在越语中也有所体现:

乱麻必有头,事出必有因。

勿可勿信,勿可全信。

只有十勿全,吥有十周全。

宁可同有理的人讨相骂,勿可同无理的人讲闲话。

确立因果范畴,这是理性分析的首要前提。有了这个前提,"想"就变成了分析和权衡,就能为行动提供理性指导。越地人的理性认识还表现在对"绝对"的正确理解上。对事,不可求全责备,因为不存在"十周全"的事情;对人,不可全信,也不可全不信。由此出发,在与人的交往中,讲道理成为一项基本要求,大家都讲理,坚持以理服人,即使发生争执也好解决,毕竟都是明事理的人嘛。至于那些不讲理的人,闲话都不应讲,以免引发事端。

然而,多思多虑,难免徒增烦恼。有时,想得很多,但于事无补,起不了多大作用。因此,也有劝人们"弃智"的谚语:

聪明智慧多烦恼,呆悖愣丁困大觉。

2. 孝顺囡比勿过近菜园

"孝顺囡"与"近菜园",一个是人,一个是物。囡再孝顺,远嫁他乡,是人家的人,日常生活指望不上,只是逢年过节走动一下。菜园则不然,近在眼前,想吃什么就种什么,十分方便。从事功的角度比较,实惠的自然是菜园子了。

囡好勿如女婿好;儿好勿如媳妇好。

这句是说,女婿是外人,又是当家人,女婿孝敬自然比囡孝敬管用;而儿媳妇是与自己一起生活的,负责生活起居,媳妇好自然比儿好管用。这种比较也有事功的成分。

亲情固然重要,但谁也不能把亲情当饭吃。

民以食为天,吃饭头一件。

日半世,夜半世;日图三餐,夜图一宿。

面皮硬勿过肚皮。

这三句越谚颇具物质主义色彩,但它本质上强调的是物质生活的基础地位。人生在世,虽不为"吃"、"喝"二字,但谁也离不开这两样东西。没有物质生活基础,精神生活(包括感情生活)就无从谈起。

阎罗大王也中意麻油鬼。

这句越谚是说,追求物质利益,是人的本性,是天经地义的事情,就连阎王也喜欢"麻油鬼",何况人呢? 但由此走向嫌贫爱富,成为势利小人,那就不对了。

所以,追求事功是正当和必要的,但不能采用实用主义、机会主义的态度去待人接物。有句越谚说:

用得着是个宝,用勿着是根草。

这是对那种为了谋利而"过河拆桥"的人的讥讽。

为了事功而疏情,并不是不讲情感。事实上,在越谚中有许多是谈论情感的,但大多数都集中在家庭或血缘关系上,这与中国传统文化是基本吻合的。如:

夫妻恩爱,讨饭勿悔。

夫妻长淡淡,咸菜长下饭。

夫妻小配小,白糖拌蜜枣;夫妻老对老,霉干菜蒸猪脚爪。

上床夫妻落床客。

千钿难买子孙贤。

也有越谚论及半路父妻:

满堂儿女,勿及半路夫妻。

亲生儿勿如晚丈夫。

半路夫妻胜过亲生子女,此类谚语在其他地方也比较常见,可见,人同此心,心同此理。

也有一些越谚强调邻里关系的重要性:

亲要亲好,邻要邻好。

远亲勿如近邻。

门对门户是面镜,隔壁邻舍是杆秤。

把邻居看做是镜子和秤,作为对一户人家的品行进行评价的重要参照,这是十分有道理的。这就如同要了解一个人,就必须与他的朋友交谈一样。所以,要想有一个好名声,就应当善待邻里,热心助人,与大家和睦相处。

3. 爹亲娘亲,勿如手勤脚勤

越语中有大量关于勤劳和自立题材的谚语,这反映出越文化对勤劳和自立的推崇。如:

> 夫勤谷堆撞屋顶,妻勤四季衣衫新。
>
> 做做吃吃,勿鲠勿噎。
>
> 爹有娘有勿如自有,爹会娘会勿如自会。
>
> 勿怕别人看勿起,只怨自己勿争气。
>
> 懒牛尿屙多,懒人"明朝"多。
>
> 好猫走四方,懒猫钻灶堂。
>
> 大懒差小懒,小懒差门槛。
>
> 有力不使不是人。
>
> 做人做人总要做。
>
> 日日做,勿怕千万事;日日行,勿怕千万里。

在越谚中,把做事与做人联系起来,即"做人做人总要做",这是独具特色的。它说明勤劳在越文化中被民众当做了人之为人的根据。可以想见,在这种文化氛围中,游手好闲的人是被人们压根儿看不起的。再者,从越谚也可以看出,这种地域文化也比较注意培养下一代的自立意识,这在其他地域文化中并不多见。

4. 有了一千一万,也要薄粥搭餐

如同勤劳一样,节俭也是越谚中的一大主题。节俭是如今越文化中被保留的最好的一种传统。尤其在吃穿方面,越地人的节俭是一般人始料未及的。如:

> 肚饥哪管来年粽。
>
> 薄粥楦大肚,荒年自受苦。
>
> 出气镬盖漏淘箩,浪费柴米吭底价。
>
> 结婚摆阔气,婚后吭柴米。
>
> 省吃餐餐有,省穿件件新。
>
> 宁可买勿值,勿可买吃食。
>
> 笑破勿笑补,笑懒勿笑穷。

越吃越馋，越嬉越懒。

“薄粥楦大肚，荒年自受苦。”这句颇有意思，它是说平日里不要吃得太多，少吃点，使自己的食量小一些，否则撑出个大肚皮，就会经常挨饿了。“出气镬盖漏淘箩，浪费柴米呒底价。”此句是小中见大、少中见多，透着越地人的一股精细气。“宁可买勿值，勿可买吃食。”此句也很有特点，零食是吃的，吃完就没了，在一日三餐之外再买吃食是一种浪费；而买点家什或别的东西，可以留下来使用，总比买吃食划算。这种节约非常具有越地特点。

5. 空想一百年，勿值一个钿

越地人历来不尚空谈，讲究实际。越文化精神的这种务实品质，在越谚中得到了比较充分的体现。如：

多话不如少话，少话不如实做。

不学麻雀油滑嘴，要学蚂蚁勤劳腿。

一等、二靠、三落空，一想、二做、三成功。

喊破嗓子，勿如做出样子。

“说”不如“做”；靠别人不如靠自己；要求别人做，自己必须做。“做”字当头，这是越文化的一种可贵品质。对于那些好高骛远、眼高手低的人，越谚也不乏贬损：

这山望望那山高，到了那山呒柴烧。

看人挑担勿吃力，自己上肩屁压出。

看看人家勿起眼，自己做做难上难。

有许多越谚对说空话、假话和大话提出了批评：

舌苔无骨头，话过勿算数。

嘴唇两张皮，话来话去都有理。

聊天八只脚，逃去追勿着。

话话通七窍，做做呆八扃。

日里话到夜里，菩萨来亨庙里。

说话蛮好听，棺材毛竹钉。

务实，表现在说话上就是讲实话、讲真话，做到“言行一致”、“言而有信”。只说好听的空话、假话，就像毛竹钉钉棺材盖——没用。

6. 顺风锣好敲，顶风船难撑

顺势行事或乘势而上，是讲借助外力来实现自己的目的。“审时度势”

这句成语就是希望人们准确把握好做事的"势",势未到来不可先动,势来了不可不动。聪明的人总是待"势"而动;而善于借势者,总能事半功倍。故而"顺风锣好敲"。问题在于,"势"总是人创造的,如改革开放在农村实行家庭联产承包制,起初就是由安徽几十户农民首创的。造"势"就是做"天下先"的事,自然是开顶风船,其困难程度可想而知。然而,如果大家都在等待和利用"势","势"又从何而来呢? 有则越谚说:

上游冒险,下游危险,中游保险。

造"势"当然处在上游,承担风险自不待言。但越地人向来崇尚稳妥,故处在中游是最佳选择。越语中讥讽小心翼翼、谨小慎微的人是

捏卵子过桥。

卵子(即睾丸,代指男阳)乃传宗之宝,过桥有不虞之险,捏而举步,确保无失。其实,这句谚语的妙处在"捏"字上,这里的"捏"就是用手严实保护的意思,生怕那物件有什么闪失。

为了保险,不争天下先,自然就占不了先机,只能跟在别人后边亦步亦趋。对此,越谚中也有自我安慰的说法:

人比人,比煞人;命比命,气成病。

天下之大,何必逞强好胜呢? 要知道强中自有强中手。所以,心态放平和点,做事悠着点。如:

心宽事圆,性急生困。

"宽"就是放得开,含有"缓"的意思,故"心宽事圆"与"事缓则圆"是一样的,强调不急不躁。

7. 人随时势走,水赶浪头流

越文化求稳但并不守旧。事功主义倾向从根本上决定了它具有一种开放的文化心态。所以,跟随时势,接纳一切有用的新东西,是这种地域文化的常性。如:

狗朝屁走,人朝势走。

此语虽不够雅致,却也道出了实情。当然,这句越谚有多种解释和用途。若"势"指时代潮流,则阐发了一种积极的人生态度:做时代的先锋,不当时代的落伍者。若"势"指权势、财势,则讥讽的是趋炎附势之徒。

宁可做过,勿可错过。

"势"如潮,潮起潮落,时不待我。所以,要跟随潮流,抢抓机遇,不可错

失发展的良机。

8. 满碗饭好吃,满口话难讲

做人做事都要留有一定的余地,话不能讲"绝",事也不能做"绝"。"绝"意味着自己和别人都没有了退路,丧失了回旋的空间,等于被逼上了"绝路"。同样的越谚还有:

酒不可过量,话不可过头。

说话做事忌讳一个"绝"字,看人或"度势"也应忌讳一个"死"字。

六十年甲子轮流转。

三十年河东,三十年河西。

六个月大,六个月小。

秤锤虽小,能压千斤。

一切皆变,只有变才永恒不变。不要把人看死了,今天一个不起眼的人,明天可能就会成为了不起的人;今天人人处处求你,明天你可能会处处求人;今天他是你的下属,明天可能会成为你的顶头上司。所从,要以平常之心、平等之心去善待周边的人。即使是那些"小人物",也要尊重他们,须知他们是能压千斤的"秤锤"。

忌"绝"、忌"死",是为了留有变通的余地。越地人擅长机变。如:

侬有一百个扪法,我有一百廿个逃法。

"逃法"总比"扪法"多,这有点像"办法总比问题多。"越地人的精明也表现在能想出各种各样的"方法",以实现自己的目的。如:

鱼有鱼路,虾有虾路。

这也就是说,每个人都有自己的活法,也都有自己的高招。

9. 有理打得八太婆

凡事都要讲道理,不能仗势欺人。纵然像八太婆这样的老人家,也不能做理亏的事情。在道理面前,人人是平等的。所以,对不讲理的人,不管他是谁,都应该和他较量一下,而不能忍气吞声。

当然,做人须自强。自己要讲理,要有骨气和本事。活人面子很重要。如:

三日勿吃饭,凸肚皮过桥。

宁可拨佽气勿过,勿可拨佽看得过。

三天没有吃饭,想必早已饿扁了,但走路或过桥时却要凸起肚皮,就好像吃得很饱一样。为何？不让别人看不起自己。所以，宁可遭人妒忌，也不可让人看不起。

人们通常都说越地人胆小怕事，其实他们也有胆大不怕事的一面。这在越谚中也有所反映：

> 胆大做将军。
>
> 胆大吃虎肉，胆小吃萝卜。
>
> 一勿做，二勿休，掼破砂锅镬勿留。
>
> 府山背后骂大老爷。
>
> 一勿打和尚，二勿打黄胖，三勿打孤孀。

"胆大做将军"，但近代越地出的将军委实太少。姑且把这句越谚理解为是越地人对勇猛品质的向往吧。"一勿做，二勿休，掼破砂锅镬勿留。"这种现象在越地也比较少见。但是，"府山背后骂大老爷"，这点勇气他们还是有的。民国以前，绍兴府衙和山阴县署都在府山南麓。碰到诉讼不公、政策扰民，老百姓心里有气无处发泄，往往会走到府山背后把知府、知县痛骂一顿。选择在府山背后骂大老爷，好处很多：一是泄愤，二是逞勇，三是安全（大老爷听不到骂声）。这说明即使越地人发怒时，还是很有分寸的。"三不打"也能说明这一点。不打和尚，怕遭到佛祖惩罚；不打黄胖（一种病人），怕赔不起医疗费；不打寡妇，怕说不清楚。

10. 饮酒千杯勿计较，交易丝毫莫糊涂

越地人的精明，很大程度上得益于悠久的越地商业文化。生意场上难免应酬喝酒，况且中国办事很多都是在酒桌上进行的，不喝酒或喝酒不爽快，有时直接影响到生意能否成交，所以，要想谈成生意，"千杯勿计较"。喝酒为了什么呢？最终是为交易赚钱，所以，在这个问题上必须"丝毫莫糊涂"。这就是越地人的精明——始终不忘记目的。

> 赚钱不吃力，吃力不赚钱。
>
> 人直呒财，溪直呒水。
>
> 过量酒勿可吃，意外财勿可领。

越地人讲究用脑子赚钱，主张多动脑筋，以智取财。因此，生意场就是斗智的场所。说话办事都直来直去，让别人对你的底牌知道得一清二楚，这只能使你受制于人，被别人摆布，故有"人直无财"之说。虽然做生意是为了赚钱，但赚钱靠自己的本事和勤劳，并不是什么钱都可得的。越地人

的精明还表现为不发"意外财",因为这种财迟早会给自己惹事的。

　　会做新妇两面光。

　　若要好,大做小。

　　京官勿如省官,省官勿如县官,县官勿如现管。

　　这三条越谚讲的都是人际关系的处理。新媳妇面对家庭中的各种人物和关系,要想博得好口碑,就必须像薛宝钗那样八面玲珑,做到面面"光"。"光"即和谐、和睦,而要做到这一点,就必须机智和忍让。与人相处,"大做小"是个法宝。放下架子,敬重别人,一般也会得到别人对你的尊敬。相敬如宾,还愁关系不融洽吗?越地人很实际,对顶头上司才会去"拍马屁",隔层的上级,可以做到视同路人。

11. 自道自好,狗舔八屑

　　越谚中也有许多注重人际关系、争取好口碑的内容。如:

　　朋友千个少,冤家一个多。

　　人越斗越僵,鸡越斗越熟。

　　闲事少管,饭吃三碗。

　　越地人的"隐忍",除了"成事"的目的之外,还有一个重要的祈求,即为自己营造一个良好的人际关系网络。其实,这也是"成事"的需要。无论工作、生活,朋友都是重要的资源。通常情况下,一个人拥有朋友的数量,与这个人的能量是成正比的。所从,与人相处,戒斗,忍耐,化敌为友,是上策。然而,交友不是件容易的事情,它需要付出,有时还要讲点哥们义气,这又难免伤害自己。所以,既不得罪人,也不为朋友两肋插刀,少管别人的闲事。

　　人家讲好添朵花,自己讲好豆腐渣。

　　自道好,烂稻草。

　　有理无理,全在众人嘴里。

　　在不伤害自身利益的前提下,尽可能做些利人的事情,这才会有好口碑。做人不能自卖自夸、自吹自擂,一个人的好坏,要靠众人评说。

三、风俗习惯

　　由于地理环境、生产水平、经济类型的不同,每个民族或地域共同体都有各自的风俗习惯。它表现在生产、饮食、居住、服饰、葬礼、婚俗、祭祀、礼仪各个方面。风俗习惯是一种特殊的文化,它在漫长的历史中自然形成后,具有超时代的稳定性,从而成为相沿成习的社会现象。作为民俗的表象,它是社会的或集体的反映,而不是个人或少数人随意的表现。也就是说,民俗既不能随心所欲地创造,也不能轻而易举地禁绝。异地不同风,各族不同俗。任何一种风俗,都有深刻的地域印记和鲜明的文化特征,是该民族群体大多数人承认或默认,自觉与不自觉地遵循的行为规范和道德价值观。因此,越地的风俗习惯,为我们了解越文化精神提供了一扇窗口。

越地独特的自然环境和历史进程,培育了越地丰富多彩的风俗习惯。限于篇幅,我们只能从大量的生产习俗、生活习俗、礼仪习俗、社会习俗和岁时习俗中,选取几个最典型、也最能印证越文化精神的习俗略加分析。

1. 乌毡帽

乌毡帽,色黑,顶圆,有卷边。乌毡帽原非绍兴土产,明朝文学家张岱在《夜航船》一书中说:"秦汉始效羌人制为毡帽。"明朝乌毡帽已流行于绍兴农村。这种乌毡帽,雨濯不渗,风吹不冷,日晒不烫,灰尘难粘,碰擦不伤,优点很多。戴上它可以保暖御寒、避雨遮阳。不仅如此,乌毡帽还可以当"衣袋"把零钱、纸条、铅笔、香烟等塞入折起的帽沿内备用;可以当"盛器",买米当"米兜",买干果当"篮子";劳累时当"座垫";缺小钱时当"押物"等等。用途之多,不胜枚举。绍兴农民和百作师傅都爱戴乌毡帽,此帽成了绍兴体力劳动者的标志。

乌毡帽很能说明越地人的精明。他们把这物件的用途开发到了极致:遮阳、避雨、御寒、挡风,一顶乌毡帽起到了单帽、绵帽、太阳帽、雨伞等的作用。不仅如此,他们还开发了其他用途,如衣袋、口袋、篮子、座垫和押物等。如此对象,实用到家,唯有越地人才有这样的聪明才智。

2. "饭娘"

所谓"饭娘",乃一种煮饭的方法。提早淘米,让米吸足水分,能有效提高出饭率。但这种饭只能撑肚子,并不耐饥。

越地风俗崇尚俭朴,省吃俭用,精打细算,有"一年烂粥烂饭买条牛,三年烂粥烂饭起幢楼"的说法。农闲季节,一般农家"瓜菜混食"、"二稀一干",只有农忙季节才"三餐老头饭"(指干饭)。习俗中对浪费粮食有许多禁条,父母从小就对孩子进行教育。如"饭碗头(剩饭)要吃光,剩饭碗头要犯饿肚皮的厄运"。又如,饭粒不能丢落在桌上或地上,要拾起来掸清爽吃下去,否则大人会教育孩子说:"饭子落地,大雷公公要来打的。"在新昌等地还有"饭粒不吃净,长大要讨麻皮老婆(或要嫁麻皮老公)"的说法。越地的俭朴可不是一般的俭朴,已达到了"熬省"、"俭啬"的程度。如越地有句俗话:"熬尿熬屎做人家(节俭)。"大小便要憋着,一定要拉到自家的粪缸里,好用来种粮种菜。

3. 绍兴老酒

绍兴黄酒的起源,据说可以追溯到春秋时期,距今有2400多年的历史。南北朝就已成了贡品。据《山阴县志》记载,清嘉庆时,绍兴黄酒被评为全国十大名酒;宣统年间在南京举办的"南洋劝业会"上获金奖;1915年在美国"巴拿马太平洋万国博览会"上获金奖。1952年,绍兴加饭酒列为全国八大名酒之一。

绍兴黄酒按配方和风味分状元红、加饭酒、善酿酒、香雪酒、鲜酿酒等,品种繁多。越地许多习俗,包括四时八节,婚丧喜庆等,都离不开绍兴黄酒,如寿酒、喜酒、剃头酒、满月酒、周岁酒、利市酒、进屋酒、上梁酒、置产酒、开账酒、会亲酒、三朝酒、上坟酒、清明酒、中秋酒、重阳酒、插秧酒、丰收酒、端午酒、分红酒、洗尘酒、饯行酒、团圆酒、元宵酒、正月酒等等。

"越酒甲天下,游人醉不归。"绍兴男女老少几乎都会喝上一盅半盏。新中国成立绍兴城乡内外,酒肆如林。大都设有曲尺柜台,板桌长凳,店面简朴,风格独特。绍兴人确实像绍兴酒,绍兴酒体现绍兴人的个性。绍兴酒入口醇厚、绵软、柔爽,酒精度仅为16度左右,但后劲强烈,一些喝惯白酒,酒量可以的人常被绍兴酒柔和的外表所迷惑。绍兴人如黄酒。黄酒发之于空桑,用之于礼仪,它具有水的外形、火的性格,它阴柔而又不失阳刚之气,它是从儒家文化里走出来的中庸,外表温和,又不是任人拿捏的软蛋。常见和风细雨的绍兴人一旦黄酒沾唇,便喉响、筋粗、情绪高昂。

4. 台门

绍兴传统民居以台门为正统。自明清开始,人们就把聚族而居、有一定的建造格局的房屋称为台门。台门是一种平面规整、纵向展开的院落式组合的民居宅院,一般由门斗、堂屋、座楼、侧屋和天井组成。台门的面宽和进深则依据住户的身份高低、财力强弱、人口多寡而定,宽有三开间、五开间、七开间不等,深有二进、三进、五进、七进之别。通常大的府第,以门面的"间"与深院的"进"数多为气派的标志。台门里的天井,又称"明堂",大致如同北方人的院子,而地面大都采用石板砌成地道,称做"一马平川"。台门内厅后有"退堂",实际上是通往后宅的过道,厅两旁有"侧厢",则是附房。许多大台门前后皆通路或河,有"前门进,后门出"一说,交通十分方便。

台门是一种自我封闭的社区,有自己的家长、家庭制度及忌讳习惯,形成了一个有成员感、共同隶属感的社会共同体。台门里的人以老大自居,与别的台门里的人老死不相往来。台门建筑也体现了一种家族制度和封建等级制度。台门中常在大厅两侧上建柜龛,上放列祖列宗的牌位,俗称神堂。台门纵向展开的最后一进为楼房,供女眷生活。此楼离大门数米,又有层层高墙相隔,几乎与世隔绝,前面还设有一座仪门,无声地告诫女眷们自觉遵守三从四德,不能越雷池半步。中轴两侧,高墙以后又有两列规整的厢房。旧时长辈嫡房的子孙住在座楼之上,晚辈、旁支及杂佣人员住侧房。座楼为尊,侧房为卑,尊卑分明。座楼与侧屋之间高墙相隔,不可逾越。东西侧屋是楼房,侧楼置有前廊,首尾相连,南北贯通,供佣、杂人员行走,主体建筑虽都中轴辟门,族中红白礼典,重门大开,但"吴妈"、"祥林嫂"之辈只能在侧屋廊中绕行,不能穿堂越舍,否则属失礼行为,轻则遭到训斥,重则被解雇。

台门较宏大,有些张扬、显摆,这虽与越地人的内敛精神不符,倒也有几分"慷慨"之气。幽深的院落,一眼望不到底,这表征着越文化的"隐忍"品质。台门内的等级森严,女眷的深居简出,处处散发出浓烈的因循守旧气息。各个台门之间的"隔离",正好映证了"疏情"的特性。

20世纪以来,台门成了"大杂院",通常一个台门内住进了十几户人家,有五六十号人,十分拥挤。为了争夺"生存空间",一家人之间为占房争斗,户与户为占公共地盘争斗,"人越斗越僵",大家虽同进入同一个门斗,但形同路人。因此,越地人的"疏情"与"台门文化"有一定关系。

5. 凉亭

民国初年,绍兴有这样的说法:"绍兴城里五万人,十庙百庵八桥亭,台门足有八千零。""桥亭"指桥上建的凉亭。在绍兴地区,无论在山区或平原,在村与村之间的石径小路上,总会出现一座座石板砌成的"过路凉亭",供行人歇脚、避雨,几乎是"有路必有亭"。有许多桥上也建有桥亭。建凉亭是一项公益事业,"烧香要烧三宝殿,好事要做眼面前",足见越地有好行公德之传统。凉亭的石柱上总刻有对联,有的墙壁上还有壁画和浮雕,供行人在玩赏之余,陶冶性情,增长知识,这在其他地方并不多见。越文化"尚智崇文"的特色,由此可见一斑。

6. 家法店规

越地的乡规民约或族规家法是比较繁多的。作为法律的补充,它们同法律一起维护着秩序。从中我们可以窥探到越地人的"崇稳"心理和规范意识。

旧时越地,自东晋之后,大家族逐渐形成。为了宗族的繁荣和延续,族规应运而生。如康熙年间"清河张氏"大族在祠堂里就立有一块禁碑:"一、族人不准典妻质子,如违,永远赶出祠堂。二、族人不能抽头放赌,如违,族规严惩不贷。三、族人不得盗卖族产,如违,永远赶出族门。"①这样的族规,在中国宗法制的传统社会中,其对族人的约束力并不亚于官府的律条。

绍兴旧家庭也往往是几世同堂的大家庭。要使一家人齐心协力、和平共处,就须制定家法、执行家法。家法是一家人的行为准则,违反家法就会导致家庭不和甚至解体,故而必须"家法伺候"。这是大家庭久盛不衰的法宝。据说,在绍兴还有一条不成文的、各个家庭都适用的"家规",即子孙不孝,父母可以"送忤逆",即将"孽子"送官府拘留。当然,有许多家规中也有像"七出"这样的休妻内容。

旧时,绍兴城里商号众多,有点规模的店铺,一般都设有经理、协理,经理伙计中亦有头柜、二柜、三柜之分。有的店家对伙计的坐立都定有规矩,如头柜可坐,二柜应立,三柜则在店堂内随时走动。因此商界中有"头柜坐,二柜立,三柜宕"的说法。此外,店铺中还有许多忌讳,这也属于店规范畴,如不准坐柜台,不准在门槛上站立,不许朝外扫地等等。这些禁忌尽管带有迷信色彩,可却是任何人都必须恪守的。可见,旧时绍兴的店铺等级森严,有序化程度高,店老板颇具几分王者气。

7. 社戏

绍兴的社戏不知源于何朝何代,但至少在清代就已成了越地的风俗。鲁迅先生的一部《社戏》小说,使绍兴社戏名扬四海。社戏是用来祭祀"社

---

① 阮庆祥等编:《绍兴风俗简志》,绍兴市、县文联1985年翻印,第163页。

神"(土地神)的,演戏是为了祈福和酬神,故在春秋两季举行。后来,社戏不限于祭祀土地神,演戏的时间也未必是春秋两季了。戏台一般是在庙前陆地上临时搭建起的草台,因绍兴是水乡,草台多半临近河、湖,人们既可站在岸边看戏,亦可坐在船上看。社戏一般演三天,也有多达七八天、十多天的。费用由庙产开支或挨户分摊。

鲁迅把社戏分为"普通的社戏"和"非普通的社戏"两类。"普通的社戏",是为祭神而演的戏。它有定规,先是大锣大鼓"闹头场",旨在敦促演员化装和召集观众。接着是"闹二场",一般用管弦吹奏曲牌,为的是让演员作出场准备和安定观众情绪。开演后,先演《庆寿》、《跳加官》、《跳魁星》、《赐裙》和《掘藏》(或跳财神)之类的讨彩戏,主要是祝观众发财、加官进爵、大吉大利。然后,演若干武打折子戏,最后才演正剧。所谓"非普通的社戏",是指"目连戏"和"大戏"等鬼戏。是用来祭鬼的。此类社戏悲切阴森、凄厉恐怖,观众往往毛骨悚然、胆战心惊,且都备有桃叶桃根以避邪。鲁迅爱看的《女吊》、《男吊》、《跳无常》等就是其中的鬼戏。祭神的戏,后半夜就散,观众可以中途退场;祭鬼的戏必须到黎明才散,观众一定要看完才能回家,否则鬼会跟回去了。

主要参考文献

1. [美]露丝·本尼迪克:《文化模式》,华夏出版社1987年版。

2. [美]马文·哈里斯:《文化·人·自然》,浙江人民出版社1992年版。

3. [德]雅斯贝尔斯:《当代的精神处境》,三联书店1992年版。

4. 辜鸿铭:《中国人的精神》,海南出版社1996年版。

5. 梁漱溟:《中国人:社会与人生》(上、下卷),中国文联出版公司1996年版。

6. [美]赫根汉:《人格心理学导论》,海南人民出版社1986年版。

7. [美]威廉·A.哈维兰:《当代人类学》,上海人民出版社1987年版。

8. [德]蓝德曼:《哲学人类学》,工人出版社1988年版。

9. [美]马斯洛:《动机与人格》,华夏出版社1987年版。

10. 陈钟庚、张雨新编:《人格心理学》,辽宁人民出版社1986年版。

11. [美]阿列克斯·英克尔斯:《从传统人走向现代人》,中国人民大学出版社1992年版。

12. ［美］E·R.塞维斯:《文化进化论》,华夏出版社1991年版。

13. 钱穆:《中国文化史导论》,商务印书馆1994年版。

14. 李亦园、杨国枢:《中国人的性格》,江苏教育出版社2006年版。

15. 韦政通:《中国文化与现代生活》,中国人民大学出版社2005年版。

16. 朱志勇:《人格文化论》,陕西人民出版社1998年版。

17. 宋志明、吴潜涛主编:《中华民族精神论纲》,中国人民大学出版社2006年版。

18. 徐远和:《儒学与东方文化》,人民出版社1994年版。

19. 刘德龙、杨宗杰编:《地域文化与经济社会发展》,群言出版社2006年版。

20. ［汉］赵晔编:《吴越春秋》,江苏古籍出版社1992年版。

21. ［东汉］袁康、吴平辑录:《越绝书》,上海古籍出版社1985年版。

22. ［清］悔堂老人:《越中杂识》,浙江人民出版社1983年版。

23. 佚名:《刑幕要略·办案》。

24. 汪辉祖:《佐治药言》。

25. 陈桥驿、颜越虎:《绍兴简史》,中华书局2004年版。

26. 何信恩:《绍兴名人述评》,浙江人民出版社1999年版。

27. 浙江省社会科学界联合会主编:《浙东学派与浙江精神》,浙江古籍出版社2006年版。

28. 任桂全主编:《绍兴佛教志》,浙江人民出版社2003年版。

29. 项竹成:《绍兴古今谈》,浙江大学出版社1993年版。

30. 周航、王全吉主编:《浙江民间故事》,浙江文艺出版社2007年版。

31. 朱锡三、杨葳编:《越语趣谈》,云南美术出版社2004年版。

32. 董楚平:《吴越文化新探》,浙江人民出版社1988年版。

33. 费君清主编:《中国传统文化与越文化研究》,人民出版社2004年版。

34. 祝兆炬:《越中人文精神研究》,百花洲文艺出版社2006年版。

35. 朱志勇、李永鑫主编:《绍兴师爷与中国幕府文化》,人民出版社2007年版。

36. 朱关甫编:《绍兴宗教》,天津社会科学院出版社1999年版。

37. 庞德谦、郭天祥、孔润年:《陕西地域文化》,西安地图出版社1997

年版。

38. 朱志勇等:《陕西人格论》,陕西人民出版社 1998 年版。

39. 李满星:《秦人的前世今生》,陕西旅游出版社 2007 年版。

40. 刘士林:《江南文化精神》,上海大学出版社 2009 年版。

41. 柳诒徵:《中国文化史》,东方出版社 2008 年版。

42. 梁漱溟:《中国文化要义》,上海人民出版社 2005 年版。

43. 张岂之:《中国传统文化》(修订版),高等教育出版社 2005 年版。

44. 张岱年等:《中国文化概论》(修订版),北京师范大学出版社 2004 年版。

45. 王前:《中西文化比较概论》,中国人民大学出版社 2005 年版。

46. 冯天瑜:《中国文化史》,高等教育出版社 2005 年版。

47. 施宿等:《嘉泰会稽志》。

48. 张元忭等纂修:《会稽县志》

49. 田琯等纂修:《新昌县志》。

50. 俞卿修、周徐彩等纂修:《绍兴府志》。

51. 沈云泰等纂修:《会稽县志稿》。

52. 范寅:《越谚》。

53. 茹敦和:《越言释》。

54. 朱文翰等纂修:《山阴县志》。

55. 诸暨县志编纂委员会:《诸暨县志》,浙江人民出版社 1993 年版。

56. 绍兴县地方志编纂委员会:《绍兴县志》,中华书局 1999 年版。

57. 绍兴市地方志编纂委员会:《绍兴市志》,浙江人民出版社 1995 年版。

58. 上虞县志编纂委员会:《上虞县志》,浙江人民出版社 1990 年版。

越文化通论

主要参考文献

后　记

　　2006年,因时任绍兴文理学院法学院院长之故,参与了浙江省越文化研究中心领导小组工作,并受命申报了省基地(中心)重点科研项目——"越文化研究"。2007年10月,调任校教务处长,研究工作受到一些影响,但思考从未中断过。2009年上半年,为了完成《越文化精神论》书稿的写作,我"享用"了一个学期的学术假。虽说学术假期间不必上班,但教务处是以事务繁杂、责任重大出了名的"苦"处,我不忍心把工作都推给其他同事,只好每天花不少于2小时的时间去单位处理事务。即便如此,我仍以每天2000字的速度,坚持百天而不敢有一日懈怠,终于在是年暑假前夕完成了初稿的撰写。

　　选择越文化精神这个研究课题,并非出于意愿,而是基于越文化研究中心的工作需要。我的专业是马克思主义哲学,近十余年主要从事人学研究和教学工作,发表的论文在人学研究中还算有一点影响。本打算在2008年完成我的《人类的生存境遇》书稿的修改和出版,接下来总结我多年研究的成果,写一本供本科生使用的人学教材,但这一切都因《越文化精神论》

的撰写而不得不顺延了。

说实话,对越文化精神的研究,起初只是作为一项任务来完成的。兴趣是在做课题的过程中逐渐产生的。促使我对越文化精神研究发生兴趣的原因,是在研究中遇到的困惑。我发现,时至今日,人们无论从事中华民族精神或区域文化精神的研究,居然都没有以实证性学科作为支撑。也就是说,总体仍旧停留在五四时期一批国学大师使用的那种理性直觉的阶段上,充其量,只是多了一些对这些直觉的源自典籍的证明,如孔子曰、《史记》载,等等。当然,一些史实和其他方面的资料也会被用做证据。在这种以直觉为基础的研究框架中,文化精神的研究成了研究者的个人感悟或"内心独白",研究使用的不再是公共语言而是"私人话语",研究的结论因此成了不可验证的东西。这与参禅颇为相似,禅是大智慧,不能用语言文字来说明,也无法依靠语言文字的说明来了解它,它是不可言说的,全靠自己品味和体证。这种把文化精神"禅化"的研究方式,促使我下定决心,通过越文化精神的研究,使文化精神的研究尽可能步入科学的轨道。

我的初步尝试是借助群体人格与文化精神的同构性完成的,对此我已经在导论部分作了详细的阐述。我坚信文化精神属于群体而非个人,存在于生活而非典籍。它是真实的、活生生的东西,可以采用科学实证的手段加以研究和验证。诚然,我仅仅是在文化精神的科学研究的方向上作了一次探索,可能是微不足道的,可能是不彻底的,也可能是不成功的。聊以自慰的是,我毕竟在文化精神的研究上走了自己的路。

我是外地人,2001年来绍兴工作。一个外地人研究越地文化精神,或许会采取更加客观的态度,觉察到本地人很难关注到的文化信息点,但一定缺乏对越文化的感受,缺少对越地人的深度了解,所以,研究的难度是可想而知的。每每针对越地人说东道西时,我内心总是忐忑不安,很不自信,没有底气。好在有俞婉君老师相助,她是地道的绍兴人,搞民俗理论研究,为我提供了大量的素材,在一些重要问题上提出了不少很有价值的建议,撰写了部分章节,并负责引文的订正。所以,这本小册子是我们合作的产物。

吕慧萍老师、洪波老师在问卷调查和材料收集中,做了大量工作,提供了许多无私的援助,在此深表谢意。

陈望衡先生和孟文镛先生通读了本书的初稿,提出了许多宝贵的意见和建议,在此也一并深表谢意。

朱志勇

2009 年 11 月 7 日于风华宛